Direito de Família
em pauta

M178d Madaleno, Rolf Hanssen
       Direito de Família em pauta / Rolf Hanssen Madaleno. – Porto Alegre: Livraria do Advogado Ed., 2004.
       248 p.; 16 x 23 cm.

   ISBN 85-7348-328-8

   1. Direito de Família. 2. Família. I. Título.

   CDU - 347.6

   Índices para o catálogo sistemático:
   Direito de Família
   Família

   (Bibliotecária responsável: Marta Roberto, CRB-10/652)

ROLF MADALENO

Direito de Família
em pauta

livraria
DO ADVOGADO
editora

Porto Alegre 2004

© Rolf Madaleno, 2004

Capa de
Ana Carolina Carpes Madaleno

Projeto gráfico e composição de
Livraria do Advogado Editora

Revisão de
Rosane Marques Borba

Direitos desta edição reservados por
Livraria do Advogado Editora Ltda.
Rua Riachuelo, 1338
90010-273 Porto Alegre RS
Fone/fax: 0800-51-7522
livraria@doadvogado.com.br
www.doadvogado.com.br

Impresso no Brasil / Printed in Brazil

Este livro é dedicado aos acadêmicos de Direito
Ana Carolina Carpes Madaleno
e
Rafael Carpes Madaleno

Prefácio

O Professor Rolf Madaleno tem, hoje, consolidada sua reputação jurídica no cenário nacional.

Em ambiente fértil para a reflexão e o amadurecimento do Direito de Família que é o Rio Grande do Sul, o eminente Jurista encontra a oportunidade de criar e modificar teses, valores e dogmas, objetivando alcançar a efetiva tutela dos interesses da família, a despeito de restrições existentes na ainda precária e ultrapassada legislação.

Para a produção de seus livros e diversos artigos em coletâneas especializadas, aliado à seriedade em suas pesquisas, conta com a vasta experiência na Advocacia exercida há vários anos, conhecida e reconhecida como de primeira linha em território de renomados.

E assim, na sua já conhecida trajetória acadêmica e criação científica, orienta julgados, influencia Tribunais e faz seguidores de sua Doutrina, como respeitado formador de opinião.

Tem entusiasmo pelo novo; com sensibilidade, inspiração e bagagem doutrinária, traz ao campo do Direito de Família brilhantes luzes para iluminarem as soluções inusitadas.

E este perfil inovador, como traço distintivo de autores tradicionais, está presente em mais esta sua obra, onde enfrenta questões novas, como exceção de pré-executividade e a tutela cominatória no Direito de família, alimentos transitórios e a polêmica repetibilidade dos alimentos pagos indevidamente.

Ainda, desafia o leitor a refletir sobre injustiças criadas pelo novo direito, na sucessão decorrente do casamento e da união estável.

A seu turno, nesta obra, com as cores do novo código civil, o autor redesenha sua primorosa tese sobre a *disregard*, agora voltada à análise desta teoria aplicada à obrigação alimentar.

Não deixa de mostrar sua sensibilidade, indispensável ao profissional da área de família, ao tratar dos filhos do coração, e enfrentar questões polêmicas, intrincadas e atuais do relacionamento conjugal e familiar contemporâneo, como, por exemplo, a culpa na dissolução do casamento (infidelidade e o mito causal da separação), as relações paralelas na constância do casamento ou da união estável e a execução de alimentos pela via da dignidade humana.

E o lado mais rigoroso quanto à técnica jurídica do Autor vem apresentado na análise da recusa à submissão ao exame de DNA quando carecer ao perito a devida formação médica.

Com esta obra, nos permite o Autor desfrutar de seu alentado conhecimento. É um trabalho amplo, proveitoso e de agradável leitura, que nos convida a pensar sobre o *Direito de Família em Pauta*.

Esta coletânea, sem dúvida, representa obra de leitura obrigatória ao profissional da área, e certamente receberá a acolhida de nossos Tribunais, como já tem sido rotina ao Professor Rolf, ao se ver suas reflexões como base para várias decisões, podendo-se daqui extrair os melhores caminhos à interpretação do Direito de Família.

Dispensável seria qualquer referência ao Autor e sua criação, mas enaltecidos pelo honroso convite para a apresentação do livro, sendo brindados com o privilégio de, por primeiro, conhecer mais esta sua coletânea de artigos, nosso encanto pelo trabalho nos induziu a estas despretensiosas palavras.

Francisco José Cahali

Sumário

Introdução 13
1. Filhos do coração 15
   1.1. Família reconstruída 16
   1.2. O estereótipo estigmatizante 16
   1.3. A difícil reconstrução familiar 17
   1.4. A família redesenhada 17
   1.5. O parentesco é uma noção cultural e social 18
   1.6. A posse de estado 21
   1.7. Os elos biológico e socioafetivo como valores jurídicos 22
2. A tutela cominatória no Direito de Família 29
   2.1. Introdução 29
   2.2. O processo como instrumento de efetividade 29
   2.3. Efetividade processual da ação cominatória 32
   2.4. O preceito cominatório 33
   2.5. Tutela antecipada e tutela específica 35
   2.6. Tutela específica da obrigação de fazer ou de não fazer 37
   2.7. Efetivação judicial do dever de fazer ou de não fazer 38
   2.8. A multa diária – *astreinte* 40
   2.9. O valor da multa e sua forma de fixação 42
   2.10. A *astreinte* no Estatuto da Criança e do Adolescente 44
   2.11. A *astreinte* no Direito de Família 46
   2.12. A ampliação do espectro de ação da *astreinte* no campo do
        Direito de Família 51
3. A infidelidade e o mito causal da separação 53
   3.1. Introdução 53
   3.2. A postulação causal do Código Civil de 1916 54
   3.3. A postulação causal no novo Código Civil 55
   3.4. O adultério, a mais infamante das causas separatórias 57
   3.5. A infidelidade conjugal 58
   3.6. O ciúme como causa da infidelidade 58
   3.7. Os infelizes conjugais 60
   3.8. O recasamento dos infiéis e das vítimas da infidelidade 60
   3.9. A dignidade da pessoa humana como causa única de separação 61
4. A união (ins)estável (relações paralelas) 65
   4.1. A entidade familiar 65
   4.2. Pressupostos da união estável 66
   4.3. Impedimento do casamento para a constituição da união estável 68

4.4. A fidelidade 70
4.5. Relações paralelas 71
4.6. O olhar discordante 74
4.7. Conclusão 75

5. A guarda compartilhada pela ótica dos direitos fundamentais 79
5.1. O poder familiar 79
5.2. Conteúdo do poder familiar 80
5.3. A guarda dos pais 80
5.4. A guarda unilateral 81
5.5. A cultura da guarda materna 82
5.6. O genitor não-guardião 84
5.7. As visitas como forma de convivência e fiscalização 85
5.8. Inversão da guarda pela negativa das visitas 86
5.9. A guarda alternada 88
5.10. A guarda compartilhada 90
5.11. A guarda compartilhada pressupõe consenso 91

6. A presunção relativa na recusa à perícia em DNA 95
6.1. A filiação 95
6.2. A investigatória de paternidade 96
6.3. Começo de prova 97
6.4. A prova pericial 98
6.5. A presunção pela recusa 101
6.6. A recusa diante do novo Código Civil 102
6.7. As perícias em DNA no Brasil 103
6.8. A presunção legal no novo Código Civil 105
6.9. Conclusão 107

7. O novo direito sucessório brasileiro 109
7.1. Sua desconexão com a Constituição Federal de 1988 109
7.2. Inovações no Direito das Sucessões 110
7.2.1. A extinção do usufruto vidual 112
7.2.1.1. O direito de usufruto da companheira. 113
7.3. A sucessão no regime de participação final dos aqüestos 114
7.4. Concorrência sucessória do cônjuge 115
7.4.1. Concorrência sucessória do cônjuge com os descendentes 116
7.4.2. Concorrência sucessória do cônjuge com os ascendentes 117
7.4.3. O direito real de habitação do cônjuge 117
7.4.4. Ausência de descendentes ou ascendentes 117
7.4.5. Separação judicial ou divórcio 117
7.4.6. Separação de fato e vocação sucessória do cônjuge 118
7.5. Outras inovações no direito sucessório brasileiro 119
7.5.1. Novidades na sucessão testamentária 120
7.5.2. Nomeação da concubina do testador casado 120

8. A *Disregard* nos alimentos 123
8.1.Direito à vida 123
8.2. O homem em família 123
8.3. Intervenção do Estado no âmbito do Direito de Família 124
8.4. A intervenção estatal no Direito Empresarial 125
8.5. O direito alimentar 126
8.6. A articulação processual dos alimentos 128

8.7. Presução e aparência ... 129
8.8. O delito de descumprimento do dever familiar de assistência ... 130
8.9. Idoneidade do objeto social ... 132
8.10. Abalo da ordem pública pela fraude ou pelo abuso ... 132
8.11. A *disregard* ... 134
8.12. A *disregard* nos alimentos ... 135
8.13. Sua incidência processual ... 137
8.14. A despersonalização ativa ... 138
8.15. A despersonalização ativa inversa ... 140

9. Revisão dos alimentos liminares ... 143
9.1. Alimentos liminares ... 143
9.2. Alimentos provisórios e alimentos provisionais ... 145
9.3. A cautelar satisfativa como primeiro passo de evolução ... 146
9.4. O benfazejo da tutela antecipada ... 147
9.5. O caminho inverso da revisão dos alimentos ... 147
9.6. Dos efeitos da apelação nos alimentos ... 149
9.7. A relativização do efeito suspensivo ... 149
9.8. O princípio da irrepetibilidade dos alimentos ... 151
9.9. A eqüidade processual do direito alimentar ... 152
9.10. Conclusão ... 153

10. A execução de alimentos pela via da dignidade humana ... 155
10.1. O direito alimentar no novo Código Civil ... 155
10.2. Os alimentos como direito fundamental da pessoa humana ... 157
10.3. O calvário da execução de alimentos ... 158
10.4. A previsão da multa diária – *astreintes* ... 162
10.4.1. A multa contra terceiros ... 164
10.4.2. A intervenção judicial ... 167
10.5. A prisão civil ... 169
10.5.1. A prisão albergue ... 171
10.5.2. A prisão domiciliar ... 173
10.6. O abuso do direito de defesa ... 174
10.6.1. O dano moral na execução de alimentos pelo abuso do direito de defesa ... 176

11. A exceção de pré-executividade no Direito de Família ... 179
11.1. Efetividade processual ... 179
11.2. A efetividade na execução ... 180
11.3. A exceção de pré-executividade ... 181
11.4. O conteúdo da exceção de pré-executividade ... 182
11.5. Momento de apresentação da objeção ... 184
11.6. A exceção de pré-executividade no Direito de Família ... 185
11.7. A exceção na execução de alimentos ... 186
11.8. Objeção de pré-executividade e o *habeas corpus* na execução alimentar ... 189
11.9. Execução por acordo alimentar condicional ... 191
11.10. Execução de alimentos formulados em acordo extrajudicial ... 192
11.11. Execução de sentença falsa ... 194

12. Obrigação, dever de assistência e alimentos transitórios ... 195
12.1. A função e extensão dos alimentos ... 195
12.2. Dever genérico de sustento ... 196
12.3. Conceito de obrigação alimentar ... 197
12.4. A pesquisa causal da separação ... 198
12.5. Outros obstáculos à obrigação alimentar ... 201

12.6. O dever alimentar ... 203
12.7. Dever, obrigação alimentar e renúncia ... 203
12.8. Novas figuras jurídicas no campo alimentar ... 206
12.8.1. Os alimentos transitórios ... 206
12.8.1.1. A duração dos alimentos transitórios ... 207
12.8.2. Alimentos compensatórios ... 208
12.8.2.1. A duração da pensão compensatória ... 212
12.9. A restituição dos alimentos ... 213
12.10. O princípio da boa-fé e os alimentos no novo Código Civil ... 215
12.11. Conclusão ... 216

13. A inelegibilidade eleitoral na união estável ... 217
13.1. Condições de elegibilidade ... 217
13.2. Da inelegibilidade do cônjuge e dos parentes ... 219
13.3. Inelegibilidade que se estende aos conviventes ... 221
13.4. Da inelegibilidade pelas relações de parentesco na união estável ... 225

14. Declaração judicial de incidência do regime legal de separação de bens e divisão dos aqüestos pela Súmula 377 do STF no Código Civil de 2002 ... 229
14.1. Limites ao pacto antenupcial ... 229
14.2. O recasamento do viúvo sem o precedente inventário ... 230
14.3. A Súmula 377 do STF ... 232
14.4. A comunhão dos aqüestos na atual separação obrigatória de bens ... 235
14.5. Conclusão ... 235

Bibliografia ... 241

Introdução

Vivemos a euforia de um novo Código Civil e, na sua composição, deparamos com o Livro IV, a tratar do Direito de Família gestado para viger neste Século de mudanças que já se fizeram sentir por ocasião da promulgação da Carta Política de 1988.

Muito ainda precisará ser dito e refeito para o aperfeiçoamento do direito familista brasileiro, especialmente quando sobeja um nato sentimento de havermos retrocedido em muitas das conquistas sociais já de há muito vertidas para o ambiente legislativo do direito familiar.

Seguimos vivendo dentro de uma certa perplexidade entre a realidade fática e a realidade jurídica da família brasileira, sendo esta uma das principais funções deste livro agora posto a lume e batizado com o nome de *Direito de Família em Pauta*. Na esteira das edições símiles, e precedentes, tituladas de *Direito de Família, aspectos polêmicos* e *Novas perspectivas no Direito de Família*, tem este novo livro a mesma inquietação axiológica dos outros livros precedentes.

Como aconteceu com as suas versões anteriores, também este livro reúne variados textos sobre Direito de Família, e acerca do Direito das Sucessões, à luz, por evidente, do novo Código Civil brasileiro, de janeiro de 2002, permeado das críticas que procuram conectar a ficção da lei com a experiência da corriqueira prática judicial.

Muitos dos textos reproduzidos nesta nova obra, alguns já publicados em livros coletivos e revistas especializadas, foram revistos e ampliados, e outros ainda inéditos, com bastante freqüência revolvem temas que extrapolam a visão por vezes truncada, e retrógrada, que foi apressadamente edificada pela atual codificação civil. Tanto isto é verdade, que o legislador já agita no Congresso projeto de lei destinado a revisar cerca de 20% dos novos artigos que regulam o Direito de Família no vigente Diploma Substantivo Civil.

De fato é preciso revisitar com urgência os novos livros do Direito de Família e do Direito das Sucessões, alinhando num único tempo as reais relações familiares e a lei posta para a sua regulamentação.

Este é o desafio posto em pauta para o moderno Direito de Família que ainda procura o seu rumo e a sua desejada harmonia.

Porto Alegre, agosto de 2004.

O autor

1. Filhos do coração

1.1. Família reconstruída

Estamos frente a uma época de grandes mutações familiares que requerem categorias conceptuais expressas em novos termos, ausentes no nosso linguajar. São realidades complexas, para as quais não são suficientes os vocábulos atuais. Vivemos uma cadeia complexa e dinâmica de transações familiares. Estas trajetórias familiares variam segundo a idade, o sexo e a condição social de seus protagonistas, e ao lado dos núcleos familiares baseados na convivência, agregam-se outras formas de intimidade e de coabitação onde a relação de casal descansa essencialmente no nexo afetivo.

Hoje em dia estas famílias recebem designações distintas, como *família reconstituída, família recomposta, segunda família*, como um remedo das chamadas segundas núpcias. Contudo, o que importa ter presente é que esta nova família, de modo algum significa um retorno, uma reparação, ou uma revisão da família anterior, senão que se trata de uma família com a sua própria identidade.

Dentre estes novos modelos, encontrar famílias formadas pela união fática de um casal, onde um ou ambos os integrantes têm filhos provenientes de um casamento ou relação precedente.

Nestes arranjos o marido da mãe recebe o nome de padrasto, e a esposa do pai, o de madrasta. Os filhos são denominados de enteados, e se cria neste entorno familiar um parentesco por mera afinidade. Convém ter presente que por força cultural, sempre se tem em mente que padrastos e madrastas só são concebidos quando originários do falecimento de um dos cônjuges, ignorando que esta designação também abarca o vínculo que se cria entre um cônjuge e os filhos do outro, por causa do divórcio. É o que diz o artigo 1.595 do CC de 2002, ao estabelecer que cada cônjuge ou companheiro é aliado aos parentes do outro pelo vínculo de afinidade e, de acordo com o seu § 1º, o parentesco por afinidade limita-se aos ascendentes, aos descendentes e aos irmãos do cônjuge ou companheiro.

1.2. O estereótipo estigmatizante

Uma das sérias dificuldades que devem afrontar as famílias reconstruídas é o estereótipo que representa o padrasto ou a madrasta como pessoas indesejáveis, e até tidas e havidas por cruéis. Desde os contos infantis, sempre foi transmitida uma percepção negativa destas figuras. São narrativas que instalaram e reforçaram a existência de um mito de reverência a um certo modelo ideológico, respeitante à idéia de sacralização da indissolubilidade do vínculo matrimonial, e conseqüentemente, o repúdio e a desconfiança acerca dos novos cônjuges ou companheiros nos casos de morte.

A figura do padrasto suscita desconfiança e temores porque não possui o amor filial que se supõe exista para com um filho biológico, o que levaria o padrasto a impor sua vontade e sua autoridade, sem a moderação característica de uma relação afetiva.

Ao mesmo tempo os padrastos e madrastas representam uma ameaça econômica e financeira ao cabedal de riquezas da primeira união. Disto provém em grande medida, o repúdio às segundas núpcias, e a proteção destes filhos do primeiro casamento, consagrados em antecedes legais de supervalorização da família de origem.

O receio é mais acentuado ainda em relação à madrasta, pois ela carece do "instinto maternal" que assegura naturalmente o amor que a mãe tem por sua prole.

Esta desqualificação explica a forte carga simbólica de prevenção que arrastam as denominações *padrasto* e *madrasta*.

A palavra *padrasto* deriva do latim *patraster* que, em sentido figurado, significa mau pai, e *madrasta*, qualquer coisa que incomoda ou danifica. Na maior parte das vezes, o padrasto e a madrasta são simplesmente chamados por seu nome próprio, o que nada representa no relacionamento familiar, antes, denota a pouca afinidade, e mantém uma conveniente distância no relacionamento que se torna forçado e constrangedor.

Esta forma de nominá-los harmoniza com a lógica de um vínculo que se constrói dia a dia, e que se mantém por seu conteúdo de cuidado, responsabilidade e afeto, muito mais que um mero nexo institucionalizado, e todos nós sabemos que a forma com que se designa uma pessoa de nosso entorno dentro da família, tem um profundo significado para a construção de vínculos.

O desprestígio social dos termos *padrasto* e *madrasta* conleva neste panorama social a buscar uma nova denominação e, neste afã por criar um nome especial, já tem evidenciado expressões como "pai sociológico", ou paternidade de afeto, e outras expressões como "filiação socioafetiva", "paternidade socioafetiva", "maternidade socioafetiva" e por fim, "família socioafetiva."

E isto que a criação das segundas famílias não se constitui em nenhum fenômeno recente, pois a história registra desde velhas épocas a intensa reconstrução afetiva, mormente em tempos de constantes guerras, gerando freqüentes estados de viuvez.

Em câmbio dos tempos, atualmente a maior causa das famílias reconstruídas tem sua origem nas rupturas conjugais, mesclando padres e filhos afins, havendo registro de que nos Estados Unidos da América, já em 1992, somente 59% das crianças americanas viviam com seus pais.

1.3. A difícil reconstrução familiar

A conformação de uma família mesclada por parceiros e filhos oriundos de famílias desfeitas afigura-se bastante difícil, porque os integrantes de um casal vêm com uma bagagem proveniente de sua família de origem e dos vínculos matrimoniais precedentes: experiências vitais, crenças, tradições, rituais, convicções religiosas ou modelos de educação. Os filhos, por sua vez, experimentaram distintos padrões de conduta e critérios disciplinares que podem sofrer mudanças na nova organização.

Logo, trata-se de levar em conta que a presença de um estranho, seu reconhecimento e sua aceitação, se já é difícil em qualquer família, se faz mais complicado na família reconstruída, onde opera com freqüência uma tendência de rechaçar o substituto. E as mulheres, em regra, se botam atentas ao encontro de uma boa comunicação, porque, qualquer dessintonia ou um grave desacordo, se constitui num relevante motivo para que a progenitora desista de iniciar uma convivência conjugal, pois tem presente, implicitamente, o primordial interesse do filho.

E os estranhos tampouco sabem como agir, especialmente quando são gerados diversos tecidos de lealdades dos filhos para com o seu pai, do pai afim para com o seu próprio filho, da mãe com o seu rebento, dos novos parceiros em relação às suas respectivas famílias de origem, afora as situações de ciúmes e rivalidades que restam implantadas, produzindo infindáveis e desgastantes conflitos.

1.4. A família redesenhada

A família reconstruída é produto de um processo que requer tempo para que encontre a sua própria identidade, com a mudança de hábitos e rotinas que conduzam a unificação da nova família, passando por todas as suas etapas de aceitação, autoridade e afetividade. É que o vínculo entre um cônjuge ou convivente com os filhos do outro nasce de uma aliança, construída aos poucos, pela conquista da confiança e do afeto, e não como ocorre na vinculação biológica, quando já contam os vínculos de sangue. A relação afetiva não se produz de modo instantâneo, senão que requer um tempo para sua consolidação, até que a prole consiga superar a perda que representa o falecimento ou a ruptura conjugal que o afasta de um dos progenitores, ou até que se desgarre da fantasia de reunificação de seus pais.

Ao filho que não elegeu o novo esposo ou companheiro de sua mãe não se pode demandar um amor súbito, como também isto não se pode exigir de um adulto. Não é possível forçar sentimentos, só se podendo exigir respeito e responsabilidade. Esta nova família deve ser pensada de um modo dialético, em constante interação, para criar o seu futuro, sua própria dinâmica e seu próprio destino, detendo suas próprias pautas de realização.

Não há como exigir um amor instantâneo dos filhos de outro, assim como resulta num paradoxo sustentar que somente os laços de sangue asseguram o afeto legítimo, e, embora pese com força no coração e na mente o laço biológico, deve ser aceito que os sentimentos de afeto requerem um bom tempo de maturação.

1.5. O parentesco é uma noção cultural e social

O parentesco não é um fato da natureza, e sim uma noção social que varia de cultura para cultura, dizem os antropólogos, fundado em certas necessidades e fins sociais. Quando mudam os requerimentos de uma determinada cultura, modifica-se o sistema de parentesco, que se relaciona com a variação das formas de constituição familiar.

A família é uma construção social organizada através de regras culturalmente elaboradas, que conformam modelos de comportamento, e as designações de parentesco não se relacionam necessariamente com o vínculo biológico. Existem os pais biológicos, adotivos e sociais.

O vínculo de afinidade ou de aliança não é um vínculo de sangue, e sob esta mirada de vertente, o parentesco resulta da construção do vínculo mediante o afeto, dedicação e esforço, surgindo o pai psicológico dos cuidados cotidianos da criança. Em verdade, qualquer adulto pode converter-se num pai psicológico, dependendo da qualidade da interação diária, porquanto, o verdadeiro pai é aquele que efetivamente se ocupa da função parental e conforme assinala Jean Pierre Winter[1] – *basta recordar do pequeno Jesus, que não conhecia seu pai e foi criado por seu padrasto Pedro.* O pai real desaparece da história familiar. José recolhe o menino e lhe ensina seu ofício até o momento em que deve partir.

De acordo com Silvana Maria Carbonera:[2]

"A formação da família já se dava à margem da esfera jurídica, a preocupação com os sujeitos sobrepunha-se àquela relativa à adequação ao modelo legal. Ganhou dimensões significativas um elemento que anteriormente estava à sombra: o sentimento. E, com ele, a noção de afeto, tomada com um elemento propulsor da relação familiar, revelador do desejo de estar junto a outra pessoa ou pessoas, se fez presente."

A família sociológica se assenta no afeto cultivado dia a dia, alimentado no cuidado recíproco, no companheirismo, na cooperação, na amizade e na cumplicidade. O afeto está presente nas relações familiares, tanto na convivência entre o homem e a mulher, como na relação entre pais e filhos, não necessariamente advindos do imprescindível vínculo biológico. A parentalidade apresenta três verdades: A primeira delas é a verdade matrimonial, surgida do casamento ou da união estável; a segunda verdade é biológica e a terceira é a verdade afetiva.

É por isto que Jacqueline Filgueras Nogueira[3] escreve que:

"Na prática social, as relações de afeto são mais importantes que as oriundas de consangüinidade, pois o entendimento majoritário é de que pais são os que criam, não os que procriam, de tal forma que se deve considerar como verdadeiro pai aquele que, embora não o seja do ponto de vista biológico, é o homem que ama, cria, educa e alimenta uma criança, assumindo todas as funções inerentes de pai, sendo este considerado como tal por esta criança."

E a adoção é prova cabal de que a convivência vai construindo pouco a pouco, e sua causa primeira é o afeto, como condição para colocação já em família substituta, prevalecendo na escolha a relação de afinidade ou de afetividade, como reza o artigo 28, § 2º, do ECA.

Afeto que na família reconstituída tem preponderante função dentre os pais que assumem crianças que não são suas, mas que surgem de

---

[1] WINTER, Jean Pierre. *Des liens innommables,* en Théry, I: *Recomposer une famille, des rôles et des sentimentes,* p.60.

[2] CARBONERA, Silvana Maria. *O papel jurídico do afeto nas relações de família* In FACHIN, Luiz Edson (Coord.) *Repensando fundamentos do direito civil brasileiro contemporâneo.* Rio de Janeiro: Renovar, 1998, p. 285-6.

[3] NOGUEIRA, Jacqueline Filgueras. *A filiação que se constrói: O reconhecimento do afeto como valor jurídico.* São Paulo: Memória Jurídica Editor, 2001, p. 56.

famílias desfeitas, numa lógica cada vez mais freqüente, e crescente, de substituição dos tradicionais protagonistas detentores do vínculo sangüíneo.

Paulo Luiz Netto Lôbo[4] prova que a afetividade tem fundamento constitucional; não sendo petição de princípio, nem fato exclusivamente sociológico ou psicológico, dado que a natureza da família está fundada essencialmente nos laços de afetividade, encontrando-se na Constituição Federal brasileira quatro fundamentos essenciais do princípio da afetividade, a saber:

"a) todos os filhos são iguais, independentemente de sua origem (art. 227, § 6º);
b) a adoção, como escolha afetiva, alçou-se integralmente ao plano da igualdade de direitos (art. 227, §§ 5º e 6º);
c) a comunidade formada por qualquer dos pais e seus descendentes, incluindo-se os adotivos, tem a mesma dignidade da família constitucionalmente protegida (art. 226, § 4º);
d) o direito à convivência familiar, e não a origem genética, constitui prioridade absoluta da criança e do adolescente (art. 227, *caput*).
Enfim, no que concerne à filiação, deve-se ter presente, que além do mandamento constitucional de absoluta prioridade dos direitos da criança e do adolescente, é diretriz determinante nas relações da criança e do adolescente com seus pais, com sua família, com a sociedade e com o Estado, que não existe supremacia de uma categoria de filhos sobre a outra.

Luiz Edson Fachin[5] argumenta que a doutrina e a jurisprudência acolhem o valor jurídico do afeto, porquanto a 'seiva que alimenta o Direito é a própria vida, concreta, real, não formada de conceitos estéreis e abstratos, de equações lógicas desprovidas da matéria que constitui a própria realidade individual e social'."

É que para Fachin[6] o contido no art. 1.593 do CC de 2002 permite a construção da paternidade socioafetiva ao referir-se a diversas origens do parentesco. E diz mais, que o Código Civil de 1916 já propiciava esse entendimento na exegese do inciso II do artigo 349.[7] Além disso, o § 6º do artigo 227 da Constituição Federal conduz a este mesmo entendimento,

---

[4] LÔBO, Paulo Luiz Netto. *Código Civil comentado*, vol. XVI, (Coord.) Álvaro Villaça Azevedo, São Paulo: Atlas, 2003, p. 42-43.

[5] FACHIN, Luiz Edson. *Boletim IBDFAM*, nº 19, Ano 3, p.3, março/abril, 2003.

[6] Art. 1.593 do CC de 2002. O parentesco é natural ou civil, conforme resulte de consangüinidade ou outra origem.

[7] Art. 349 do CC de 1916. Na falta, ou defeito do termo de nascimento poderá provar-se a filiação legítima, por qualquer modo admissível em direito: (...) II- quando existirem veemente presunções de fatos já certos.

dentro dos princípios da igualdade e não-discriminação da filiação. De acordo ainda com Fachin, no âmbito do Código Civil, a afinidade entre companheiros pode ser citada como sintoma do afeto, como valor jurídico prevalente e que o artigo 1.603 do CC deve também abranger o nascimento socioafetivo, pois a compreensão do artigo 1.610 do CC também passa por essa dimensão valorativa do reconhecimento dos filhos socioafetivos, já que o reconhecimento feito em testamento não pode ser revogado. Lembra ainda que, em matéria de guarda, unilateral ou compartilhada, o afeto tem inquestionável prioridade. Vide o artigo 1.638, II, do CC de 2002 quando abarca o abandono do filho como causa de suspensão ou de perda do poder familiar, dado que sua custódia está vinculada aos melhores interesses da criança e se terceiro pode ficar com a guarda, tudo sucede por decorrência exclusiva do afeto e da afinidade do terceiro com o menor.

Embora não haja vinculação biológica na inseminação artificial heteróloga, o artigo 1.597, inciso V, do CC estatui a presunção legal de paternidade em relação ao marido quanto aos filhos havidos pela mulher.

1.6. A posse de estado

Em Portugal, o legislador optou por recorrer ao instrumento técnico da *posse de estado*, que retrata uma filiação claramente inexata, mas cuja vinculação se baseia na aparência de uma vida inteira.

Segundo Romeo Grompone:[8]

"A posse de estado é um verdadeiro reconhecimento quando um homem tratou constante e publicamente a um filho como se fôra seu, quando o apresentou como tal à sua família e à sociedade, quando lhe deu seu nome, quando invocando a sua qualidade de pai, proveu sempre a sua mantença, as suas necessidades e a sua educação, não sendo possível dizer que não o tenha reconhecido. É certo que este reconhecimento não consta em um documento, porém, o que pode se deduzir, é que é mais completo e decisivo."

Em casos como estes, o esclarecimento da verdade biológica não compensaria os danos individuais e sociais que a verdade sociológica gerou como: a surpresa e a mudança da identidade, a hesitação sobre a validade ou eficácia dos atos praticados no exercício do poder paternal, a nova repartição eventual de heranças, o regresso contra eventuais adquirentes, etc. No fundo, sob o pretexto digno de tutelar um valor fundamental

---

[8] GROMPONE, Romeo. *Reconocimiento tacito de hijos naturales*. Montevideo: Ediciones juridicas Amalio M. Fernandez, 1978, p. 39.

da organização do parentesco, e da ordem jurídica, pode tratar-se de satisfazer o interesse particular de um indivíduo – que por acaso queira subtrair-se de uma obrigação alimentar – concorrer a uma herança.

Para Guilherme de Oliveira:[9]

"o estado das pessoas, tal como o direito o considera, nunca se deixa reduzir a um dado biológico; a biologia é remodelada pelo homem. Toda a filiação contém, por isso, uma parte de adoção. Deve se falar de uma nova paz das família, que procura a verdade biológica mas que também toma em consideração a verdade sociológica quando ela parece ser favorável aos filhos. Isto porque o pai tende a não ser mais aquele que concebeu o filho, mas aquele que o protege e alimenta, aquele que o ajuda a fazer sua aprendizagem de homem".

Qual seja, deve a lei seguir pela trilha do fim social previsto no artigo 5º da Lei de Introdução ao Código Civil, para admitir serenamente, a paternidade socioafetiva à vista do *fim social*.

1.7. Os elos biológico e socioafetivo como valores jurídicos

Na visão precisa de Maria Christina de Almeida,[10] a declaração judicial do liame paternal passou por sucessivos impactos nos diversos momentos da evolução do direito brasileiro, sendo o primeiro deles o tratamento isonômico da prole, vedada qualquer discriminação; o segundo retratado pelos avanços da engenharia genética, através do exame pericial em DNA, e o terceiro, oriundo do meio sociocultural, tendo como núcleo essencial a família, com especial proteção do Estado.

Assim visto, diz Maria Christina:[11]

"ser filho é algo mais do que ser geneticamente herdeiro de seu progenitor, porquanto a figura paterna não pode ter contribuído biologicamente para o nascimento daquele que é seu filho, porém possibilitou que o vínculo fosse construído sobre outras bases, que não genéticas."

É a noção de posse do estado de filho que ganha abrigo nas reformas do direito comparado, a qual não se estabelece com o nascimento, mas num ato de vontade, que se sedimenta no terreno da afetividade, colocando em xeque tanto a verdade jurídica, quanto a certeza científica no estabelecimento da filiação.

---

[9] OLIVEIRA, Guilherme de. *Critério jurídico da paternidade*. Coimbra: Almedina, 1998, p. 437.

[10] ALMEIDA, Maria Christina de. *DNA e estado de filiação à luz da dignidade humana*. Livraria do Advogado Editora: Porto Alegre, 2003, p. 177.

[11] Idem, op. cit., p. 179.

O Tribunal de Justiça do Estado do Paraná sustentou a prevalência da verdade socioafetiva, quando em conflito com a verdade biológica, com a seguinte ementa:

"Negatória de paternidade. Adoção à brasileira. Confronto entre a verdade biológica e a socioafetiva. Tutela da dignidade da pessoa humana. Procedência. Decisão reformada. 1. A ação negatória de paternidade é imprescritível, na esteira do entendimento consagrado pela Súmula 148 do STF, já que a demanda versa sobre o estado da pessoa, que é a emanação do direito de personalidade. 2. No confronto entre a verdade biológica, atestada em exame de DNA, e a verdade socioafetiva, decorrente da denominada 'adoção à brasileira'(isto é, da situação de um casal ter registrado, com outro nome, menor como se fosse) e que perdura por quase quarenta anos, há de prevalecer a solução que melhor tutele a dignidade da pessoa humana. 3. a paternidade sociafetiva, estando baseada na tendência de personificação do direito civil vê a família como instrumento de realização do ser humano; aniquilar a pessoa do apelante, apagando-lhe todo o histórico de vida e condição social, em razão de aspectos formais inerentes à irregular 'adoção à brasileira, não tutelaria a dignidade humana, nem faria justiça ao caso concreto'. mas, ao contrário, por critérios meramente formais, proteger-se-ia as artimanhas, os ilícitos e as negligências utilizadas em benefício do próprio apelado." (Tribunal de Justiça do Paraná, Apelação Cível nº 108.417-9, relator Des. Accacio Cambi, j. em 12/12/2001, DJ/PR 04/02/2002).

O Tribunal de Justiça do Rio Grande do Sul também conduziu seus julgados na esteira da paternidade socioafetiva, como disto é exemplo a Apelação Cível nº 70003997624, relatada pelo Des. Sérgio Fernando de Vasconcellos Chaves, da 7ª Câmara Cível, e assim ementada:

"Pedido de desconstituição do vínculo de paternidade. Declaração falsa no registro de filiação. Desconstituição do registro público. Impossibilidade. Paternidade socioafetiva. Se o autor reconheceu formalmente o filho da sua esposa, nascido antes do matrimônio, sendo sabedor da inexistência do liame biológico, mas deixando evidenciada a situação de paternidade sociafetiva, não pode pretender a desconstituição do vínculo, pretensão esta que se confunde com pedido de revogação. Vedação dos art. 104 do Código Civil e art. 1º da Lei nº 8.560/92. recurso desprovido."

Sustenta seu voto no artigo 104 do Código Civil de 1916 e também no artigo 1º da Lei nº 8.560/92, que com clareza solar e de forma peremptória diz que "o reconhecimento dos filhos havidos fora do casamento é irrevogável."

Já o Agravo de Instrumento nº 599296654, também da 7ª Câmara Cível do TJRS, em voto relatado pelo Des. Luiz Felipe Brasil Santos, datado de 18 de agosto de 1999, tem esta ementa:

"Filiação. Filho adulterino *a matre* registrado pelo marido da mãe. Possibilidade de terceiro vindicar a condição de pai.. Paternidade jurídica. Paternidade biológica. Paternidade socioafetiva. 1. A Lei nº 8.560/92, ao remover qualquer restrição para o reconhecimento de filhos extramatrimoniais pelos respectivos pais, assegura-lhes o interesse jurídico para eventual demanda que tenha essa finalidade. Em decorrência, tanto o pai quanto a mãe têm legitimidade para postular em nome próprio, em ação que visa à vindicação de paternidade ou maternidade. 2. A despeito da ausência de regulamentação em nosso Direito quanto à paternidade sociológica, a partir dos princípios constitucionais de proteção à criança (art. 227 da CF), assim como da doutrina da integral proteção consagrada na Lei nº 8.069/90 (especialmente nos arts. 4º e 6º), é possível extrair os fundamentos que, em nosso Direito, conduzem ao reconhecimento da paternidade sociafetiva, revelada pela posse do estado de filho, como geradora de efeitos jurídicos capazes de definir a filiação. 3. Entretanto, o pedido formulado na ação não tem esse conteúdo, mas visa, modo exclusivo, a desconstituir o registro de nascimento da menor, sem atribuição de paternidade ao autor-agravado! Assim, dada a forma equivocada como foi posta a pretensão, não ostenta o autor legítimo interesse para a demanda. A desconstituição do registro que seria mera decorrência da atribuição da paternidade ao autor-agravado. Porém, como esta não consta do pedido – e não poderia a sentença ir além do postulado -, resta o autor órfão de interesse legítimo para propor a demanda nos termos em que foi formulada, a qual, se procedente, traria como conseqüência, simplesmente, a circunstância de que a menor ficaria sem qualquer paternidade reconhecida, o que não pode ser admitido, até em consideração aos superiores interesse da criança. deram provimento."

Noutro julgado também do Tribunal de Justiça do Rio Grande do Sul, desta feita por sua 8ª Câmara Cível, na Apelação Cível nº 70002016038, sendo relator o Des. Rui Portanova, j. em 8 de março de 2001, tem esta ementa:

"Ação para anular registro de nascimento. Legitimidade ativa. Verdade formal, verdade material e verdade sociafetiva. Gratuidade judiciária e execução da sucumbência. O filho do *de cujus* tem legitimidade para anular o registro de nascimento feito por seu pai, o qual entende falso. O *de cujus* teve muito tempo para renegar a sua paternidade. Tinha muitos meios de prova que não era pai. Contudo, preferiu viver como verdadeiro pai assumiu e se responsabilizou, sem ligar para que a ciência genética poderia dizer. Um registro de nascimento deve atentar mais para a verdade sociafetiva do que para a verdade biológica. a execução da sucumbência, havendo o benefício da gratuidade judiciária, deve ficar suspensa. Rejeitadas as preliminares, deram provimento ao apelo."

Por fim, mais uma vez a 7ª Câmara Cível do TJRS, na Apelação Cível nº 589573681 de Caxias do Sul, j. em 19 de maio de 1999, a Desembargadora Maria Berenice Dias entendeu que:

"Registro de nascimento. Falsidade. Comportamento posterior da mãe registral no sentido de ratificar o registro. Princípios éticos e constitucionais de proteção ao menor que levam a concluir pela configuração de adoção simulada. Desnecessidade de modificar o registro ante a inexistência de diferenciação entre os filhos. Voto vencido. Deram provimento, por maioria."

Na contramão deste entendimento oferta o Tribunal de Justiça de São Paulo, por sua 3ª Câmara de Direito Privado, por votação unânime datada de 15 de maio de 2001, na ação rescisória nº 78.645-4/3, sendo relator Ênio Santarelli Zuliani, aresto assim ementado:

"Na virada do milênio, com a valorização dos atributos da dignidade humana e seu patrimônio genético, é inconcebível manter hígido falso reconhecimento de paternidade, pela nocividade – para o plano afetivo da família, relação de dependência econômica e o interesse social – que a descoberta da exclusão genética pelo teste DNA provoca nestes setores. Rescisória procedente."

Já noutra decisão da mesma 3ª Câmara de Direito Privado do Tribunal de Justiça de São Paulo, também relatada pelo Des. Ênio Santarelli Zuliani, na Apelação Cível nº 240.743-4/6, j. em 12 de novembro de 2002, foi ementado que:

"Não existindo razão relevante para questionamento da paternidade voluntariamente admitida, prevalece o sentido de irrevogabilidade do ato (art. 1º, da Lei 8.560/92), sem o que não se consegue estruturar a base da família com dignidade (artigos 1º, III e 226, § 7º, da CF) – Não provimento."

O temário chegou ao Superior Tribunal de Justiça, no REsp 119.346-GO, na relatoria do Ministro Barros Monteiro, julgado em 1º/4/2003, negando a nulidade de registro em situação familiar já consolidada há mais de quarenta anos. É que ao se casar, o pai declarou ter três filhos, todos do casamento com a esposa. Na verdade são eles filhos só dele com outras mulheres, fato de conhecimento de toda a sociedade à época. Com o falecimento da esposa, o viúvo promoveu a abertura do inventário dos bens por ela deixados, declarando como herdeiros todos os treze filhos do casal. Os demandantes entenderam que os três primeiros réus, por serem filhos apenas do pai, só têm direito à herança do pai, e não sobre os bens deixados pela mãe, não obstante se acharem relacionados como herdeiros da falecida. O pleito é pela anulação ou reforma de seus registros de nascimentos, a fim de que deles sejam excluídos os nomes da mãe e dos avós maternos. Há mais de quarenta anos tal situação se consolidou no seio da família e da sociedade. Há, no caso, a necessidade de proteger situações familiares reconhecidas e consolidadas. Tal situação fática merece a tutela do Poder Judiciário. Precedentes citados: REsp 215.249-MG, DJ 2/12/2002 e REsp 91.825-MG, DJ 1º/8/2000.

São os tribunais conscientes de que as perfilhações de complacência (adoção à brasileira) são freqüentes e até suportadas por uma espécie de tradição popular. Em suma, tratou-se de dar relevância à verdade sociológica da filiação, de guardar a paz da família que se assenta na comunhão filial duradoura.

São, em resumo, os filhos do coração que até nas páginas policiais ganham destaque, como foi o caso dos dois jovens seqüestrados quando ainda eram bebês em maternidades de Brasília e Goiânia. Foram criados pela seqüestradora, que chegou até a simular o parto do rapaz, hoje com 16 anos, enganando seu marido.

Segundo o jornalista Paulo Santana:[12]

> "o que impressiona neste caso é a distância afetiva enorme que separa as duas mães biológicas e legítimas dos dois jovens. A ponto de que nenhum dos dois seqüestrados sequer admitiu a hipótese de vir a se juntar à sua mãe biológica. Pela simples e brutal razão de que não cogitam de se separar da mãe ilegítima, por quem nutrem original amor, nascido e desenvolvido na criação generosa que a seqüestradora lhes ministrou. (...) Como é que uma mesma pessoa pode ser assim tão profundamente amorosa e tão traiçoeiramente cruel. (...) Mas não me sai da cabeça a indiferença glacial dos dois jovens para com suas mães biológicas, não lhes dando qualquer esperança de que as venham a reconhecer como titulares do seu amor, enquanto manifestam claramente uma fidelidade perpétua pela seqüestradora, cuja criação os conquistou em definitivo. E chega a ser espetacularmente filosófico que não tem valor moral algum o registro de nascimento que os pais fazem em cartório: os filhos é que depois de criados, tinham que ir ao cartório para registrar e declarar se reconhecem ou não reconhecem

---

[12] SANTANA, Paulo. *Filhos do coração*. Zero Hora de 14/02/2003.

os seus pais como verdadeiros pais. Ou seja, fica paradoxal e sublimemente provado, por esse importante detalhe, que filhos não nascem da caverna do ventre, mas têm origem e se legitimam nas dobras do coração."

Os filhos são realmente conquistados pelo coração, obra de uma relação de afeto construída a cada dia, em ambiente de sólida e transparente demonstração de amor à pessoa gerada por indiferente origem genética, pois importa ter vindo ao mundo para ser acolhida como filho de adoção por afeição. Afeto para conferir tráfego de duas vias à realização e à felicidade da pessoa. Representa dividir conversas, repartir carinho, conquistas, esperanças e preocupações; mostrar caminhos, aprender, receber e fornecer informação. Significa iluminar com a chama do afeto que sempre aqueceu o coração de pais e filhos socioafetivos, o espaço reservado por Deus na alma e nos desígnios de cada mortal, de acolher como filho aquele que foi gerado dentro do seu coração.

2. A tutela cominatória no Direito de Família

2.1. Introdução

Desde a época em que prevalecia, num mundo muito pouco informado, a atuação autodefensiva dos direitos subjetivos até a civilização que inicia a caminhada temporal do terceiro milênio, têm sido fantásticas e muitas vezes indescritíveis as mudanças científicas, sociais e jurídicas sentidas por significativa parcela do tecido social que habita este planeta Terra, cujas distâncias e espaços vêm paulatinamente encurtando.

Fala-se de um mundo globalizado, da célere informação virtual e de uma comunicação que precisa ser dinâmica, ágil e eficiente, pois neste mundo altamente competitivo podemos ser atropelados por máximas filosóficas que mensuram o tempo por um equivalente em dinheiro - e não fazer nada, ou perder tempo fazendo algo que poderia ser realizado em menor duração, pode nos deixar para trás, enquanto os outros avançam.

Lembra *José Rogério Cruz e Tucci*[1] que nosso Estado contemporâneo tem por escopo a manutenção da paz social, impondo normas, regulando a nossa conduta social. Violada a ordem social, quem se diz prejudicado dispõe dos tribunais para buscar o amparo de seu direito que aventa ter sido lesado, e para o desenvolvimento desse mecanismo de correção controlada do litígio o Estado confere ao Judiciário a incumbência de declarar quem tem razão.

2.2. O processo como instrumento de efetividade

O processo é o instrumento destinado à atuação da vontade da lei, devendo ser desenvolvido mediante um procedimento célere, a fim de que a tutela jurisdicional emerja realmente oportuna e efetiva, afirma *José*

---

[1] TUCCI, José Rogério Cruz e. *Tempo e processo*, São Paulo: RT, 1997, p. 23.

Rogério Cruz e Tucci.[2] É essencial que a prestação jurisdicional não tarde, porque de nada serve processo com duração demasiada, pois, como arremata *José Tucci*, "os direitos subjetivos dos cidadãos devem ser providos da máxima garantia social, com o mínimo sacrifício da liberdade individual, e, ainda, com o menor dispêndio de tempo e energia".[3] Isso porque estamos impregnados da máxima filosófica que associa nosso tempo ao dinheiro, limitando o espaço e a extensão dos nossos relacionamentos pessoais e reduzindo sensivelmente a nossa capacidade de tolerância. Basta observar que andamos no encalço da praticidade dos nossos relacionamentos e, ávidos pelas novidades tecnológicas da informática, nossa preciosa companheira, dela exigimos que nos dê acesso rápido às informações e à comunicação virtual.

Fácil compreender, portanto, porque ansiamos cada vez mais por processos que abreviem, com a maior celeridade possível, o tempo da lesão do direito até a sentença.[4] A demora do processo aumenta os custos e pressiona os que são economicamente mais debilitados, servindo a angústia destes para fortalecer o sentimento de descrença na justiça e aumentar a tendência em aceitar acordos por valores inferiores à pretensão inicialmente deduzida. Isso quando não abandonam suas causas e seus advogados, pela demora exagerada do processo que costuma ser pródigo em desenvolver uma exaustiva cognição. Exatamente por esses motivos é que não foge à sensibilidade daqueles que operam diretamente com o direito, sendo, portanto, digno de encômios, o recente conjunto de reformas procedidas no processo civil brasileiro, para aproximar o jurisdicionado, o mais rápido possível, da almejada efetividade da tutela jurisdicional. É, antes de mais nada, como pontua *Paulo Lucon*,[5] um dever estatal de apreciar as lesões e ameaças a direitos, de modo eficaz e no menor espaço de tempo possível, "sob pena de consagrar a total falência dos padrões eleitos de convívio social e das instituições que compõem o Estado democrático de direito".

A Comissão Revisora do Código de Processo Civil brasileiro, presidida pelo Ministro *Sálvio de Figueiredo Teixeira*, informou ser um dos objetivos das minirrevisões procedimentais: "localizar os pontos de estrangulamento da prestação jurisdicional; deixando de lado divergências de ordem doutrinária ou meramente acadêmicas, assim como outros pontos

---

[2] TUCCI, José Rogério Cruz e, ob. cit., p. 27.

[3] Ibidem.

[4] RÚA, Fernando De la. *Procesos lentos y reforma urgente*, in Proceso y justitia, Buenos Aires, Lea, 1980, p. 227, *apud*. José Rogério Cruz e Tucci, conforme obra citada, p. 27.

[5] LUCON, Paulo Henrique dos Santos. *Eficácia das decisões e execução provisória*, São Paulo: RT, 2000, p. 181-182.

merecedores de modificação, apresentar sugestões somente de simplificação, agilização e efetividade."

Carreira Alvim qualificou esse estágio no qual sucederam-se importantes mudanças na processualística brasileira, como uma imposição dos novos tempos, no caminho da pacificação dos contendores.[6] *Humberto Theodoro Júnior*[7] informa ter sido a tarefa da Comissão Revisora afastar os embaraços que comprometiam o ideal contido nos princípios de economia e de efetividade do processo.

É porque o excessivo tempo processual tem sido o crônico dilema e o mais angustiante obstáculo na crença e busca do Judiciário para a obtenção da prestação jurisdicional, sustenta *Athos Gusmão Carneiro*[8] ser preciso impor procedimentos menos complexos, na medida em que aumenta o grau de evidência das pretensões de direito material. Enquanto *Cândido Dinamarco*[9] acrescenta com igual propriedade jurídica que as reformas permitiram uma justiça mais rápida e mais efetiva, livrando o jurisdicionado de pirotécnicas construções conceituais, deitadas na processualística brasileira até então viciada por um princípio que ignorava que o processo deve estar voltado muito mais para servir a quem tem direito e menos a quem embaraça esse direito. Buscar a efetividade é buscar os mecanismos de resultados, é estar na direção da concreta realização do direito, e não apenas na mera declaração jurídica desse direito. Reformas que olham partes e processo, sob o prisma da rapidez da demanda, em detrimento do exacerbado formalismo a que as partes geralmente são levadas a percorrer até a morosa sentença.

Criando a tutela diferenciada para conceder a proteção do direito material, antes de exaurida a plena cognição de um extenuante processo ordinário, através das novas técnicas processuais identificadas pela modalidade da tutela antecipada do artigo 273 do CPC e da tutela inibitória do artigo 461 do mesmo Diploma Adjetivo Civil, foi que o legislador deu um importante passo para o processo brasileiro melhor cumprir os seus objetivos, de há muito cunhado com o *slogan* de *Giuseppe Chiovenda*: "na medida em que for praticamente possível, o processo deve propiciar a quem tem direito tudo aquilo e precisamente aquilo que ele tem o direito de obter".[10]

---

[6] ALVIM, J. E. Carreira. *Tutela específica das obrigações de fazer e não fazer na reforma processual*, Belo Horizonte: Del Rey, 1997, p. 25.

[7] THEODORO JÚNIOR, Humberto. *As inovações no Código de Processo Civil*, 2ª ed., Rio de Janeiro: Forense, 1995, p. 2.

[8] CARNEIRO, Athos Gusmão. *Da antecipação de tutela no processo civil*, Rio de Janeiro: Forense, 1998, p. 8.

[9] DINAMARCO, Cândido Rangel. *A reforma do Código de Processo Civil*, São Paulo: Malheiros, 1995, p. 30.

[10] Citado por Paulo Henrique dos Santos Lucon, *Eficácia das decisões e execução provisória*, p. 277.

2.3. Efetividade processual da ação cominatória

Na rota das diversas reformas acrescidas ao vigente sistema processual, dentre outras, merecem aplausos a Lei nº 9.079, de 14 de julho de 1995, que integrou no processo brasileiro a ação monitória, e, dentro desse espírito da maior agilidade da prestação jurisdicional, a Lei nº 8.952, de 13 de dezembro de 1994, que cuidou de alterar dispositivos do processo de conhecimento e do processo cautelar, particularmente no tocante à tutela antecipada e à tutela inibitória, uma e outra, reguladas respectivamente pelos artigos 273, incisos I e II, e seus parágrafos, e 461, §§ 1º, 2º, 3º, 4º e 5º, do Diploma Adjetivo Civil. São tutelas objetivando garantir ou apressar o cumprimento de direito substancial, em que a tutela inibitória tem por finalidade impedir a prática, a continuação ou a repetição do ilícito, escreve *Luiz Guilherme Marinoni*.[11] A inibitória não pode ser confundida com a tutela ressarcitória dirigida à reparação do dano, ela funciona, complementa *Marinoni*:[12]

> "basicamente, através de uma decisão ou sentença que impõe um não fazer ou um fazer, conforme a conduta ilícita temida seja de natureza comissiva ou omissiva. Este fazer ou não fazer deve ser imposto sob pena de multa, o que permite identificar o fundamento normativo desta tutela nos arts. 461 do CPC e 84 do CDC."

Principalmente buscando, através de condenações pecuniárias aplicadas pelo juiz, vencer uma histórica resistência do devedor recalcitrante, pois, como explica *Antônio Jeová Santos*,[13] não é possível compelir fisicamente o devedor nem é possível utilizar a violência para compeli-lo ao cumprimento do que se comprometeu, gerando, desse modo, na obrigação infungível, o dever de indenizar por perdas e danos ou, se possível, porque o fato é fungível e não depende da especial habilidade daquele que se obrigou, mandar executá-la por terceiro, para posterior débito do devedor.

Como o ordenamento jurídico brasileiro não impunha ao obrigado um meio coativo de cumprir ao que se obrigara, usualmente o credor ficava ao inteiro desabrigo de qualquer meio hábil de proteção do direito ajustado em obrigação de fazer e de não fazer, precisando, assim, se conformar diante do inadimplemento, com a sua execução por terceiro, à qual precisa adiantar o pagamento da tarefa para depois cobrá-la do devedor recalci-

---

[11] MARINONI, Luiz Guilherme. *Tutela inibitória (individual e coletiva)*, São Paulo: RT, 1998, p. 26.

[12] Idem, p. 29.

[13] SANTOS, Antônio Jeová da Silva. *A tutela antecipada e execução específica*, Campinas: Copola Editora, 1995, p. 36.

trante, ou se ver compensado pela indenização por perdas e danos. Segundo *Teori Albino Zavascki*:[14]

> "não havia em nosso ordenamento processual mecanismo que inibisse, satisfatoriamente, o evento lesivo. Ao credor ameaçado apresentava-se como alternativa única buscar tutela mediante sentença de natureza condenatória, que, quando proferida, após toda a liturgia de uma ação de conhecimento, provavelmente já seria inútil, pela anterior consumação da ofensa."

Ao introduzir no processo brasileiro tutelas específicas, como a cominatória, o legislador arrefeceu bastante o excessivo formalismo até então em vigor e temperou bem ao gosto da necessária efetividade o real sentido do princípio constitucional do acesso à justiça.

2.4. O preceito cominatório

O preceito cominatório, antes das atuais reformas que trouxeram para o processo brasileiro a tutela inibitória do artigo 461, era iluminado e com outra intensidade de luz apenas pelos artigos 287, 644 e 645 do Código de Processo Civil. Para *Severino Muniz*,[15] a cominação da pena pecuniária do artigo 287 do CPC era restrita às obrigações de fazer ou de não fazer infungíveis, ou seja, sempre que não fosse possível debitar a terceiro a realização da obrigação. É que sendo fungível a prestação, pode o credor executá-la, ainda que contrariamente à vontade do devedor, utilizando-se, para tanto, dos serviços de terceiros, e ficando o devedor responsável pelos respectivos gastos. Sendo infungível a obrigação a ser prestada, a recusa ou demora do devedor importam sua conversão em perdas e danos. Entretanto, adverte *Athos Gusmão Carneiro*, em artigo escrito em tempo anterior às atuais reformas processuais, que o Código preve expressamente a utilização de multa diária para compelir o devedor a realizar a prestação de fazer ou de não fazer, porém, desde que a cominação tenha sido objeto de condenação na sentença que julgou a lide, no processo de conhecimento.[16]

Portanto, contrariamente ao sistema hodierno, a tutela inibitória da pena pecuniária estava posta somente a serviço do demandante que fora

---

[14] ZAVASCKI, Teori Albino. *Antecipação da tutela e obrigações de fazer e de não fazer*, In Aspectos polêmicos da antecipação de tutela, coordenado por Teresa Arruda Alvim Wambier, São Paulo: RT, 1997, p. 463.

[15] MUNIZ, Severino. *Ações cominatórias à luz do art. 287 do Código de Processo Civil*, São Paulo: Saraiva, 1983, p. 48.

[16] CARNEIRO, Athos Gusmão. *Das* astreintes *nas obrigações de fazer fungíveis*. AJURIS, nº 14, p. 126.

vitorioso na ação de conhecimento, valendo-se da procedência do decreto judicial que cominara multa diária para vencer ensaio de recalcitrância do derrotado devedor, mas privando o credor de operações processuais mais práticas e efetivas que, atualmente, permitem a obtenção adiantada do resultado material ou econômico perseguido pela ação judicial.

Considerando que o art. 287 do Código de Processo Civil apenas possibilitava que na inicial fosse pleiteado o estabelecimento de multa para o descumprimento da sentença, e não em decisão liminar ou interlocutória, é que *José Carlos Barbosa Moreira*[17] chamava exatamente a atenção para a pouca eficácia de uma tutela inibitória relegada ao plano de exaustão do processo de conhecimento, pontuando que seria fácil assistir ao risco da lesão material consumar-se na pendência do processo diante da fatalidade do tempo que se escoaria entre a demanda e o julgamento da causa, mesmo em condições normais de funcionamento da máquina judiciária. E recomendava por pesquisa do direito processual, que conhecia técnica própria para acudir emergências, que fosse autorizado o órgão judicial em certas hipóteses a antecipar a prestação da tutela, que normalmente reclamaria a sentença definitiva, por meio de uma ordem dirigida ao réu com a necessária antecedência, para que se abstivesse da temida atividade lesiva.

Luiz Guilherme Marinoni reputa a precedente tutela cominatória do artigo 287 do CPC como completamente inidônea para garantir uma efetiva tutela jurisdicional preventiva,[18] pois a multa só seria devida se descumprida a sentença, concluindo *José Carlos Barbosa Moreira* que "a partir dessa constatação melancólica", fazia-se oportuno convocar os estudiosos a restaurar a dignidade da ação cominatória.[19]

E na esteira desta localização de suplementos jurídicos, de auxílio e instrumento à estabilidade das decisões judiciais, por certo coloca-se o preceito cominatório regulado pelo artigo 287 e mais especialmente pelo artigo 461do CPC.[20]

Sanções cominatórias constituem uma imposição de caráter pecuniário, diz *Carreira Alvim*, que conclui:

"destinadas a atuar sobre a vontade da parte que resiste a cumprir um dever imposto por uma decisão judicial, cujo valor é fixado com base

---

[17] MOREIRA, José Carlos Barbosa. *A tutela específica do credor nas obrigações negativas*, In Temas de direito processual (segunda série), 2ª ed., São Paulo: Saraiva, 1988, p. 36-37.

[18] MARINONI, Luiz Guilherme, ob. cit., p. 55.

[19] MOREIRA, José Carlos Barbosa. *Tutela sancionatória e tutela preventiva*, In Temas de direito processual (segunda série), 2ª ed., São Paulo: Saraiva, 1988, p. 29.

[20] MADALENO, Rolf. *Ação cominatória no Direito de Família*, In Direito de Família, aspectos polêmicos, Porto Alegre: Livraria do Advogado, 1998, p. 14.

na capacidade econômica do obrigado, à razão de tanto por dia, ou outro período, no atraso do cumprimento da obrigação".[21]

O preceito cominatório não tem em mira compor o ressarcimento dos prejuízos, mas sim obter, coercitivamente, o cumprimento da obrigação de fazer ou de não fazer fungível ou infungível. Busca atuar diretamente sobre a vontade da pessoa obrigada, estimulando a execução específica da sua obrigação, já que toda a condenação só pode produzir efeitos se acatada pelo devedor. Figura a pena pecuniária como um elemento de apoio ao convencimento do obrigado relutante, que passa a sofrer uma pressão psicológica pela imposição de multa medida pelo tempo de sua voluntária resistência em cumprir com a sua obrigação.

2.5. Tutela antecipada e tutela específica

A tutela antecipada do artigo 273 do CPC não se confunde com a tutela cautelar, embora não se possa perder de vista que a expressão *tutela* se estende a todos os provimentos jurisdicionais emitidos no curso do processo, quer sejam liminar ou não, e que importem em resultados concretos favoráveis a alguma das partes.[22]

Segundo dispõe o art. 273 do CPC "o juiz poderá, a requerimento da parte, antecipar, total ou parcialmente, os efeitos da tutela pretendida no pedido inicial" e de modo idêntico observa *Araken de Assis*:

> "formulando o autor pedido condenatório, com o fito de impor ao réu prestação de fazer ou de não fazer, ao órgão judiciário, além de conceder a tutela específica, na sentença (art. 461, caput), se mostrará lícito prover liminarmente a respeito (art. 461, § 3º), antecipando, igualmente, semelhante tutela".[23]

Tanto a tutela antecipada quanto a específica, dita inibitória, são aplicáveis ao rito comum, ordinário ou sumário, apenas que a sua apreciação será de cognição sumária, para ser apresentada e apreciada no corpo do próprio processo de conhecimento, sempre que presentes os pressupostos próprios para a sua concessão liminar, antecipando, no caso do artigo 273 do CPC, o direito que a parte pleiteia. Na outra ponta dos provimentos

---

[21] ALVIM, J. E. Carreira, ob. cit., p. 109.

[22] TALAMINI, Eduardo. *Tutelas mandamental e executiva lato sensu e a antecipação de tutela ex vi do art. 461, § 3º, do CPC*. WAMBIER, Teresa Arruda Alvim (Coord.), *Aspectos polêmicos da antecipação de tutela*, São Paulo: RT, 1997, p. 145.

[23] ASSIS, Araken de. *Antecipação de tutela*, In WAMBIER, Teresa Arruda Alvim (Coord.), *Aspectos polêmicos da antecipação de tutela*, São Paulo: RT, 1997, p. 13.

de tutela por inibição, estando alguém obrigado a realizar um fato, uma prestação de fazer ou de não fazer, e não sendo possível compelir fisicamente o devedor, nem se utilizar de violência para obrigá-la ao cumprimento do que se comprometeu, tem lugar a tutela judicial específica. Trata-se de tutela antecipada, de provimento jurisdicional de conhecimento, com cognição sumária, relativamente exauriente e de cunho satisfativo do direito reclamado, ainda que com matizes de restrita provisoriedade e relativa reversibilidade, diz *Reis Friede*.[24] Sua finalidade é antecipar a tutela buscada pelo autor em decisão de mérito, mas com a ressalva de ser concessão provisória, podendo ser revogada ou modificada a qualquer tempo. Decisão de mérito, explica *Antônio Salvador*,[25] porque julga o pedido, e não uma questão interlocutória, mas também não é sentença, por não extinguir o processo e não autorizar recurso de apelação.

Já a tutela inibitória é uma tutela específica, pois objetiva conservar a integridade do direito, assumindo importância não apenas porque alguns direitos não podem ser reparados e outros não podem ser adequadamente tutelados através da técnica ressarcitória, mas também porque é melhor prevenir do que ressarcir, o que eqüivale a dizer que, no confronto entre a tutela preventiva e a tutela ressarcitória, deve-se preferência à primeira.[26]

O traço em comum, entretanto, entre a antecipação de tutela do artigo 273 e a tutela específica do artigo 461, ambos do CPC, é que são duas modalidades da chamada *tutela diferenciada*, que tem por escopo satisfazer uma pretensão de direito material, que de regra só seria concedida no moroso desfecho do processo. Não são preceitos que se fundem, porquanto integram o âmbito de alcance da tutela antecipada do artigo 273 do Código de Processo Civil as pretensões embasadas na obrigação de dar coisa certa ou incerta, enquanto as obrigações de fazer ou de não fazer compõem o elemento processual de trabalho e incidência da tutela de inibição do artigo 461 do mesmo Diploma Adjetivo Civil.

Em recente monografia relativa aos deveres de fazer e de não fazer, pontua *Eduardo Talamini* que: "o sistema de tutelas estabelecido a partir do art. 461 não se limita às obrigações propriamente ditas. Estende-se a todos os deveres jurídicos cujo objeto seja um fazer ou um não fazer".[27] Entende que a tutela específica dá suporte a provimentos destinados a cessar ou impedir o início de condutas de afronta a qualquer direito da

---

[24] FRIEDE, Reis. *Comentários à reforma do direito processual civil brasileiro*, Rio de Janeiro: Forense Universitária, 1995, p. 173.

[25] SALVADOR, Antônio Raphael Silva. *Da ação monitória e da tutela jurisdicional antecipada*, 2ª ed., São Paulo: Malheiros, 1997, p. 60.

[26] Lição integralmente extraída do livro *Tutela Inibitória*, de Luiz Guilherme Marinoni, op. cit., p. 28.

[27] TALAMINI, Eduardo. *Tutela relativa aos deveres de fazer e de não fazer*, São Paulo: RT, 2.001, p. 127.

personalidade ou, mais amplamente, a qualquer direito fundamental de primeira geração, subentendidos direitos como o da integridade física e psicológica, a liberdade em suas variegadas facetas (como de locomoção, de associação, de crença, empresa, profissão e assim por diante), além de proteger a igualdade, a honra, a imagem, a intimidade, em todos os seus desdobramentos, quer no âmbito público ou privado. Recorda que a tutela de inibição do artigo 461 também pode ser acionada para coibir condutas tipificadas como crime, porquanto existirão situações que melhor poderão ser reprimidas pela tutela jurisdicional civil do que diretamente pela ação policial. Dentro desse largo espectro de atuação da tutela específica, aparentemente restrita ao campo dos deveres de fazer ou de não fazer do artigo 461 do CPC, encontram-se os direitos contidos no âmbito das relações de família, que importam na prestação de fatos positivos ou negativos, como disso são exemplos o afastamento de cônjuge, respeito à posse provisória, à guarda e à regulação de visitas de filhos.[28]

2.6. Tutela específica da obrigação de fazer ou de não fazer

Obrigação é conceito menos amplo do que dever jurídico. O sentido de dever não se esgota com o cumprimento do ônus, tem vinculação mais larga, distinguindo-se da obrigação, que se encerra com o cumprimento do compromisso. A obrigação é apenas uma das categorias do dever jurídico. Vale ilustrar essa distinção técnica no crédito alimentar quando focado sob o olhar de *dever alimentar* em contraponto à *obrigação alimentar*. O tema já foi esposado noutra passagem doutrinária,[29] quando foi abordado existir uma obrigação alimentar entre os parentes de graus mais distantes, como avós e netos, entre irmãos, entre cônjuges e pessoas unidas estavelmente e, por fim, entre pais e filhos já fora da relação de pátrio poder. Entre essas pessoas, verifica-se uma obrigação de alimentos limitada à proporcionalidade dos rendimentos do alimentante e à necessidade do destinatário dos alimentos. Não lhes são impostos sacrifícios, pois a obrigação pensional fica atrelada à assistência material estipulada sempre, nos limites das forças dos recursos do devedor alimentar. Entre pais e filhos sob o pátrio poder, por não terem atingido ainda a maioridade civil, a solidariedade familiar é ilimitada e vai ao extremo de autorizar a venda de bens pessoais dos pais alimentantes para o cumprimento integral de convocação especial e emergencial de alimentos *lato sensu*. Amplitude que não se esgota no

---

[28] Idem, ob. cit., p. 128-129.
[29] MADALENO, Rolf. *Alimentos e sua restituição judicial*. In Direito de Família, aspectos polêmicos. Porto Alegre: Livraria do Advogado, 1998, p. 49-50.

mero cumprimento da obrigação de dar pensão na proporção do binômio possibilidade-necessidade, mas que encontra, sim, no texto constitucional do respeito à dignidade da pessoa humana, a requisição de todo e qualquer esforço complementar dos pais para se assegurarem a subsistência e a sobrevivência da prole ainda posta sob a potestade dos pais.

Tocante à natureza de seu objeto, as obrigações são classificadas nas modalidades de dar, de fazer e de não fazer. Diz *Everaldo Cambier*,[30] que as obrigações de dar consistem na entrega (tradição) de alguma coisa móvel ou imóvel pelo devedor ao credor e se distinguem da obrigação de fazer em razão da preponderância dos atos para a realização da prestação, devendo-se verificar se o dar é ou não conseqüência do fazer. Se o devedor tiver de confeccionar a coisa para depois entregá-la, a obrigação é de fazer; se, ao contrário, o devedor não tiver previamente de fazer a coisa, a obrigação é de dar.[31]

Dá-se a obrigação de fazer quando o devedor cumpre a prestação realizando determinado comportamento, consistente em praticar um ato ou fato, que pode ser fungível ou infungível, dependendo de a obrigação ser personalíssima ou não. Na obrigação fungível, é possibilitado ao credor mandá-la executar por terceiros às expensas do devedor, o que não ocorre na obrigação infungível, que se resolve pelas perdas e danos.

Já as obrigações de não fazer consistem em comportamentos negativos, em que o devedor assume o compromisso de se abster de realizar algo.[32] Expostas em seus conceitos doutrinários, quando deslocado o direito das obrigações para o procedimento judicial, a exegese mais ativa convoca a utilização processual em sua mais ampla acepção, encaixar no movimento do artigo 461 do CPC o dever de fazer ou de não fazer, sem limitá-lo ao restrito conceito jurídico de mera obrigação.

2.7. Efetivação judicial do dever de fazer ou de não fazer

Ao longo dos tempos, a resistência do obrigado sempre foi muito respeitada pelo Poder Judiciário como obstáculo intransponível à efetivação das obrigações de fazer ou de não fazer. Como o devedor não podia ser coagido fisicamente a cumprir sua obrigação de *facere*, o seu inadimplemento era rotineiramente convertido em indenização por perdas e danos. Antes do advento das reformas processuais, em especial da criação

---

[30] CAMBIER, Everaldo. *Curso avançado de Direito Civil*, Direito das Obrigações. v. 2, São Paulo: RT, 2.001, p. 49.
[31] Ibidem.
[32] Idem, p. 55.

da tutela específica do artigo 461 do CPC, não havia no ordenamento processual brasileiro qualquer mecanismo capaz de inibir com presteza e efetividade o cumprimento de um dever de fazer ou de não fazer. A finalidade da tutela inibitória ou específica é de obter o resultado prático que deveria ser produzido pela execução voluntária da obrigação ajustada por lei ou por convenção.

J. E. Carreira Alvim bem apanhou o espírito do qual se impregnou positivamente a tutela inibitória trazida para o processo civil por mutação legislativa do seu artigo 461, ao destacar a especial particularidade de aquele dispositivo legal deferir provimento liminar, que não só antecipa ao credor a satisfação da obrigação, mediante sumária cognição, mas, sobretudo, antecipa-lhe os meios coativos que influem na vontade do devedor.[33] Como refere *Teori Albino Zavascki*,[34] o legislador não se limitou a dotar o sistema processual de meios para promover a satisfação específica do titular do direito, mas preocupou-se sobremaneira em fazer com que a prestação fosse entregue em tempo adequado, mesmo antes da sentença, quando assim fosse necessário para manter a integridade do direito reclamado e não resultasse o processo numa vitória de *Pirro*. Até porque o legislador da atualidade já não mais se compadece em transformar a obrigação pura e simplesmente em perdas e danos. Para atender a ansiosa busca da efetividade processual, e sem se descurar do necessário equilíbrio das partes litigantes, pois o processo não pode ser visto apenas pelo interesse do autor, o legislador criou a cominação de multa pecuniária, dentre outros mecanismos de motivação da vontade do obrigado devedor.

A pena pecuniária busca estimular o cumprimento da obrigação ou desestimular o seu descumprimento, como técnica de constrição de vontade, que atua sobre a mente e sobre as finanças ou economias do devedor. Seu único objetivo é pressionar o devedor para que ele cumpra o que lhe foi determinado por uma decisão condenatória.[35]

O convite coercitivo ao cumprimento da tutela específica de fazer ou de não fazer, por cominação de multa pecuniária, está regulado pelos artigos 287 e 461, §§ 2º e 4º, todos do CPC, podendo ser concedida a tutela antecipada, deferida de ofício ou atendendo a requerimento expresso da parte, tanto em obrigação fungível como infungível, e sem ser mais preciso aguardar que a sentença final resultasse descumprida na sua distante fase de execução.

Enfim, não sendo viável impor a multa em ação cautelar para conferir impacto à ordem judicial, e como o artigo 287 pré-excluíra a sua fixação

---

[33] ALVIM, J. E. Carreira, ob. cit., p. 44.
[34] ZAVASCKI, Teori Albino, ob. cit., p. 466.
[35] GUERRA, Marcelo Lima. *Execução indireta*, São Paulo: RT, 1998, p. 117.

no correr da demanda, sobrava ao anterior processo brasileiro contar apenas com a intimidação da ação penal do crime de desobediência, de óbvias restrições e dificuldades, especialmente no âmbito do Direito de Família, para onde concentram-se os estudos do trabalho, podendo ser muito bem mensurado o elevado valor instrumental das *astreintes* como tutela jurisdicional voltada para garantir o direito e coibir o ilícito de resistências que na seara familista quebram rapidamente a segurança e a estrutura da célula familiar.

Não convém, contudo, deixar passar em branco a advertência levantada por *Luiz Guilherme Marinoni*,[36] também destacada por *Eduardo Talamini*, ao seu tempo e ao seu modo, de que, apesar de a tutela inibitória regulada pelos artigos 461 do CPC e 84 do Código de Defesa do Consumidor fazer referência às ações que tenham por objeto o cumprimento de obrigação de fazer ou de não fazer:

> "não quer dizer que eles tenham por escopo apenas a tutela das obrigações contratuais na forma específica. Tais artigos podem amparar qualquer direito que possa ser tutelado através de uma sentença que imponha um fazer ou um não fazer, independentemente de o direito a ser tutelado ser um direito obrigacional ou não."

E quando aduzem à tutela de qualquer obrigação, acenam para a sua larga aplicação, num Direito de Família ávido por soluções processuais capazes de dar celeridade e estabilidade ao ideal de pacificação familiar, preservando com liminares e mecanismos de intimidação sumária quaisquer direitos encontrados nas diferentes modalidades obrigacionais.

2.8. A multa diária – *astreinte*

As *astreintes*, na doutrina de *Sérgio Cruz Arenhart*,[37] citando *Roger Perrot*:

> "são um meio de pressão que consiste em condenar um devedor sujeito a adimplir uma obrigação, resultante de uma decisão judicial, a pagar uma soma em dinheiro, por vezes pequena, que pode aumentar a proporções bastante elevadas com o passar do tempo e com o multiplicar-se das violações."

Não passa de um gravame pecuniário imposto por acréscimo ao devedor renitente, como ameaça adicional para demovê-lo a honrar o cumprimento de sua obrigação.

---

[36] MARINONI, Luiz Guilherme. *Tutela específica*, ob. cit., p. 89.
[37] ARENHART, Sérgio Cruz. *A tutela inibitória da vida privada*. São Paulo: RT, 2.000, p. 192.

As multas são associadas ao instituto do *contempt of Court*,[38] porque o descumprimento de ordem judicial implica uma lesão ao credor e a insubordinação à autoridade judicial, eis que ofendida a autoridade do Estado. Desse modo, para tornar possível a prestação da tutela específica, o legislador conferiu ao juiz poderes para impor multa diária ao réu indiferente ao expresso pedido do autor, consistente, verdadeiramente, de uma sanção processual destinada a desestimular - pela coação psicológica do custo financeiro adicional e até progressivo - a obstinada resistência da pessoa obrigada e fazer com que se sinta compelida a cumprir o preceito a que estava obrigada. Como acrescenta *Carreira Alvim*,[39] a multa – a *astreinte* do direito francês - objetiva produzir efeito sobre a vontade do obrigado, procurando influir no seu ânimo para que ele cumpra a obrigação de que se está esquivando. É castigo imposto ao devedor, e não meio de reparar o prejuízo. Tem ela função terapêutica e resta acumulada com as perdas e danos, conforme claramente exposto no § 2º do artigo 461do CPC.[40]

Augusto César Belluscio define as *astreintes* como:

"condenações de caráter pecuniário, que os juizes aplicam a quem não cumpre um dever jurídico, imposto em uma resolução judicial, cuja vigência perdura enquanto não cesse a execução, podendo aumentar indefinidamente".[41]

Chamada de tutela inibitória, pois esse é o sentido da imposição da multa diária, a *astreinte* deve ser como instrumento legítimo de pressão psicológica, ser fixada em valor significativo para o demandado, a fim de que o preceito seja cumprido. Fosse irrisório o valor arbitrado para a multa e certamente ela estaria longe de cumprir a sua função de inibição à relutância do devedor. Entretanto, como explica *Marcelo Lima Guerra*,[42] "se não há sobre o que exercer a coerção, a *astreinte* não deve ser utilizada", até porque inútil o seu arbitramento frente ao estado de insolvência

---

[38] A *contempt of Court* do direito anglo-americano é instituto de duplo aspecto, subdividindo-se em *civil contempt* ou *criminal contempt*. A *civil contempt*, diz MARINONI, Luiz Guilherme. *Tutela inibitória...*, ob. cit., p. 170: "caracteriza-se como uma medida coercitiva que atua nas hipóteses de obrigações (sobretudo de fazer e de não fazer) impostas por decisões judiciais – finais ou interinais - e que tem por fim assegurar ao credor o adimplemento específico das prestações devidas pelo demandado. O criminal contempt, por sua vez, entra em ação nos casos de comportamentos que se constituem em obstáculo à administração da justiça, que interferem indevidamente nessa ou que de qualquer forma representem uma ofensa à autoridade do juiz; o criminal contempt, ao contrário do civil contempt, atua apenas no plano do interesse público no correto funcionamento da administração da justiça, o que não quer dizer que o civil contempt também não objetive preservar a autoridade do Estado."

[39] ALVIM, J. E. Carreira, ob. cit., p. 113.

[40] Art. 461 (...) § 1º (...);
§ 2º A indenização por perdas e danos dar-se-á sem prejuízo da multa (art. 287).

[41] Citado por MADALENO, Rolf. *Ação cominatória no Direito de Família*, ob. cit., p. 15.

[42] GUERRA, Marcelo Lima, ob. cit., p. 117.

do réu ou mesmo diante da completa ausência de riquezas pessoais que pudessem garantir a execução da arbitrária pena privada, que pode ser livremente fixada por exclusiva iniciativa do decisor ou em atenção a requerimento expresso do destinatário do direito obrigacional de fazer ou de não fazer.[43]

Segundo *José Santos Luis Cifuentes*,[44] os juízes e tribunais poderão, em consonância com o artigo 37 do Código Procesal Civil y Comercial da Argentina, impor sanções pecuniárias compulsivas e progressivas, tendentes a que as partes cumpram seus mandatos, cujo importe reverterá a favor do litigante prejudicado pelo incumprimento. O autor arremata: "poderão aplicar-se sanções cominatórias a terceiros, nos casos em que a lei estabelece".[45]

Cabe neste interregno uma pequena incursão no campo da despersonalização da pessoa jurídica – a *disregard* - como instituto jurídico auxiliar da tutela cominatória, a ser aplicado no espectro familista com escora na possibilidade denunciada por *Cifuentes* de que terceiros podem ser destinatários da multa cominatória como meio de exercer pressão psicológica para que executem ou se abstenham de realizar dever omissivo ou comissivo, vinculado ao ente jurídico, e que ao seu tempo e ao seu modo possam influir no direito conjugal de alguma das partes que, em demanda familista, busca regular os efeitos materiais decorrentes da dissolução de sua convivência conjugal ou de sua relação afetiva informal, caracterizada pela pública e notória estabilidade.

De qualquer modo, ocorrendo o adimplemento da obrigação dentro do prazo marcado pelo decisor, fica o devedor isento do pagamento da multa, que só é devida depois de expirado o prazo.

2.9. O valor da multa e sua forma de fixação

Reza o § 4º do do artigo 461 do CPC que o juiz poderá impor nos casos de incidência do parágrafo precedente (justificado receio de inefi-

---

[43] Aponta Eduardo Talamini igual preocupação pela possível banalização das *astreintes*, sempre que o réu "encontrar-se em estado de notória insolvabilidade. Em casos como esse, a coerção patrimonial perde a sua razão de ser- cabendo ao juiz adotar, na medida do possível, outros mecanismos de indução da conduta do réu (genericamente autorizados pelo § 5º do art. 461)."

[44] CIFUENTES, José Santos Luis. *Astreintes en el Derecho de Familia*, In: *Enciclopedia de Derecho de Familia*, t. I, Buenos Aires: Editorial Universidad, 1991, p. 435.

[45] Com referência a terceiros poderem ser alvo da multa cominatória, escreve Luiz Guilherme Marinoni (*Tutela inibitória*, RT, ob. cit., p. 169) que: "a *astreinte* endoprocessual, segundo a doutrina, é o único meio de coerção nos casos em que a parte ou um terceiro deixa de atender às determinações do juiz em matéria de prova."

cácia do provimento final, multa diária ao réu. A expressa menção à multa diária fez com que a doutrina ficasse dividida, ora entendendo, como faz Carreira Alvim, que a multa devesse realmente ser diária, afastando qualquer possibilidade de sua fixação por período diverso de tempo (semanal, quinzenal, mensal etc.).[46] *J. J. Calmon de Passos*, quando de seus comentários ao antigo artigo 287 do CPC, ao tempo em que a lei limitava a multa para aplicação apenas na fase sentencial, desde que houvesse pedido expresso na inicial de cominação da pena pecuniária, refere que era facultado ao credor pedir que o devedor fosse condenado a pagar uma pena pecuniária por *dia de atraso* no cumprimento.[47]

Não é, entretanto, ponto pacificado na doutrina brasileira e mesmo na legislação alienígena, pois nem sempre a multa diária servirá de meio coativo para forçar a execução de uma determinada obrigação, de molde a que pudesse se acumular dia após dia, acaso seguisse reticente o devedor. *Eduardo Talamini* tem opinião diferente de Carreira Alvim e entende que ao ser autorizada a multa por dia:

> "permite-se igualmente a sua incidência em qualquer periodicidade decomponível em dias. Mas também a cominação por hora ou outra unidade inferior ao dia é cabível, quando exigido pela urgência da situação".[48]

Também não haverá qualquer sentido utilizar o mecanismo da multa diária em obrigação negativa, de não fazer, como mostra *Teori Albino Zavascki*,[49] ao mencionar que "a multa diária é mecanismo que induz prestação de obrigação já violada; a multa fixa, ao contrário, supõe obrigação apenas ameaçada de violação." Sugere, então, a cominação de valor fixo e elevado, de uma multa capaz de demover o devedor a não realizar a ação que lhe custaria muito cara, ao passo que para a obrigação positiva ele é coagido a realizar a obrigação a que está vinculado, acuado diariamente pelo cúmulo da multa e pela possibilidade de sua progressiva majoração.

Para *Eduardo Talamini*,[50] a cominação de multa de periodicidade diária só é adequada quando se está diante de deveres de fazer e de não

---

[46] ALVIM. J. E. Carreira, ob. cit., p. 171.
Também Reis Friede externa a mesma opinião, ao aduzir que: "Todos os dispositivos que impõem a sanção de multa diária (astreinte) têm a finalidade de promover a efetividade de alguma decisão judiciária.", *In: Reformas do direito processual civil brasileiro*, ob. cit., p. 290.

[47] PASSOS, J. J. Calmon de. *Comentários ao Código de Processo Civil*, Rio de Janeiro: Forense, vol. 3, 1977, p. 167.

[48] TALAMINI, Eduardo. Tutela relativa aos deveres de fazer e de não fazer, ob. cit. p. 239.

[49] ZAVASCKI, Teori Albino. *Antecipação da tutela e obrigações de fazer e de não fazer*, ob. cit., p. 468.

[50] TALAMINI, Eduardo, ob. cit., p. 236-237.

fazer, cuja violação não se exaure em um único momento. Há amparo para a multa fixa em obrigação de uma única execução, como, por exemplo, o dever de não derrubar uma árvore. Violada a obrigação, a ofensa implica o pagamento de multa única, porque não haveria sentido em cominar pena monetária diária nesta situação peculiar.

A multa também pode ser aumentada a critério do juiz, quando este verificar que a sua progressão é capaz de gerar maior eficácia à execução indireta e específica, tornando-a adequada aos fatos modificativos, sem prejuízo da sua progressão já ser adrede ordenada, na medida em que passa o tempo e prossegue a tenaz resistência do devedor.

Tangente à oportunidade de fixação das *astreintes*, elas podem ultrapassar o valor da obrigação, não se confundindo com a indenização, mas sendo com ela cumulada. Entrementes, verificando o juiz que a multa não alcançou a sua finalidade coativa, deve ordenar a sua cessação, pois, se impossível a prestação pela insolvência absoluta da pessoa obrigada, igualmente inatingível a execução específica, acrescentando *Marcelo Lima Guerra* que "o caráter coercitivo da multa diária exige que sua aplicação seja submetida ao exame das circunstâncias de cada caso pelo juiz".[51]

2.10. A *astreinte* no Estatuto da Criança e do Adolescente

A pena pecuniária tem previsão em outras disposições do direito brasileiro, como no Código de Defesa do Consumidor, na Lei dos Juizados Especiais (Lei nº 9.099/95) e particularmente, no artigo 213 do Estatuto da Criança e do Adolescente (Lei nº 8.069, de 13 de julho de 1990).[52]

Ao contrário do procedimento cominatório do Diploma Adjetivo Civil, no qual a multa reverte em favor do credor, no ECA, seus valores serão revertidos para o fundo gerido pelo Conselho dos Direitos da Criança e do Adolescente do respectivo município, conforme determinado no artigo 214 do próprio Estatuto. Para *José Luiz Mônaco da Silva*,[53] o artigo 213

---

[51] GUERRA Marcelo Lima, ob. cit., p. 191.

[52] Art. 213. Na ação que tenha por objeto o cumprimento de obrigação de fazer ou não fazer, o juiz concederá a tutela específica da obrigação ou determinará providências que assegurem o resultado prático equivalente ao adimplemento.
§ 1º (...)
§ 2º O juiz poderá, na hipótese do parágrafo anterior ou na sentença, impor multa diária ao réu, independentemente de pedido do autor, se for suficiente ou compatível com a obrigação, fixando prazo razoável para o cumprimento do preceito.

[53] SILVA, José Luiz Mônaco da. *Estatuto da criança e do adolescente, comentários*, São Paulo: RT, 1994, p. 376.

do ECA, que trata da tutela pena pecuniária, outorga à autoridade julgadora o poder de conceder liminarmente ou após prévia justificação a tutela requerida pela parte. Não apenas quando requerida, pois é norma discricionária do juiz, ainda mais tratando-se de instrumento legal saudado por sua modernidade – uma verdadeira *revolução copérnica* – escreveu o Senador *Ronan Tito* na sua exposição de motivos do Projeto de Lei, depois convertido no atual Estatuto da Criança e do Adolescente.

Apresentando-se como instrumento legal realmente capaz de garantir aos menores – crianças e adolescentes – efetiva proteção sociojurídica, por curial que não poderia restar ausente de seus dispositivos, norma cominatória capaz de atuar sobre a vontade de quem procura infringir preceitos estatutários concebidos para dar ampla proteção ao menor. Didático exemplo da importância da multa pecuniária no ECA pode ser buscado da eventual infração do seu artigo 78,[54] quando cometida por editoras de revistas que publicam temas reservados para adultos ou a indústria do cinema pornográfico em que por vezes prevalecem seus interesses econômicos. Certamente algum empresário com deficiência ética não encontraria maiores óbices na livre divulgação e circulação da sua produção comercial, e talvez nem o juiz disporia de freio jurídico eficaz para obstar de plano a infração à sua ordem de vedação da circulação do material censurado para o público infanto-juvenil. Inexistissem as *astreintes* no Estatuto da Criança e do Adolescente e, em nome do desenfreado lucro comercial, poderiam ser facilmente desrespeitados os valores morais, éticos e sociais da pessoa do menor e da família, porque a autoridade judicial não estaria adequadamente municiada de mecanismos jurídicos ainda dotados de célere e eficiente carga psicológica de constrangimento e com força processual capaz de dobrar ao menos pelo bolso, sempre que frustrada a obediência apenas pelo respeito e por bom-senso, porque prevaleceu a obstinada ganância, do empresário infrator. Também no amplo direito de proteção da criança e do adolescente, como procedeu o Tribunal de Justiça de São Paulo no mandado de segurança 170.531-4/4, sugerindo a imposição de multa diária dos artigos 213 e 214 do ECA para vencer obstáculo criado pelo pai guardião que buscava impedir as visitas maternas à filha, foi possível encontrar prático exemplo de uso eficaz das *astreintes* no Direito de Família.

---

[54] Art. 78. As revistas e publicações contendo material impróprio ou inadequado a crianças e adolescentes deverão ser comercializadas em embalagem lacrada, com advertência de seu conteúdo. Parágrafo único. As editoras cuidarão para que as capas que contenham mensagens pornográficas ou obscenas sejam protegidas com embalagem opaca.

2.11. A *astreinte* no Direito de Família

Escrevi em precedente trabalho versando sobre o trato da ação cominatória no Direito de Família, apesar de ainda sob as opacas luzes do limitado sistema do antigo artigo 287 do CPC, no qual mesmo com a aplicação temporal restritiva das *astreintes*, relegadas que estavam para as sentenças e acordos homologados em situações colhidas de separações judiciais decretadas ou consensualizadas, mesmo assim, o manuseio da pena pecuniária abria um leque inesgotável de alternativas postas a serviço dos personagens de dissensões judiciais das sociedades conjugais ou paramatrimoniais.[55]

Na sistemática anterior às últimas reformas processuais, a pena pecuniária só era aventada no pressuposto de descumprimento da sentença ou da decisão homologatória de acordo que previsse expressa cominação de multa, e a sua utilidade no Direito de Família era tímida e nada profícua. Revista a estrutura processual de aplicação das *astreintes*, e municiado o decisor de técnicas modernas de constrição de vontade, atuando sobre a mente, o bolso e até sobre o corpo do devedor,[56] com apoio no artigo 5º, inciso LXVII, da Constituição Federal,[57] as sanções cominatórias revelaram-se um importante instrumento a serviço da maior excelência e efetividade do processo familista, disponibilizando às partes e ao juiz, mecanismo processual capaz de vencer pela intimidação as rotineiras resistências, só encontradas na ressentida seara das desavenças afetivas, que debitam de um lento processo, e na contumaz desobediência ao comando judicial, o imensurável custo financeiro e psicológico da irreversível ruptura de um amor.

No amplo raio de ação da jurisdição familista, de mouro ouvidos tomam o lugar da razão; prevalece a insana vingança que caça amores já não mais acessíveis; seus personagens estão psicologicamente desassociados da lógica compreensão, que compele as pessoas a atenderem ao comando judicial, e nesse quadro dos fatos a ordem judicial vira mero conselho, quase sempre ignorado. Resistências geram tumulto afetivo, e a reiterada desobediência agride o senso comum, apontando assim para as *astreintes*, que talvez carreguem em sua gênese a força mandamental capaz de reorientar os rumos do processos e de restabelecer uma razoável pacificação familiar.

---

[55] MADALENO, Rolf. *Direito de Família, aspectos polêmicos*, ob. cit., p. 14.

[56] ALVIM, J.E. Carreira. *Tutela específica das obrigações de fazer e não fazer na reforma processual*, ob. cit., p. 108.

[57] Art. 5º (...)
LXVII – "não haverá prisão civil por dívida, salvo a do responsável pelo inadimplemento voluntário e inescusável de obrigação alimentícia e a do depositário infiel."

Podendo os juízes familistas impor sanções pecuniárias, inclusive progressivas, como medidas de exceção, e sempre que verificada a ausência de outro meio legal para obter o cumprimento do mandado judicial, disponibiliza a autoridade judicial de indispensável instrumento para a solução dos intermináveis conflitos processuais instaurados entre cônjuges, concubinos e parentes desavindos.

José Santos Luis Cifuentes[58] ilustra seu trabalho doutrinário com diversos julgados recolhidos dos tribunais argentinos, onde é largamente adotada a aplicação incidental de multa pecuniária em litígios familiares. Conta dentre vários casos pinçados que juiz de primeira instância impôs uma multa de trezentos pesos diários a um pai que não deixava a genitora do menor se avistar com o filho, incidindo a multa enquanto persistisse a sua resistência. A 2ª Câmara de Apelações de La Plata, há mais de quarenta anos já aplicara as *astreintes* a um marido, até que ele entregasse os filhos à esposa, de quem havia tomado *manu militari* a custódia fática.

Por sua vez, a Câmara Civil, Sala D, da Capital de Buenos Aires também admitiu em 1961 o emprego da multa diária para forçar uma mãe a cumprir o regime de visitas do pai aos filhos, entendendo, com acerto, que no poder de julgar está implícito o poder do juiz de fazer cumprir as suas decisões, sob o risco de completo desprestígio da autoridade judicial.

Por sinal, a aplicação de multa passa a ser importante instrumento jurídico para substituir de uma vez por todas a abjeta e drástica medida compreendida pela busca e apreensão de menores, palco de inesgotáveis traumas contra indefesas e desprotegidas crianças - subtraídas a fórceps por uma ordem judicial do convívio afetivo do genitor não guardião, que se descurou do tempo de permanência permitida ao salutar exercício do seu amor parental, tisnado por cenas dantescas e traumáticas de indescritível e dispensável violência processual.

A propósito do tema, *Flávio Guimarães Lauria*[59] escreve não ser demasia lembrar das graves conseqüências para a criança diante da diligência de busca e apreensão, não sendo a medida mais adequada de tutela do direito de visitar e de ser visitado. Defensor intransigente das *astreintes* no cumprimento das visitas, prossegue *Flávio Lauria*[60] que:

> "(...) nessa perspectiva, numa ação de regulamentação de visitas proposta sob o procedimento ordinário, será lícito ao juiz determinar a expedição de mandado intimando o pai ou a mãe recalcitrantes para o cumprimento do regime estabelecido na sentença ou na decisão ante-

---

[58] CIFUENTES, José Santos Luis. *Astreintes en el derecho de familia*, ob. cit., p. 436-438.

[59] LAURIA, Flávio Guimarães. *A regulamentação de visitas e o princípio do melhor interesse da criança*, Rio de Janeiro: Lumen Juris, 2002, p. 135.

[60] Idem, p. 141.

cipatória de tutela, sob pena de multa diária fixada na própria decisão, a ser revertida em favor do genitor requerente. A mesma medida pode ser requerida nos autos da ação de separação judicial ou dissolução de união estável, caso versem sobre regime de visitação e não dependem da instauração de processo de execução de obrigação de fazer e não fazer."

Foi assim e ao seu modo que decidiu acertadamente o Tribunal de Justiça de São Paulo, através de sua 3ª Câmara de Direito Privado, quando por decisão unânime denegou a segurança impetrada por genitor que, na custódia jurídica de sua filha, buscou suspender com o *mandamus*, os efeitos de carta precatória que designava dia e hora para visita materna à filha. A irresignação paterna com o ensaio das visitas maternas à filha decorria da denúncia de negligência da mãe para com a menina diante de *assédio* do namorado de sua genitora.

O desembargador *Ênio Santarelli Zuliani,* do Tribunal de Justiça de São Paulo, ao relatar esse mandado de segurança de n. 170.531-4/4, datado de abril de 2001,[61] ao refutar argumento colacionado pelo impetrante, aduziu em singular passagem de seu voto que:

"O art. 463, do CPC, que encabeça a lista, é totalmente inaplicável, porque cuida-se de execução de sentença e não intromissão do juiz em situação a ser julgada ou dependente de trânsito em julgado. Os Juízes impetrados não estão comandando execução de dívida de dinheiro e independem de apuração do quantum para cumprir a sentença, o que inviabiliza a citação dos artigos 586 e 618, I, do CPC. O impetrante não é devedor de uma obrigação de dar (entrega de mercadoria ou de valor monetário), e sim de uma obrigação de não fazer (não obstar o acesso da mãe à filha sob sua guarda). As medidas tomadas em busca de reaproximar mãe e filha não são cruéis, e sim ajustadas ao preceito de dignidade humana, fundamento da Constituição Federal (art. 1º, III, da CF). O que a Justiça quer realizar é a consagração do direito de visita para o bem da menor e de sua mãe, porque isso consta da sentença e é decisivo para a existência de ambas... Inocorreu ofensa ao direito líquido e certo do impetrante e principalmente da menina L.B.A. Cumpre anotar que os artigos 213 e 214, da Lei 8.069/90, poderão ser utilizados pelos impetrados nesta árdua tarefa de fazer cum-

---

[61] "O exercício de visita da mãe para com o filho menor, supervisionado no fórum e que foi estabelecido em sentença, deve ser cumprido com eficiência pelo juiz da execução, inclusive aplicando multa diária para persuadir o opositor a não prejudicar o direito de convivência, variante da dignidade humana (art. 1º, III, da CF) – Inocorrência de ofensa a direito do impetrante, que busca, por vias oblíquas, obstaculizar a ordem neste sentido passada pelo Ministro relator do recurso especial – Denegação, com observação." MS nº 170.531-4/4 da 3ª Câmara de Direito Privado do TJSP, Relator o Des. Ênio Santarelli Zuliani.

prir a ordem do Ministro *Bueno de Souza*, aplicando multas diárias ao impetrante para persuadi-lo do dever de não prejudicar o direito de visita."

Não se esgota nesses exemplos o leque de opções ventiladas pela cominação de multa na consecução de ordem judicial emanada em processo vinculado ao direito de família. Vale lembrar a imensidão de atos jurídicos que os cônjuges, os unidos estavelmente e familiares devem adotar como linha de comportamento processual, incursionando por condutas ativas e omissivas e que não mais se restringem às simples obrigações de fazer ou de não fazer, mas que também devem abarcar, a exemplo da moderna legislação internacional, deveres de entrega de coisa ou de pagamento em dinheiro.

Uso curial da multa diária no Direito de Família poderia surgir do dever conjugal ou dos conviventes da prestação judicial de contas, ou para a devolução de bens ou valores ilicitamente subtraídos da custódia adversa. Fácil perceber que o consorte constrangido a render contas ou devolver bens ou papéis indevidamente retidos, pode preferir apressar-se se for processualmente admoestado com relevante multa pecuniária, capaz de realmente persuadi-lo a desistir de eternizar-se na posse e na administração de bens, valores e documentos do outro cônjuge, tirando proveito econômico da lentidão da demanda.

A fixação diária de multa também teria importante efeito de persuasão em situações de divisão judicial e proporcional de imóvel comum, destinado ao lazer e que, na tramitação da separação judicial ou do processo de partilha, permanece indiviso entre os litigantes, determinando o magistrado a sua igualitária utilização. Soubesse o cônjuge co-proprietário e possuidor que pagaria uma multa diária por não entregar a morada no período destinado ao uso do co-proprietário conjugal e seguramente o Judiciário disporia de visíveis elementos destinados a sua maior reflexão, acaso pensasse em desobedecer à precedente e eqüitativa ordem judicial de uso compartido dos bens conjugais, especialmente quando são destinados ao lazer da família no curto espaço das férias de inverno ou de verão.

Previa o artigo 21 da Lei nº 6.515/77 (Lei do Divórcio)[62] a constituição de garantia real ou fidejussória para assegurar o pagamento mensal da pensão alimentícia, e nesse dispositivo residia uma importante hipótese de aplicação das *astreintes*, tendentes a agilizar a determinação de constituição de capital para garantir o pagamento da pensão alimentícia.

E por que não impor multa diária frente à evidente e obstinada reticência do separando solvente, que assumiu o dever de pagar na partilha

---

[62] Art. 21. Para assegurar o pagamento da pensão alimentícia, o juiz poderá determinar a constituição de garantia real ou fidejussória.

do acervo comum as custas judiciais, tributos e outros encargos processuais de sua separação judicial?

E ao magistrado que impõe perícia psicológica, psiquiátrica ou social como indissociável elemento da instrução processual de separação litigiosa e dissolução contenciosa de união estável, para colher subsídios para regular a separação, a guarda e as visitas da prole, não serviria aos desígnios da celeridade e de presteza da prestação judicial o recurso à fixação de multa diária, para ser paga pela parte que reluta em dar seguimento e obediência à pesquisa judicial? Não seriam as *astreintes* um eficiente instrumento para a pronta realização dos estudos interdisciplinares ordenados para subsidiar o processo dos meios científicos probatórios imprescindíveis ao melhor e mais justo desfecho processual, mormente quando devem ser considerados interesses superiores dos menores e o princípio supremo da dignidade da pessoa humana?

A demanda cominatória também teria útil trânsito para compelir a ex-mulher, vencida na separação judicial, ou porque ordenado na ação de divórcio a retornar ao apelido de solteira, mas que reluta em obedecer à determinação judicial e assim segue apresentando-se socialmente com o nome de casada. Multa bem dosada e até progressiva terá por certo força propulsiva suficiente para convencer o cônjuge a averbar e finalmente adotar o seu apelido da família de origem.

Adotado no Brasil o dever de submeter-se à perícia genética na investigatória de paternidade, assim como os terceiros intervenientes, no caso de pai biológico já falecido, como ordena na atualidade o Código de Processo Civil alemão (ZPO), no seu § 372, e o direito de filiação sueco, certamente a pena de multa diária para a recusa injustificada de uma pessoa submeter-se aos exames seria outra alternativa de um excelente componente de rápida persuasão.

Existem decisões judiciais e sentenças que acrescentam a obrigação de o cônjuge incluir seu consorte como dependente de plano de saúde, muitas vezes vital à higidez física do cônjuge beneficiado com o plano. Sem uma fórmula consistente, como as *astreintes*, talvez se apresentasse muito mais moroso o atendimento espontâneo da ordem judicial.

Situações corriqueiras de devolução de bens de uso pessoal, inclusive de automóvel sempre utilizado pela esposa e que o marido contrariado se apossa para dificultar o deslocamento e as atividades diárias do cônjuge que precisa do carro para agilizar suas tarefas do cotidiano familiar e transportar os filhos. A cominação de multa tem igual eficiência persuasiva no ânimo beligerante do marido, cuja cumulação de multas cuidará de demovê-lo de reter o automóvel da esposa.

A exemplo do direito americano, com a sua *contempt of Court*, não seria de boa técnica impor multa diária para desestimular a ameaçadora reaproximação de violento cônjuge ou concubino compulsoriamente afastado do lar.

Devendo certo ascendente encarregar-se da matrícula escolar de seus filhos ou mesmo estando uma das partes litigantes compelida a colacionar documentos requisitados pela autoridade judicial, não traria eficiência ao processo a imposição de multa, com alto poder de persuasão, imbuído o comando judicial pecuniário da máxima implícita de que, no poder de julgar, também se encerra o poder do juiz de fazer cumprir as suas decisões. Em suma, não teria seguro trânsito judicial toda e qualquer tutela fundada no princípio da dignidade humana que buscasse por intermédio das *astreintes* a sua efetivação processual, notadamente como visto e defendido, no campo dos direitos sociais, familiares ligados a valores supremos como a saúde, a educação, a subsistência dos dependentes e a higidez psíquica de cada membro da célula familiar.

2.12. A ampliação do espectro de ação da *astreinte* no campo do Direito de Família

No campo do direito aos alimentos, sua cobrança e seu pontual pagamento inspiram ricos exemplos para aumentar o espectro de aplicação das *astreintes* no Direito de Família, estendendo-as também para as obrigações de dar coisa certa fungível, como sucede no compromisso de entregar determinada quantia mensal em dinheiro, proveniente, por exemplo, de pensão alimentar. A Câmara Civil, Sala E, da Capital de Buenos Aires, impôs *astreintes* num caso de alimentos em que o credor da pensão não obtinha os ingressos de seu crédito alimentar, havendo sido destacado na fundamentação da decisão judicial que a execução tradicional dos alimentos demanda uma demora que não se compadece com a urgência da prestação alimentar.

Noutro julgamento, a Sala A da Câmara Civil aplicou a um devedor de alimentos sanções cominatórias, destacando ser fundamental em matéria de pensão alimentícia a sua pontualidade, cumprindo as *astreintes* um papel preponderante, ao compelir o alimentante reticente a cumprir o seu dever assistencial.[63] Tal é a importância e relevância moralizante que a multa pecuniária por débito alimentar exerce no direito argentino que os juristas *Luis Alberto Caimmi* e *Guillermo Pablo Desimone*[64] sugerem por

---

[63] CIFUENTES, José Santos Luis. *Astreintes en el derecho de familia*, ob. cit., p. 437.
[64] CAIMMI, Luis Alberto; DESIMONE, Guillermo Pablo. *Los delitos de incumplimiento de los deberes de asistencia familiar e insolvencia alimentaria fraudulenta*, 2ª ed., Buenos Aires: Depalma, 1997, p. 187-188.

projeto de lei que as *astreintes* não sejam dispensadas, mesmo quando aplicada a pena civil de prisão pelo não-pagamento de alimentos, apenas admitindo o perdão da multa imposta se ausentes bens próprios do devedor ou na eventualidade de a pena pecuniária prejudicar seriamente as possibilidades econômicas e financeiras do alimentante. Para esses autores, com o consentimento do devedor, o tribunal poderia substituir a pena pecuniária por trabalhos e serviços em favor da comunidade, a serem prestados em organismos da administração pública, como hospícios, hospitais, unidades sanitárias, abrigos de velhos ou de menores, estabelecimentos de ensino ou em qualquer outra instituição que se estime aconselhável.

Claro que não precisamos ir ao clímax da dupla penalização pelo mesmo fato, sendo muito mais eficaz seguir com a coação física do recalcitrante devedor alimentar, desde que o legislador não direcione o decisor para o verdadeiro calvário em que tem se tornado a busca processual de um simples e impontual crédito alimentar, sendo preferível retomar os rumos da sempre eficiente execução indireta do crédito alimentar através da ameaça prisional.

A multa poderia ter uso corrente na chamada pensão velha, que vai adiante dos três últimos meses e que a jurisprudência reluta em mandar prender pela inadimplência, cometendo então multar progressivamente.

Possível, contudo, bem dimensionar o valor moral dos constrangedores meios ditos indiretos de execução antecipada, mas que de um modo direto, bastante eficaz, permite passar a acreditar na realidade efetiva da prestação jurisdicional.

Convém, por fim, manter em linha de consideração a procedente argumentação de Luiz Guilherme Marinoni,[65] para quem *"o pequeno credor é aquele que mais sofre com a demora do processo."* E é para esse pequeno credor, ora de alimentos ora de outros valores que mais guardam riquezas de ordem subjetiva do que da subsistência material, que a ciência jurídica vem desenvolvendo esse eficiente, moderno e célere instituto processual que busca, no campo do Direito de Família, o espaço pontual que gravita no sideral universo da sonhada pacificação social.

---

[65] MARINONI, Luiz Guilherme. *Tutela específica*, ob. cit., p. 195.

3. A infidelidade e o mito causal da separação

3.1. Introdução

Dobram os sinos em ruidoso festejo pela aprovação final do novo Código Civil brasileiro, depois de passar por mais de duas décadas de morosa elaboração legislativa e prometendo substanciais mudanças, especialmente no campo do Direito de Família. Com vigência efetiva prevista para dois anos depois de sua sanção, teve a sociedade brasileira um inusual, mas, ainda oportuno período de *vacatio legis*, para a maturada absorção das novidades codificadas a serviço do direito familista nacional. Respeitadas as opiniões em contrário, entretanto, um quarto de século é tempo demasiado para simplesmente consagrar mudanças já conquistadas há bastante tempo por legislações soltas ou estampadas na Carta Política de 1988 e que foram construindo sólida identidade com a reiteração da jurisprudência brasileira.

Histórica passagem de radical mudança dos clássicos direitos familistas brasileiros decorre, exemplificativamente, da aprovação da Lei do Divórcio em 1977, ao instituir a dissolução não-causal do casamento pela via do divórcio, mantendo-se a legislação, entretanto, atrelada ao habitual costume de condicionar a prévia separação judicial, substitutiva do primitivo desquite, à incondicional demonstração processual da culpa conjugal.

E embora a lei divorcista tenha abandonado o sistema das causas separatórias taxativamente enumeradas no artigo 317 do Código Civil respeitantes ao adultério, a tentativa de morte, à sevícia ou injúria grave e ao abandono do lar por dois anos ou mais, ainda assim, deixou para o magistrado a tarefa de equacionar os conflitos matrimoniais, aferindo no espectro do casuísmo da injúria grave ou da violação de algum dever do casamento, a preservação pelos cônjuges dos valores morais e éticos da família brasileira.

O permissivo da separação por justa causa, tal como concebido pelo artigo 5º da Lei nº 6.515/77, tem sob a sua inspiração o princípio da culpa e em decorrência desta concepção, só o cônjuge vitimado pode pedir a separação. As causas separatórias consistem todas em comportamentos culposos, violadores de deveres conjugais, considerados merecedores de censura social, como o adultério, sevícias e injúrias.[1]

3.2. A postulação causal do Código Civil de 1916

Abstraído o gênero da separação remédio, fundado na doença mental de um dos cônjuges, com a Lei do Divórcio passaram a vigorar duas formas corriqueiras de separação litigiosa: uma delas apontada para o princípio da culpa, a chamada separação subjetiva, e a outra direcionada para o princípio da ruptura objetiva, desatrelada da razão causal.

A causa concreta da separação judicial estava contemplada no *caput* do art. 5º da Lei do Divórcio, agora regulada pelos artigos 1.572 e 1.573 do Código Civil de 2002, alicerçando à separação qualquer conduta desonrosa ou qualquer ato que importe em grave violação dos deveres do casamento, tornando, numa ou noutra hipótese, como em tempo próprio complementa Arnaldo Rizzardo,[2] insuportável a vida em comum. No conceito de conduta desonrosa ingressam os valores subjetivos dos cônjuges, quando se vêem atingidos pelo parceiro em sua honra e dignidade, ou expostos pelo esposo que se deixa levar pelo alcoolismo, pelo uso de tóxicos, ou que se entrega aos desvios sexuais, segundo exemplos colacionados por José Abreu.[3]

A violação dos deveres do casamento traduz-se no compromisso da recíproca fidelidade, da vida em comum sob a mesma vivenda, a mútua assistência, o sustento, a guarda e a educação dos filhos, situações que estavam tipificadas no artigo 231 do Código Civil de 1916 e que foram transferidas para o artigo 1.566 do vigente Código Civil. Presente a infração a pelo menos um desses deveres, tem o cônjuge presumivelmente prejudicado acesso ao processo culposo de separação judicial, obrigatoriamente evidenciando haver tornado-se insuportável a sua vida conjugal.

Na conduta desonrosa, o enquadramento da lesão à dignidade depende da apreciação subjetiva do julgador, avaliando os seus reflexos na modelagem sociocultural dos separandos.

---

[1] OLIVEIRA, José Lamartine Corrêa de; MUNIZ, Francisco José Ferreira. *Direito de Família (direito matrimonial)*, Porto Alegre: Sergio Antonio Fabris Editor, 1990, p. 450.

[2] RIZZARDO. Arnaldo. *Separação e divórcio*, In Direito de Família contemporâneo, Coord. Rodrigo da Cunha Pereira, Belo Horizonte: Del Rey, 1997, p. 296.

[3] ABREU, José. *O divórcio no Direito Brasileiro*, 2ª ed., São Paulo: Saraiva, 1992, p. 47.

Portanto, tanto no catálogo da legislação separatista do novo Código Civil não cabem dissoluções unilaterais com suporte em matrimônios meramente incompatíveis, ou pela intolerância de idéias, fracasso no diálogo, ausência de afeição e insuportabilidade da vida mútua, pois ao contrário de países com legislação familista mais adiantada, ficou mantido o exame judicial da causa na separação, salvo que se dê e assim deve ser realmente entendido, maior mobilidade judicial às razões subjetivas da separação, como permite em verdade o parágrafo único do artigo 1.573, combinado com o artigo 1.511, que abre o livro do Direito de Família no atual Código Civil, reputando como condição de conjugalidade a existência de *comunhão plena de vida*.

3.3. A postulação causal no novo Código Civil

Na contramão da lúcida jurisprudência, resgata o novo Código Civil a plenitude do exame da culpa pela quebra do casamento, mantendo viva a relação de débito e crédito, de certo e errado, do bem e do mal e a irresgatável angústia do perdão, pois como diz Carlos Pinto Corrêa: "É a sacralização do dever e que retira a possibilidade de desfazer a culpa, pela neutralização do ato, já que o débito não se limita à simples consciência moral, mas é uma imposição da justiça, a quem cabe aplicar o castigo".[4] Estranha pesquisa que concede uma importância aparente à separação sustentada em culpas, semeando inúteis discórdias conjugais, para prevalecerem critérios objetivos de resolução processual.

A nova lei familista não pretendeu se esquecer da falha do sujeito conjugal, simbolizando a separação judicial litigiosa motivada em causa culposa, a letra escarlate do dever moral que marca o consorte culpado.

Frente a esta hostil insistência do legislador em seguir fiel ao arcaico princípio da ruidosa ruptura judicial do casamento, os processos de separação seguirão servindo para dramatizar vínculos já desfeitos pela completa abstração da afeição, único nutriente de uma verdadeira convivência matrimonial. Não sendo ainda suficiente para a ruptura, o princípio supremo da dignidade da pessoa humana, onde a própria vontade separatória comprova às claras que a convivência se faz impossível, embora vozes já levantem para a possibilidade da separação por circunstância genérica do parágrafo único do art. 1.573 do CC.[5] Condutas desonrosas e violações

---

[4] CORRÊA, Carlos Pinto. *A culpa original do Ser, In*: Culpa, aspectos psicanalíticos, culturais & religiosos, São Paulo: Iluminuras, 1998, p. 38.
[5] Ver neste sentido a brilhante lição de CAHALI, Francisco José, na atualização que faz à 28ª edição do 6º volume – *Direito de Família* – de Silvio Rodrigues, São Paulo: Saraiva, 2004, p. 211.

aos deveres matrimoniais seguirão ocupando espaço que não mais encontra amparo na contemporânea cultura da conjugalidade brasileira.

Direcionado o próximo código para a ética da correspondência de valores morais do casamento, segue destacado o adultério como a mais grave das infrações dos deveres conjugais, séria injúria e grave ameaça à vida nupcial.[6]

Tipifica o adultério uma relação sexual ilegítima, de um dos cônjuges que mantém, de livre vontade e fora do casamento, intercurso sexual com outra pessoa de sexo diverso, apartando-se da exclusividade nupcial destas relações. Usualmente, significa ajuntamento carnal ilegítimo de um homem com uma mulher, sendo um dos dois, ou ambos, casados, diz Maria del Rosario Diego Diaz-Santos.[7] Segundo Diaz-Santos, a Lei Mosaica já tratava o adultério como um delito muito grave, castigado com a morte dos culpados, enquanto no Egito a mulher adúltera sofria a mutilação de seu nariz, a morte era reservada para o seu amante. Já na Índia o adultério implicava dupla ofensa, aos deuses e à indesejada mistura de raças, devendo a mulher ser devorada por cachorros em praça pública.[8] Entre os chineses, caso a adúltera tivesse planejado a morte do esposo, ela era submetida ao suplício da morte lenta, informa Ester Kosovski,[9] consistindo em mutilar pouco a pouca a adúltera, numa ordem determinada por sorteio de pedaços de papel, nos quais estava escrita a parte do corpo a ser cortada. Em Roma, a mulher adúltera já fora castigada com o desterro e o confisco de metade de seu patrimônio, permitindo, ao tempo de Constantino, o direito de o pai ou o marido matar a ambos os adúlteros quando surpreendidos em flagrante. Na era de Justiniano, a adúltera era açoitada e encerrada num mosteiro e se durante dois anos o marido não a reclamasse, usando do direito de perdoar, ou viesse a falecer sem perdoá-la, a superiora do convento designava as religiosas para aplicar-lhe o castigo e a surra, diante de toda a comunidade.[10] Segundo ainda Diaz-Santos, é no Direito Romano que nasce a figura da tentativa frustrada de adultério, que começa a ser considerada como uma injúria e também passa a ser reconhecido o perdão como causa de extinção da responsabilidade, quando o marido permanecia ao lado da esposa adúltera.[11]

Em contrapartida, o adultério masculino só poderia ser punido se fosse praticado com mulher casada, sofrendo o varão a punição não por

---

[6] CAHALI, Yussef Said. *Divórcio e separação*, 8ª ed. ,Tomo 1, São Paulo: RT, 1995, p. 364-365.
[7] DIAZ-SANTOS, Maria del Rosario Diego. *Los delitos contra la familia*, Madrid: Editorial Montecorvo, 1973, p. 180.
[8] Idem, p. 181-182.
[9] KOSOVSKI, Ester. *O crime de adultério*, Rio de Janeiro: Mauad, 1997, p. 43.
[10] Idem, p. 47.
[11] Idem, p. 183.

ser adúltero, mas por ser cúmplice do adultério da mulher. Sempre foi muito tolerada a infidelidade sexual masculina, a ponto do dever de fidelidade ser relativo para o homem e absoluto para a mulher, tradicionalmente posta em situação de inferioridade. E em tempos nem tão distantes, ainda era ardorosa a tese da legítima defesa da honra conjugal, para justificar e absolver o crime passional.

3.4. O adultério, a mais infamante das causas separatórias

O adultério não é a única forma de violação do dever de fidelidade, que tem conceito muito mais amplo, estando o adultério apenas na antesala da infidelidade. Fidelidade é gênero do qual o adultério é apenas uma das espécies de infração.[12] Dependesse o divórcio da prova direta do adultério e raros seriam tais processos, aceitando a jurisprudência a presunção do adultério quando demonstrados deslizes conjugais flagrantes na conduta leviana ou irregular do cônjuge com terceiro, a excessiva intimidade ou afeição carnal com pessoa de outro sexo, conforme lição preciosa de Yussef Said Cahali.[13]

É que a fidelidade supõe exclusividade do débito conjugal, uma vez que com o casamento, cada cônjuge renuncia à sua liberdade sexual, lançando mão do direito de unir-se sexual ou em íntima afetividade com qualquer outra pessoa diversa do seu consorte. De sorte que, as simples carícias com um terceiro, afora a circunstância de lesarem os sentimentos e a consideração social do outro cônjuge, permitem presumir que destas intimidades possa ou já tenha resultado o adultério.

Já no Direito Muçulmano, informa Teresa Estevez Brasa,[14] ao dever de fidelidade é adicionado o costume de a mulher permanecer com um véu perante toda a pessoa que não seja o seu marido ou parente de grau mais próximo, que seriam aqueles parentes com os quais existe impedimento de contrair matrimônio. Assim sucede, porque mostrar o rosto seria uma provocação quase equivalente ao adultério, representando o véu uma distinção para a mulher muçulmana, porquanto só não as usavam as mulheres escravas e as de má fama, pois representa o véu uma forma de proteção, para evitar que a mulher seja molestada.

É amplo portanto, o conceito de infidelidade, constituindo o adultério apenas uma de suas espécies.[15] Contudo, a fidelidade muito mais repre-

---

[12] COSTA, Carlos Celso Orcesi da. *Tratado do casamento e do divórcio, constituição, invalidade, dissolução*, 2º vol., São Paulo: Saraiva, 1987, p. 757.

[13] CAHALI, Yussef Said, ob. cit., p. 381.

[14] BRASA, Teresa M. Estevez. *Derecho civil musulmán*, Buenos Aires: Depalma, 1981, p. 426.

[15] RIZZARDO, Arnaldo, ob. cit., p. 357.

senta um estado de espírito do que um mandamento legal, diz Domingos Sávio Brandão Lima.[16] No direito brasileiro que segue a cultura ocidental, construída à luz dos costumes judeus-cristãos e que restringem as relações sexuais à figura dos cônjuges, quebrar o dever de fidelidade num relacionamento que deve ser eminentemente monógamo é romper com um acordo conjugal que se sustenta no amor, na estima e no mútuo respeito, ofendendo, ademais, a instituição jurídica do casamento.

3.5. A infidelidade conjugal

Ensina Juan Faílde que "a fidelidade enquanto virtude moral somente conduz a cumprir com exatidão quando foi prometida; porém, desde o plano jurídico, é dizer, quando está imposta por lei, a fidelidade passa a ser objeto de uma obrigação que pode ser essencialmente moral (vínculo ético), em cujo caso, seu conteúdo consiste no modo como serão cumpridos outros deveres e obrigações determinadas pela lei".[17] E como conteúdo ético e jurídico, a fidelidade conjugal não se limita a obrigação de fidelidade sexual, mas sim, a aliança matrimonial importa em preservar essa fidelidade moral. Frank Pittman[18] define o adultério como o ato sexual fora do casamento, ao passo que a infidelidade seria uma desonestidade sexual dentro do casamento. O adultério é contra a lei ou contra a vontade de Deus, complementa Pittman, mas a infidelidade é contra o casamento, exatamente porque rompe os acordos conjugais que variam de casal para casal, de cultura para cultura e da própria condição social dos conviventes, mas que representam sempre alianças formadas com o objetivo de dar paulatina estabilidade ao casamento.

Para este grande terapeuta familiar estadunidense, a maior ameaça da infidelidade não está no relacionamento sexual, mas sim, na traição da confiança, gerando suspeita, insegurança e uma perturbadora desconfiança pela possível e temerária perda do parceiro, aumentando o senso de desvalorização da pessoa atingida pela traição.

3.6. O ciúme como causa da infidelidade

Situações conjugais existem de alienante e possessivo ciúme do parceiro, que acabam interferindo e molestando a liberdade do outro compa-

---

[16] LIMA, Domingos Sávio Brandão. *Adultério, a mais infamante causa de divórcio*, São Paulo: L. Oren Editora, 1976, p. 140.

[17] FAÍLDE, Juan José García. *La nulidad matrimonial, hoy*, 2ª ed., Barcelona: Bosch, 1999, p. 146.

[18] PITTMAN, Frank. *Mentiras privadas*, Porto Alegre: Artes Médicas, 1994, p. 6.

nheiro, alvo desta obsessão, criando todos os elementos de gradual distanciamento entre o casal. Para Gley Costa[19] o temor de perder a pessoa amada faz com que a infidelidade ocupe um lugar destacado no contencioso conjugal.

Explica Frank Pittman,[20] existirem pessoas ciumentas que tentam forçar o parceiro a sacrificar a sua autoconfiança para nivelar o casamento, ficando apavorados quando suas esposas encontram empregos, atividades e relacionamentos que as tornam mais confiantes e menos dependentes.

Estas situações atuam com freqüência na motivação separatória de uma mulher que se sente tolhida em sua liberdade pessoal e que não vê mais qualquer sentido em manter uma relação nupcial ou mesmo de união estável, desenvolvida em clima de ciúme e desconfiança, recebendo diuturnas críticas sobre seus valores, suas relações, profissão e planos de crescimento pessoal. Pittman lembra ainda, daqueles indivíduos que têm tanto medo de uma traição, que querem controlar os pensamentos e as fantasias do parceiro, e prossegue este notável autor: "estas pessoas, na verdade, ficam com ciúmes dos pensamentos ou sonhos sexuais do parceiro, de olhares para alguém atraente que passa na rua, de fantasias e até mesmo de relacionamentos anteriores".[21] Estão sempre querendo saber o que seu parceiro está pensando, estão sempre imaginando que a pessoa tão loucamente amada possa haver deixado de amá-la, ou esteja gostando de outro e que até já se interesse por terceiro.

Parceiros ciumentos e inseguros mostram a cada passo uma maior dependência afetiva e psicológica em relação à esposa ou companheira, precisando que elas tomem a iniciativa e procedam à resolução das dificuldades e dos problemas que usualmente arrostam a vida conjugal, com filhos, encargos, tarefas e exposições que nem sempre os homens sabem como realmente administrar.

Esta troca sutil dos papéis conjugais, associado a um constante e incontrolável estado de ciúmes, gera cobranças e acusações que só aumentam a distância, destruindo por vezes, num breve passar do tempo, o relacionamento já contaminado pelo insidioso vírus do ciúme.

Tão obcecadas pela loucura da possessão, sequer se dão conta de que os relacionamentos afetivos não se sustentam pela anulação ou pelo medo, como se pessoas amadas pudessem ser reféns da intimidação.

Não fica difícil compreender que neste estado de carência, parceiros intimidados ou negativados em sua auto-estima, começam a aprender a escapar destas suas relações de todo improdutivas e contam, muitas das

---

[19] COSTA, Gley P.. *A cena conjugal*, Artmed, Porto Alegre, 2000, p. 52.
[20] PITTMAN, Frank, ob. cit., p. 51.
[21] Idem, p. 54.

vezes, com o encanto e o auxílio de um novo romance, que promete nascer destituído de todas as imperfeições do atual casamento.

Estes casos que afloram com facilidade diante da fragilidade do cônjuge agredido em sua estima pessoal servem com freqüência como uma eficaz tentativa de escapar do casamento. Noutras situações, ao revés, os relacionamentos de infidelidade bem se ajustam para estabilizar o casamento, diz ainda Pittman, ou servem como uma séria tentativa de sobreviver ao casamento.[22] Por certo, é deste paradoxo que decorre a afirmação de que, tanto a fidelidade quanto a infidelidade, por caminhos inversos, operam no sentido de buscar segurança e estabilidade emocional,[23] buscando o cônjuge, com isso, preencher o seu inquietante estado de insatisfação.

Grande parcela dos homens tem menor preocupação com o fato de estar ou não satisfeito com as núpcias, escreve Frank Pittman, e toma suas decisões sobre as infidelidades sem referência consciente ao seu nível de satisfação matrimonial – as mulheres que conquistam são prêmios ou propriedades.[24]

3.7. Os infelizes conjugais

Há situações de requinte no ato de exercer a secreta infidelidade conjugal, existindo namoradores, prossegue Pittman,[25] que mantêm o seu casamento em um estado de guerra quente ou fria para poderem ter seus casos. Existem outros arranjos nupciais, onde parceiros decidem seguir casados porque isso é mais interessante para a sua vida social, ou satisfaz a família, têm vantagens profissionais ou econômicas, mesmo porque, o divórcio implica elevados custos. Enquanto isto, mantêm relações adulterinas, pois como em arremate conclui Frank Pittman com o inegável brilho de suas conclusões relacionadas com a infidelidade conjugal, ele se convenceu e esta constatação parece ser real, de que quando um casamento não é uma ameaça à vida e ao movimento, vale a pena mantê-lo em pleno curso.[26]

3.8. O recasamento dos infiéis e das vítimas da infidelidade

Segundo observação colacionada ainda por Frank Pittman,[27] aparentemente, seriam inevitáveis os desastres de romances que serviram para

---

[22] PITTMAN, Frank, ob. cit., p. 94.
[23] COSTA, Gley P, ob. cit., p. 57.
[24] Idem, p .99 e 122.
[25] Idem, p. 159.
[26] Idem, p. 160.
[27] Idem, p. 195.

pular de um casamento para outro, sem que houvesse uma parada para descansar entre as duas relações. Deve-se este alto índice de fracassos destas relações trampolim e sem intervalo para reflexão, dentre várias interferências negativas, destacando-se dentre as causas, a culpa que as pessoas carregam por haver destruído uma família e causado intensa dor. Aliás, convém recordar na prática judicial, quão raro são realmente as separações nitidamente amigáveis, posto que demandas de aparente consensualidade escondem nas entrelinhas dos acordos levados para a homologação judicial o alto preço da iniciativa separatória, como paga sempre insuficiente do amargado sentimento de rejeição. Possivelmente, só esta indigna usura, como única alternativa para sair de um desgastado casamento, permite compreender quais os reais custos que se escondem por detrás de uma separação litigiosa e a cobrança tenaz do cônjuge traído ou abandonado, que ameaça provar a culpa advinda da infidelidade conjugal, consumada ou não.

Pittman entende existir pouquíssima probabilidade de que dois novos companheiros estejam igualmente sintonizados com os sacrifícios que foram precisos enfrentar para uni-los. As expectativas são muito grandes em razão do elevado custo emocional que desgastou o casal envolvido numa relação de infidelidade.

Outro importante fator de dificuldade para o recasamento de pessoas adúlteras, que se aventuraram na reconstrução de suas felicidades, ou apenas na felicidade daquele que estava casado, sofre forte influência econômica, temendo arcar com novo prejuízo de um divórcio que já lhe tomou significativa parcela de bens materiais. Diz Frank Pittman que as pessoas geralmente protegem o dinheiro no novo casamento, especialmente se têm filhos de outros casamentos, procurando algumas vezes firmar constrangedores acordos antenupciais.[28]

Pesa a própria desconfiança acerca do grau de fidelidade de quem foi infiel para ingressar numa nova relação, maculando seu vínculo antecedente com o sinete da deslealdade afetiva e reduzindo a pó as promessas de eterno respeito e estima.

3.9. A dignidade da pessoa como causa única de separação

Com todo esse borbulhante estado de espírito, fácil entender porque ainda prevalece na maciça jurisprudência familista brasileira a idéia de um processo judicial litigioso ser eminentemente causal, empenhado na busca

---

[28] PITTMAN, Frank, ob. cit., p. 198.

do consorte responsável pela frustração do matrimônio. O conflito judicial é posto a serviço desta estranha e insistente tarefa de encontrar o vencedor do litígio, muito embora o propósito da separação, e essa precisava ser a mensagem do Judiciário, deveria ser apenas o de resolver o conflito conjugal, buscando compreender e superar as emoções embaçadas pela ruptura da união. É como referido noutro trabalho, já faz tempo que tem se mostrado débil e inútil o esforço processual que pesquisa a gênese culposa da falência conjugal, porquanto, de nada adianta e, disto se aperceberam os operadores do complexo ramo familista do direito, procurar um protagonista que possa ser responsabilizado pela ruptura do matrimônio, pois todo este culto e empenho à causa culposa de fim de casamento só tem servido para aumentar tristezas e humilhações.[29] A razão está com Pittman quando afirma ser impossível ter razão e ser casado,[30] afigurando-se cada vez mais sem sentido valer-se do Judiciário para atestar a culpa de um cônjuge e a provável inocência do outro, atestando publicamente, a quebra de seus acordos conjugais.

Andam na contramão da modernidade e dos princípios constitucionais que norteiam a dignidade da pessoa humana, julgados que condicionam o decreto separatório à inexorável prova da culpa do cônjuge acionado, sujeitando os esposos a viverem ao menos no seu subjetivo estado de casados, se for deficiente a mostra processual da culpabilização. Assim foi decidido, por exemplo, na Apelação Cível nº 000.197.180-3/00, da 4ª Câmara Cível do Tribunal de Justiça de Minas Gerais, rejeitando a pretensão judicial da separação litigiosa, diante da ausência de prova das alegações que alicerçavam o pedido inicial.[31]

Também na Apelação Cível nº 70001806009, da 8ª Câmara Cível do Tribunal de Justiça do Rio Grande do Sul, foi ordenada a nulidade da sentença monocrática, pois a separação havia sido postulada com escora na violação grave dos deveres do casamento e a sentença decretara a separação judicial com base no tempo de separação de fato, configurando fundamento diverso daquele posto na inicial.[32] Embora fosse consenso de

---

[29] MADALENO, Rolf. *Direito de Família, aspectos polêmicos*, Porto Alegre, Livraria do Advogado Editora, 1998, p. 180.

[30] PITTMAN, Frank. Ob. cit., p. 226.

[31] Ementa: "Separação litigiosa. Ausência de prova das alegações. Indeferimento. Alimentos. Dever inescusável. Se as alegações que alicerçam o pedido de separação litigiosa não restaram demonstradas, rejeita-se a pretensão. O dever de pagar alimentos decorre das previsões do art. 227 da Constituição Federal e do art. 231, IV, do Código Civil, cuja interpretação conduz à idéia de que o filho menor deverá ser atendido mesmo com sacrifício dos pais, pois é sagrado o socorro à criança."

[32] Ementa: "Apelação. Separação judicial litigiosa e pedido de alimentos. Decretação da separação por fundamento diverso daquele posto na inicial. Separação de fato por prazo inferior a um ano. Nulidade da sentença. Tendo sido pedida a separação com fundamento na violação grave dos deveres do casamento e tendo o julgador a decretado com base no tempo de separação de fato, quando este não havia sido cumprido, é nula a sentença. Sentença nula. Voto vencido."

ambos os cônjuges a impossibilidade de reatarem a vida conjugal, prevaleceu o princípio da causa subjetiva da separação, cometendo às partes demonstrarem os motivos da admitida derrocada conjugal e nulificada a sentença, seguirão os litigantes atrelados apenas pelo Poder Judiciário, que continuará fomentando a pesquisa causal de sua irreversível separação fática.

O voto vencido argumentou estar atenuado o princípio da culpa nas dissoluções das sociedades conjugais, devendo prevalecer o princípio apenas da ruptura, como na esteira dessa nova e arejada orientação jurisprudencial verteram recentes decisões do Tribunal de Justiça do Rio Grande do Sul, emprestando real valor jurídico à impossibilidade de manutenção do casamento, e declarando a sua fissura apenas pela evidente ausência de afeição.[33]

O único caminho aceitável e que infelizmente não foi inequívoca e exclusivamente visionado pelo novo Código Civil brasileiro respeita às causas objetivas da separação, que trilha pela total abstração da culpa na separação judicial, servindo como suficiente motivação, a própria *voluntas divortiandi,* da qual emana às claras, que a convivência é impossível, pois se não o fosse, com efeito que o autor da demanda separatória não a promoveria.

A Carta Política em vigor coloca a família como esteio da sociedade, dirigidas todas as condições para a realização da dignificação pessoal, em que a separação judicialmente decretada livra os cônjuges ou conviventes da degradação de continuarem sendo infelizes, ou de que ainda passem pela infelicidade de pesquisarem longamente em juízo, como condição de legítima ruptura de seu casamento, toda a sorte de causas culposas e altamente subjetivas de sua falência matrimonial, onde o processo judicial serve tão-somente como palco para desafogo das já propaladas tristezas e humilhações. Atuam na exata contramão do primado constitucional que vem cravado no pórtico da Carta Federal brasileira de 1988, em seu 1º artigo, como sendo suporte do Estado Democrático de Direito, a dignidade da pessoa humana.

Não se faz possível aceitar qualquer forma de gradação da dignidade, princípio supremo, ponto de partida da existência humana e como direito natural do cidadão, não aceita qualquer espécie de transigência.

---

[33] Apelação Cível nº 70004100688, da 7ª Câmara Cível: "a) Entretanto, há que se emprestar valor jurídico à impossibilidade de manutenção do casamento, pela ausência da *affectio* que lhe é própria, não se podendo condenar à convivência dois seres que não mais se suportam, pela singela razão de que não restou devidamente estampada nos autos a culpa sob qualquer de suas formas. Decretada a separação judicial sem culpa, em face da evidente falência do matrimônio." (Rel. Des. Luiz Felipe Brasil Santos)

Sendo absoluta a dignidade humana, não podem existir conflitos de dignidade, sugerindo que eventual responsabilidade pelo fim do casamento pudesse gerar, em nome do interesse do Estado em preservar um matrimônio, ato judicial que mantivesse união já rota pela vontade unilateral. Pouco importa que a causa tenha sido a mais infamante, dentre as várias razões de separação que sempre cuidaram de relativizar no sistema separatório brasileiro, o sagrado princípio da dignidade, única causa que na atualidade deve autorizar a separação.

A processualística e o direito familista brasileiros devem deixar, de uma vez por todas, de ocupar o Judiciário para desenvolver longas demandas, com intensa carga de litígio e de ressentimentos, conferindo ao juiz o equivocado direito subjetivo de graduar a dignidade humana de quem não quer mais continuar casado.

Numa época em que até a infidelidade virtual começa a tomar espaço da doutrina brasileira, como uma nova especialização do Direito de Família na pesquisa culposa da separação, precisamos nos dar conta de que a falência conjugal é sempre obra de dois, e que notas mais tristes, violações graves ou condutas injuriosas praticadas dentro de uma relação nupcial, onde foi prometida eterna fidelidade, essa modelagem conjugal já não mais existe, pois como disse Vinícius de Moraes, o poeta da paixão: "o amor não é eterno posto que é chama, mas é infinito enquanto dura."

4. A união (ins)estável (relações paralelas)

4.1. A entidade familiar

De modo satisfatório ou não, é certo que o instituto da união estável agora consta do Código Civil brasileiro, regulado a partir do *caput* do artigo 1.723, que reconhece como entidade familiar a união entre o homem e a mulher, configurada na convivência pública, contínua e duradoura e estabelecida com o objetivo de constituição de família.

Estão, portanto, codificados os pressupostos necessários para o reconhecimento judicial da união estável, alçada à condição de entidade familiar pelo § 3º do artigo 226 da Constituição Federal de 1988, que também lhe conferiu proteção estatal.

Realidade social de larga existência, a união de pessoas de sexos distintos é a mais antiga das formas de agrupamento humano por laços de afeto que unem em família e de modo informal, um homem e uma mulher, como sucede ao longo dos tempos. Merecendo ser conferida a célebre manifestação doutrinária de Virgílio de Sá Pereira, de existir família na visão de um homem e uma mulher reunidos sob o mesmo teto, em torno de um pequenino ser, fruto único do seu amor, encerrando por afirmar que a família nasce de um fato natural, e não de uma convenção social.

Somente pela posterior inspiração do Direito Canônico sobreveio o casamento religioso e adiante o casamento civil.

Mas, como assinala Francisco José Cahali, a sociedade em sua função criadora e recriadora de princípios e normas, motivando mudanças nas relações sociais, jamais deixou de provocar o Judiciário e o Legislativo, abrindo caminho cada vez maior para o reconhecimento das uniões informais, especialmente diante da outrora indissolubilidade do casamento.[1]

Revestida dos caracteres de entidade familiar com proteção constitucional, a união estável está representada pela convivência de homem e

---

[1] CAHALI, José Francisco. *Contrato de convivência na união estável*, São Paulo: Saraiva, 2002, p. 4.

mulher, podendo até não coabitar, mas que, solteiros ou casados, desde que separados de fato ou judicialmente, divorciados ou viúvos, se apresente o casal aos olhos da sociedade como se fossem marido e mulher. Unidos pela inequívoca intenção de constituírem uma verdadeira família, a relação não precisa ter sua origem legal apenas no casamento, pois na relação informal estável entre o homem e a mulher é reconhecida uma entidade familiar, cujo conceito se estende também à comunidade formada por qualquer dos pais e seus descendentes, conforme os §§ 3º e 4º do artigo 226 da CF.[2]

Dado constitucional adicional, recolhido do § 3º da Carta Política de 1988, revela uma certa preferência do legislador constituinte pelo matrimônio civil, ao prescrever a facilitação da conversão legal da união estável em casamento, e cuja predileção acabou sendo reeditada pelo artigo 1.726 do Código Civil.

4.2. Pressupostos da união estável

A união estável entre o homem e a mulher como modalidade legal de entidade familiar, do artigo 1.723 do Código Civil, estará configurada pela convivência pública, que deve ser suficientemente duradoura. Assim quer a lei para permitir que se extraia o sentimento de que a relação afetiva do par convivente teve de fato o propósito de constituir família, não se tratando de uma união efêmera ou transitória. Não se deve perder de vista que pela história da doutrina e da jurisprudência brasileiras, era preciso que o relacionamento tivesse um período de duração mínima de cinco anos, como exigia a legislação surgida por conta das dissensões concubinárias feridas no campo do direito securitário e da previdência social. Exigência repetida pela Lei nº 8.971, de 29 de dezembro de 1994, que regulava o direito dos companheiros a alimentos e à sucessão, desde que comprovada a convivência por mais de cinco anos, se ausente prole. No entanto, a exigência de tempo certo para a configuração da união estável foi derrogada com o advento da Lei nº 9.278, de 10 de maio de 1996, conferindo aos tribunais pátrios a aferição casuística dos pressupostos que informaram a estabilidade da união estável.

Por convivência pública deve entender-se aquela união em que os conviventes se apresentam perante a sociedade como se casados fossem, não sendo aceito o relacionamento escuso ou dissimulado, próprio das

---

[2] BARBOZA, Heloísa Helena. *Novas tendências do direito de família*,, *In*: Revista da Faculdade de Direito da UERJ (2), Rio de Janeiro: Renovar, 1994, p. 228, citado por GAMA, Guilherme Calmon Nogueira da. *O companheirismo, uma espécie de família*, São Paulo: RT, 1998, p. 51.

relações ilícitas e adulterinas. A publicidade é condição indispensável para a configuração da entidade familiar, embora não o seja em termos registrais, diz Basílio de Oliveira.[3] Para efeito de reconhecimento de união estável como entidade familiar, a convivência deve ser duradoura e contínua, estabelecida com o objetivo de constituir família, no que se diferencia daqueles relacionamentos de mero namoro, embora possa ser ocasionalmente dispensada a coabitação. Registra Rodrigo da Cunha Pereira ser tendência pretoriana a dispensa da convivência sob o mesmo teto, "exigindo-se, porém, relações regulares, seguidas, habituais e conhecidas, se não por todo mundo, ao menos por um pequeno círculo".[4]

A continuidade confere à união a necessária estabilidade do relacionamento, que assim não fica justamente maculada pela instabilidade das freqüentes rupturas e interrupções da convivência, demonstrando com estas idas e vindas do casal, que a relação se ressente de um estado de permanência e de estabilidade, tão pertinentes à real vontade de formar família. Especialmente porque a união estável é aferida caso a caso, não pelo tempo de sua duração, mas pela qualidade desta convivência, de onde sobressai de modo claro a sensação de os conviventes viverem em inequívoca entidade familiar. Isto não impede que os companheiros enfrentem ocasionais separações fáticas, tão próprias de crises surgidas durante a união, embora logo adiante sobrevenha a sua reconciliação, não havendo real solução de continuidade, pois seu intento único é de formar família, por seu desejo mútuo, e por sua postura social.

E formar família não significa, como no passado, casar diante da lei, pois família não é sinônimo de matrimônio, mas apenas uma das opções para formação da entidade familiar, que também se constitui pela união estável e comunidade formada por qualquer dos pais e seus descendentes e chamada pela doutrina de família monoparental.

Família, para João Baptista Villela, "não é apenas o conjunto de pessoas onde uma dualidade de cônjuges ou de pais esteja configurada, senão também qualquer expressão grupal articulada por uma relação de descendência".[5]

Constituir família do ponto de vista da união estável, tal como no casamento, inicia pelo amor que tratou por primeiro de unir casal heterossexual, e em associação de propósitos e de fins comuns, para dali em diante, afeiçoados, determinarem por seu diuturno convívio, um conjunto

---

[3] OLIVEIRA, Basílio de. *Concubinato, novos rumos*, Rio de Janeiro: Freitas Bastos, 1997, p. 11.

[4] PEREIRA, Rodrigo da Cunha. *Concubinato e união estável*, 6ª ed, Belo Horizonte: Del Rey, 2001, p. 30.

[5] VILLELA, João Baptista. *As novas relações de família*, citado por PEREIRA, Rodrigo da Cunha, In *Direito de Família, uma abordagem psicanalítica*, 2ª ed., Belo Horizonte: Del Rey, 1999, p. 75.

já preexistente de recíprocos direitos e obrigações, tudo com vistas na repartição do seu amor e de sua felicidade, por eles e por seus eventuais filhos, que agregam novas emoções.

Possivelmente, a pesquisa do ato volitivo de querer constituir família seja a maior tarefa do julgador quando arrosta uma demanda declaratória de união estável, sendo impossível reconhecer qualquer formação de entidade familiar quando a relação se ressente deste livre e consciente objetivo de seus partícipes. Pretende realmente constituir família, à semelhança do casamento e em plena comunidade de vida, e realizarem uníssonos o propósito de viver um pelo outro, despojados de outras relações.

4.3. Impedimento do casamento para a constituição da união estável

Conforme o § 1º do artigo 1.723 do Código Civil, a união estável não se constituirá se ocorrerem os impedimentos do artigo 1.521; não se aplicando a incidência do inciso IV no caso de a pessoa casada se achar separada de fato.

Fiel ao regime monogâmico das relações conjugais, o artigo 1.521, inciso VI, do Código Civil impede que se unam pelo matrimônio pessoas que já sejam civilmente casadas, ao menos enquanto não for extinto o vínculo conjugal, pela morte, pelo divórcio ou pela invalidade judicial do matrimônio. O casamento brasileiro é essencialmente monogâmico, tanto que o adultério é tipificado como infração criminal, passível de reclusão, só podendo a pessoa recasar depois de dissolvido o seu vínculo de casamento.

A este respeito escreve Silvio Rodrigues,[6] que a família ocidental se assenta no casamento monogâmico, sendo violenta a reação do legislador à bigamia, manifestando-se, no campo civil, por meio do impedimento para um segundo casamento, já que no campo penal pune o crime de adultério.

Diz Arnaldo Rizzardo, citando Horácio Vanderlei Pithan, que o impedimento à bigamia decorre: "não do fato de a pessoa já ter sido casada, mas por ser casada e na vigência de um casamento válido não se pode contrair outro".[7]

Embora a pessoa casada não possa recasar enquanto não dissolvido o seu matrimônio pelo divórcio, pela declaração judicial de invalidade, ou

---

[6] RODRIGUES, Silvio. *Direito Civil, Direito de Família*, 28ª ed., São Paulo: Saraiva, 2004, p. 44.
[7] RIZZARDO, Arnaldo. *Direito de Família*, vol. I, Rio de Janeiro: Aide, 1994, p. 65.

por chamado da mãe natureza, quedando viúvo um cônjuge, igual restrição não acontece na conformação de uma nova relação através da união estável, dado à expressa ressalva do § 1°, do artigo 1.723 do CC, de que a separação judicial ou mesmo a simples separação de fato são suficientes para conferir inteira validade ao casamento informal, não incidindo a necessidade da primordial dissolução do matrimônio civil pelo divórcio.

Assim, enquanto um segundo casamento, para quem já é casado, só pode ocorrer se primeiro promover o seu divórcio, para a convalidação da união estável basta a sua separação de fato ou separação judicial, indiferente ao divórcio. Mas segue sendo empecilho para a união estável a coexistência de casamento paralelo, cujo cônjuge não está nem fática e nem juridicamente separado, mantendo uma relação adulterina vedada pelo § 1° do artigo 1.723 do CC.

Marco Aurelio Viana rebela-se contra o concubinato múltiplo, dizendo ser inconciliável com a estabilidade e a permanência, exigidas na união estável, porquanto: "o contingente moral que a união estável exige, pois o que se tem é uma aparência de casamento, os deveres que dela promanam, a sua relevância como forma de constituir uma família, todos esses fatores autorizam dizer que o concubinato múltiplo jamais poderá gerar efeitos, não merecendo a tutela da legislação especial".[8]

Marco Aurelio Viana antecipou-se à redação do artigo 1.727 do novo Diploma Substantivo brasileiro ao identificar no vocábulo "concubinato", para as relações não-eventuais entre homem e a mulher, impedidos de casar. Há pouco tempo doutrina e jurisprudência a identificavam como "concubinato impuro", em contraponto ao "concubinato puro" daqueles que não guardavam qualquer impedimento para o livre e estável relacionamento. É que com o tempo, consolidou-se na linguagem forense a expressão "união estável", para designar as relações de casamento informal, libertas de impedimentos, reservando o termo "concubinato" para as uniões adulterinas.[9]

---

[8] VIANA. Marco Aurelio S. *Da união estável*. São Paulo: Saraiva, 1999, p. 92.

[9] O artigo 1.727 do Código Civil em vigor translada fiel identidade com o voto proferido pelo Ministro Rafael Mayer, no julgamento do RE 106.663-6 PE, publicado na Revista Forense 295/248, e assim ementado: "Legado – Testador Casado – Concubina – Companheira" (...) é de se admitir a diferenciação, porque, na verdade, o cônjuge adúltero pode manter convívio no lar com a esposa e, fora, ter encontros amorosos com outra mulher, como pode também separar-se de fato da esposa ou desfazer desse modo a sociedade conjugal, para conviver more uxorio com outra. Na primeira hipótese, o que se configura é um concubinato segundo seu conceito moderno, e obviamente a mulher é concubina; mas, na segunda hipótese, o que se concretiza é uma união de fato e a mulher merece havida como companheira. (....) concubina é amante, é a mulher do lar clandestino, oculto, velado aos olhos da sociedade, com a prática de bigamia e que o homem freqüenta simultaneamente ao lar legítimo e constituído segundo as leis. Companheira é a mulher que se une ao homem já separado da esposa e que a apresenta à sociedade como se legitimamente casados fossem."

Direito de Família em pauta

4.4. A fidelidade

A fidelidade figura seguramente entre os deveres inerentes ao casamento e à união estável. Embora haja apenas distinção terminológica para o propósito monogâmico das relações afetivas no mundo do ocidente, a expressão "fidelidade" é utilizada para identificar os deveres do casamento; e "lealdade" tem sido a palavra usada para as relações de união estável, embora seja incontroverso o seu sentido único de ressaltar um comportamento moral e fático dos amantes casados ou conviventes, que têm o dever de preservar a exclusividade das suas relações como casal.

Induvidosamente, a mais grave das violações dos deveres do casamento passa pela infidelidade, pois respeita séria injúria e grave ameaça à vida nupcial, ferindo de morte a alma e o sentimento que dão suporte à relação do casal. A infidelidade, no plano jurídico, é causa de separação judicial, impondo a lei um dever de abstenção ao adultério, na sua forma mais extrema, da conjunção carnal com terceiro de outro sexo. A fidelidade supõe exclusividade do débito conjugal, pois, como no casamento na união estável, cada cônjuge ou convivente renuncia à sua liberdade sexual, e lançam mão do direito de unir-se em relação carnal ou em íntima afetividade com qualquer outra pessoa diversa do seu consorte.[10]

Da leitura do artigo 1.724 do Código Civil, não ficam margens para dúvidas que as relações pessoais entre os companheiros obedecem aos deveres de lealdade, entendendo-se como condições elementares para a configuração da união estável a exclusividade do relacionamento. Conforme o § 1º do artigo 1.723, o casamento precedente, sem ao menos uma separação de fato, impede a constituição legal de uma outra união.

Mas se a pessoa casada já não mais convive com o cônjuge, desaparece o impedimento, como anota Lourival Silva Cavalcanti, que: "o adultério uma transgressão do dever de fidelidade conjugal, só faz sentido enquanto o casamento se mantém íntegro, perdendo totalmente o significado na hipótese de ruptura do matrimônio".[11]

Ademais disto, só pode existir nos estreitos limites da monogamia a constituição de uma família, direcionando os cônjuges ou conviventes a sua união para a ética correspondência da mais absoluta fidelidade, de sentimentos, propósitos e atitudes e de valores, conferindo seriedade e harmonia à sua união, esta sim, capaz de gerar os típicos efeitos de uma relação livre e imaculada.

---

[10] MADALENO, Rolf. A infidelidade e o mito causal da separação. *Revista Brasileira de Direito de Família*, Síntese-IBDFAM: Porto Alegre, out-dez.2001, p. 152.
[11] CAVALCANTI, Lourival Silva. *União estável*, São Paulo: Saraiva, 2003, p. 98.

Por este prisma, diz Rodrigo da Cunha Pereira que: "A amante, amásia – ou qualquer nomeação que se dê à pessoa que, paralelamente ao vínculo do casamento, mantém uma outra relação, uma segunda ou terceira...-, será sempre a outra, ou o outro, que não tem lugar oficial em uma sociedade monogâmica".[12]

4.5. Relações paralelas

Ressalvadas as uniões estáveis de pessoas casadas mas de fato separadas, o concubinato adulterino não configura uma união estável, como deixa ver estreme de dúvidas o artigo 1.727 do Código Civil. Pouco importa que apenas um dos concubinos seja casado e viva com o seu cônjuge, pois é a preexistência do casamento e a permanência do esposo no lar conjugal que cria a áurea de abstração ao conceito de estável relação. Não ingressam nesta afirmação os concubinatos putativos, quando um dos conviventes age na mais absoluta boa-fé, desconhecendo que seu parceiro é casado, e que também coabita com o seu esposo, porquanto a lei assegura os direitos patrimoniais gerados de uma união em que um dos conviventes foi laqueado em sua crença quanto à realidade dos fatos.

A união estável é reflexo do casamento, e só é adotada pelo direito por seu caráter publicista, por sua estabilidade e permanência, e pela vontade dos conviventes de externar aos olhos da sociedade uma nítida entidade familiar, de tradição monogâmica, como aceitos no consenso da moralidade conjugal brasileira. Casamentos múltiplos são vedados, como proibidos os concubinatos paralelos, porque não se coaduna com a cultura brasileira uma união poligâmica ou poliândrica, a permitir multiplicidade de relações entre pessoas já antes comprometidas, vivendo mais de uma relação ao mesmo tempo.

Contudo, tem sido cada vez mais freqüente deparar com decisões judiciais reconhecendo direitos às uniões paralelas ao casamento, ou correlata a outra união afetiva.

Zeno Veloso rejeita o concubinato múltiplo, pois ele não caracteriza uma união estável, ressalvada a união estável do convivente de boa-fé. Diz que podem ocorrer uniões estáveis, mas sucessivas, e que retratam diferentes experiências afetivas de épocas distintas, cada uma no seu devido tempo, mas não ao mesmo tempo.[13]

---

[12] PEREIRA, Rodrigo da Cunha. *Concubinato e união estável*, ob. cit., p. 63.
[13] VELOSO, Zeno. *União estável*, Pará: Editora CEJUP, 1997, p. 77.

Rodrigo da Cunha Pereira ressalta a boa intenção do artigo 1.727 do Código Civil, ao distinguir o concubinato adulterino da união estável, pois no concubinato, casamento não desfeito na prática, deve ser tratado pelo Direito das Obrigações.[14]

Foi justamente esta a inclinação do voto vencedor na Apelação Cível n° 70001494236, da 7ª Câmara Cível, julgado em 20 de dezembro de 2000, relatada pelo Des. Sérgio Fernando de Vasconcellos Chaves:

"União estável. Relacionamento paralelo a outro judicialmente reconhecido. Sociedade de fato. A união estável é entidade familiar e o nosso ordenamento jurídico sujeita-se ao princípio da monogamia, não sendo possível juridicamente reconhecer uniões estáveis paralelas, até por que a própria recorrente reconheceu em outra ação que o varão mantinha com outra mulher uma união estável, que foi judicialmente declarada. Diante disso, o seu relacionamento com o *de cujus* teve um cunho meramente concubinário, capaz de agasalhar uma sociedade de fato, protegida pela Súmula n° 380 do STF. Essa questão patrimonial esvaziou-se em razão do acordo entabulado entre a autora e a sucessão. Recurso desprovido, por maioria."

Tais relações concomitantes são catalogadas como sociedades de fato e, conforme já prescrevia a Súmula n° 380 do STF, os que se vêem prejudicados pelo ilícito enriquecimento, pelo acréscimo patrimonial do parceiro, o equilíbrio econômico no campo do Direito das Obrigações.

A decisão antes destacada foi sustentada no ordenamento jurídico brasileiro que prestigia e adota o princípio da monogamia, inviabilizando o reconhecimento jurídico de uniões estáveis paralelas, sempre quando hígido o casamento ou a anterior união informal.

Assim vem julgando dominante corrente dos pretórios nacionais, como no caso a Apelação Cível n° 597206499, de que foi relator o Des. Sérgio Fernando de Vasconcellos Chaves:

"Afeto não tem expressão econômica e relação sexual constitui troca e não serviço, sendo, ademais, grandezas incompensáveis pela nobreza que encerram, porque dizem respeito a sentimentos, o que transcende a limitação econômica. Houve concubinato adulterino insuscetível de gerar efeitos, pois o Direito de Família pátrio não admite a bigamia..."

Álvaro Villaça Azevedo é enfático ao aduzir que a jurisprudência dos tribunais brasileiros era severa ao inadmitir efeitos jurídicos ao adultério.[15]

---

[14] PEREIRA, Rodrigo da Cunha. "Da união estável", *In Direito de Família e o novo Código Civil*, 3ª ed. Coord. DIAS, Maria Berenice & PEREIRA, Rodrigo da Cunha. Belo Horizonte: Del Rey -IBDFAM, 2003, p. 264.
[15] AZEVEDO, Álvaro Villaça. *Estatuto de família de fato*, São Paulo: Jurídica Brasileira, 2001, p. 234.

Como confirma o Tribunal de Justiça do Rio de Janeiro, na Apelação Cível nº 2001.001.06912, da 5ª Câmara Cível, julgado em 3 de agosto de 2001, sendo relator o Des. Humberto de Mendonça Manes, com a seguinte ementa:

"Direito Civil. Ação declaratória de união estável com meação de bens, em virtude da convivência da autora, mulher divorciada, com homem casado que até à morte não se separara, mesmos de fato da esposa. Prova, outrossim, de que os bens foram adquiridos antes da relação adulterina ou pela transformação de bens anteriores. Pressuposto de fato, não preenchido, da Lei nº 9.278/96, o que conduz à improcedência do pedido, mantendo-se, em apelação, a sentença que assim decidiu."

No corpo de seu voto, consigna o relator Humberto de Mendonça Manes a seguinte e ilustrativa passagem:

"Ora, a relação adulterina é condenada juridicamente e, por isso, constitui causa-fonte da ruptura do vínculo conjugal. Assim, a Lei nº 9.278/96 não chegou ao ponto de permitir a tutela jurídica de duas situações: uma legítima, defluente do matrimônio; outra ilegítima, de natureza adulterina."

Nem a Lei nº 9.278/96, e nem o artigo 1.727 do Código Civil, de janeiro de 2002, pois agridem o bom-senso comum que uma pessoa casada possa casar novamente sem antes promover o seu divórcio, ou dissolver o seu matrimônio pela morte do cônjuge, ou pela declaração judicial de invalidade do seu conúbio civil.

Quer o texto legal preservar a qualidade de cônjuge, e de companheiro, quando são exercidos na sua plenitude, e sem qualquer solução real de continuidade, não podendo ser equiparada a uma união estável um concubinato adulterino, por mais tempo que a infidelidade tenha durado, e por mais prole que eventualmente tenha gerado, até porque prole não é gerada apenas no casamento ou numa relação de união estável.

Para o Ministro Sálvio de Figueiredo, a união estável tem como "sua característica a convivência de fato, como se casados fossem aos olhos de quantos se relacionem com os companheiros da união. Pesam no conceito as exigências de exclusividade, fidelidade, vida em comum sob o mesmo teto com durabilidade. O vínculo entre companheiros imita o casamento ou no dizer tradicional é more uxorio. Todo o relacionamento se faz, às claras, sem ocultação. Os dois freqüentam a sociedade onde, reciprocamente, se tratam como marido e mulher".[16]

---

[16] FIGUEIREDO, Sálvio de. *apud* BENJÓ, Simão Isaac. União estável e seus efeitos econômicos, em face da Constituição de 1988, *In Revista Brasileira de Direito Comparado*. Rio de Janeiro: Instituto de Direito Comparado Luso-Brasileiro, 1991, p. 61.

E a grande realidade está em constatar que, na relação adulterina de união estável paralela ao casamento, sempre faltará ao conjunto o requisito da fidelidade, e da exclusividade na coabitação, pois a concubino casado nem é fiel à esposa, mas com ela tem contrato de matrimônio, e muito menos está sendo fiel à concubina, pois segue amando e vivendo com o seu cônjuge mulher, do qual não está faticamente separado. Deste modo, a relação adulterina configura sem sombra de dúvida um fato social, capaz até de gerar resultados jurídicos no plano do Direito das Obrigações, mas jamais poderá alcançar a categoria de fato jurídico inserto no plano do Direito de Família, no modelo puro de uma entidade familiar.

4.6. O olhar discordante

Julgados têm reconhecido a dúplice união afetiva, procurando realinhar a postura judicial que costuma punir a mulher que mantém um vínculo afetivo, pelo só fato de saber da existência do outro relacionamento, e de acordo com o voto discordante proferido pela desembargadora Maria Berenice Dias na Apelação Cível nº 70001494237, da 7ª Câmara Cível do TJRS, este princípio só tem beneficiado aquele que infringiu a monogamia, premiando quem desrespeitou a regra da unicidade relacional, não lhe sendo atribuído nenhum encargo.[17]

Continua o voto vencido dizendo ter mudado o conceito de família que: "sofreu uma profunda alteração, alteração esta a que foi sensível a jurisprudência que acabou se revelando como um fator decisivo para que as relações chamadas de espúrias passassem a merecer o tratamento de concubinárias, sendo inseridas na órbita jurídica, acabando por serem alçadas à órbita constitucional como entidade familiar. Ora, se agora ninguém mais identifica como família o relacionamento sacralizado pelo matrimônio, se o conceito de família alargou-se para albergar os vínculos gerados exclusivamente da presença de um elo afetivo, mister concluir-se que o amor tornou-se um fato jurídico, passando a merecer a proteção legal".[18]

Estariam a prevalecer aos olhos dos votos discordantes da união monogâmica o toque construtivo do afeto, como elo que enlaça a união adulterina ao Direito de Família, sendo indiferente a existência de um outro estável relacionamento.

---

[17] Este voto vencido da desembargadora Maria Berenice Dias pode ser conferido na *Revista Brasileira de Direito de Família*, vol. 12, Porto Alegre: Síntese-IBDFAM, p. 110.
[18] Idem, p. 111.

Assim sucedeu na Apelação Cível nº 70006046122 da 8ª Câmara Cível do TJRS, figurando como relator o desembargador Antonio Carlos Stangler Pereira com voto vencido, e votos vencedores dos desembargadores Rui Portanova e José S. Trindade, em decisão datada de 23 de outubro de 2003, com a seguinte ementa:

> "União estável. Reconhecimento 'casamento de papel'. União dúplice. caso em que se reconhece a união estável da autora/apelada com o 'de cujus' apesar de – até o falecimento – o casamento dele com a apelante estar registrado no Registro Civil. Negaram provimento. Maioria. Vencido relator."

Embora os votos vencedores tenham admitido que a prova produzida havia demonstrado que o sucedido nunca se afastara da esposa e dos filhos havidos de seu casamento, concluíram que a mulher e a concubina aceitaram o concubinato adulterino, criando-se uma situação anômala, em que a relação adulterina se tornara estável e não furtiva, portanto regular, merecendo ser judicialmente agasalhada, colocando a companheira no mesmo patamar da esposa.

A mesma 8ª Câmara Cível do TJRS conferiu *status* de casamento à relação adulterina julgada na Apelação Cível nº 70005365838, em 12 de junho de 2003, com a relatoria do desembargador Rui Portanova, em decisão unânime, com esta ementa:

> "União afetiva dúplice. Caso em que se reconhece que homem, juridicamente solteiro, viveu união afetiva com duas mulheres. Com uma era 'casado' no Uruguai, mas o casamento não está registrado no Brasil. Com outra, viveu união estável (como se fossem marido e mulher). Reconhecimento de direito a 25% do patrimônio adquirido na constância da união. Deram parcial provimento."

4.7. Conclusão

Estou entre aqueles que afastam do Direito de Família as relações poliândricas ou poligâmicas, quer preexista casamento ou apenas precedente união estável, nada diferenciando o fato de a pessoa ser ou não civilmente casada com outra mulher, com a qual convive em dupla união.

A união livre para ter validade jurídica não ficou dispensada da monogamia, sendo expressamente excluídas pelo artigo 1.727 do Código Civil, do conceito de união estável, as relações não-eventuais entre o homem e a mulher impedidos de casar por já serem casados e viverem concomitantemente com o outro cônjuge ou companheiro. A lei abjeta a relação extramatrimonial simultânea com a união legítima, como afasta duas uniões legítimas ou informais, salvo que exista separação judicial ou de fato, pois neste caso não persiste o dever de fidelidade.

Não constitui família aquele que prossegue residindo com a esposa e com os filhos conjugais, pois é pressuposto da vontade de formar família estar desimpedido para formalizar pelo casamento ou pela via informal da união estável, a sua efetiva entidade familiar. Aliás, querendo constituir família com a amante, tudo o que o bígamo precisa fazer é romper apenas de fato a sua relação com a primeira mulher, ficando até dispensando da formal separação judicial, pois com este simples gesto de romper fatualmente o passado para assentar no presente relação de fidelidade e exclusividade com a sua nova mulher é gesto suficiente para concluir que fortaleceu os seus laços e que concentrou seus desejos e esforços numa nova entidade familiar.

Como escreve Eduardo Estrada Alonso,[19] é absolutamente incompatível com a monogamia uma união estável com outra união estável, ainda que o relacionamento tenha durado bastante tempo, será sempre um concubinato adulterino, insuscetível de gerar efeitos no âmbito do Direito de Família.

Nesta linha de entendimento, votou o desembargador José Carlos Teixeira Giorgis na Apelação Cível nº 70006077036, da 7ª Câmara Cível, datada de 18 de junho de 2003, com esta ementa:

"União estável. Reconhecimento. Casamento. Relacionamentos paralelos. Companheiro falecido. Meação. Prova. Descabimento. Não caracteriza união estável o relacionamento simultâneo ao casamento, pois o nosso sistema é monogâmico e não admite concurso entre entidades familiares; nem se há de falar em situação putativa, porque inexistente a boa-fé da companheira. Também inocorre o instituto da sociedade de fato, uma vez que não comprovada a contribuição da mulher na constituição de acervo comum, Apelo desprovido."

Interessante extrair da extensa análise jurisprudencial a aplicação corriqueira do chamado instituto da sociedade de fato, como instrumento de amparo às relações de afeto que não configuram uma união estável, diante da ausência dos pressupostos de constituição, e de validade, mas que, no terreno do direto obrigacional, evitam prejuízos causados pelo indevido enriquecimento de um dos concubinos em detrimento do seu parceiro. Especialmente quando há aquisição de patrimônio ou sua valorização, apenas que em nome de uma das partes, embora o acréscimo patrimonial tenha decorrido da contribuição financeira e do esforço mate-

---

[19] ALONSO, Eduardo Estrada. *Las uniones extra-matrimoniales en el Derecho Civil español*. Madrid: Civitas, 1991, p. 70.

rial de ambos ou até só do outro cujo nome não aparece no registro civil de domínio.

Observa Ana Elizabeth Lapa Wanderley Cavalcanti não existir ainda espaço no conceito de família para abrigar as sociedades de fato, por mais que apareça perante a sociedade como família, pois do contrário estaríamos abandonando os aspectos morais, sociais e religiosos, que ainda estão presentes na sociedade brasileira.[20]

Contudo, a distinção feita acerca da existência de uma união estável e uma sociedade de fato, não mais se utilizando a doutrina das expressões *concubinato puro* e *impuro*, não é de todo impertinente, quando se tem em consideração que toda a sociedade de fato carrega na sua história uma relação com relativa duração e estabilidade, apenas que maculada pelo impedimento da formação familiar monogâmica, pois é exigência do senso médio do cidadão brasileiro que os companheiros sejam pessoas desimpedidas e, portanto, livres, assim, aptas a contraírem matrimônio.[21]

Duas pessoas que preservam e mantêm uma relação paralela ao casamento, de um ou de ambos, como uma união informal o tempo todo e o todo do tempo, não demonstram, aos olhos da sociedade e do Poder Judiciário, uma sociedade afetiva única, de coabitação e de exclusividade, com o intuito de formarem família, pois senão seriam fiéis, pois como aponta Francisco José Cahali:

> "As relações adulterinas são reprovadas não só pelo ordenamento jurídico, como também pelos valores morais da sociedade, sendo inafastável, pois, o impedimento à caracterização da união estável se um ou ambos os conviventes mantém vida conjugal".[22]

Não há como encontrar conceito de lealdade nas uniões plúrimas, pois a legitimidade do relacionamento afetivo reside na possibilidade de a união identificar-se como uma família, não duas, três ou mais famílias, preservando os valores éticos, sociais, morais e religiosos da cultura ocidental, pois em contrário, permitir pequenas transgressões das regras de fidelidade e de exclusividade que o próprio legislador impõe seria subverter todos os valores que estruturam a estabilidade matrimonial e que dão estofo, consistência e credibilidade à entidade familiar, como base do sustento da sociedade.

---

[20] CAVALCANTI, Ana Elizabeth Lapa Wanderley. *Casamento e união estável, requisitos e efeitos pessoais,* São Paulo: Manole, 2004, p. 167, nota de rodapé 34.

[21] GAMA, Guilherme Calmon Nogueira da. *O companheirismo, uma espécie de família*, São Paulo: RT, 1998, p. 116.

[22] CAHALI, José Francisco. *União estável e alimentos entre companheiros.* São Paulo: Saraiva, 1999, p. 61.

É como acrescenta em feliz passagem doutrinária Euclides de Oliveira no comento da unicidade do vínculo familiar, lembrando que nas uniões desleais: "uma prejudica a outra, descaracterizando a estabilidade da segunda união, caso persista a primeira, ou implicando eventual dissolução desta, não só pelas razões expostas, como pela quebra aos deveres de mútuo respeito",[23] e não se respeitam amantes que mais amam a si mesmos, e que ansiosamente recolhem novos relacionamentos, sempre no afã de preencherem um eterno espaço vazio.

---

[23] OLIVEIRA, Euclides de. *União estável, do concubinato ao casamento*, 5ª ed. São Paulo: Método, 2003, p. 127.

5. A guarda compartilhada pela ótica dos direitos fundamentais

5.1. O poder familiar

O Código Civil de 1916 e o próprio Estatuto da Criança e do Adolescente identificavam, no pátrio poder, a tarefa delegada aos pais na educação e formação de seus filhos enquanto ainda menores e incapazes, dizendo serem eles os representantes da vontade jurídica da prole e os administradores legais dos bens dos filhos que se achem sob o seu poder.

Adverte Roberto João Elias[1] não se poder afirmar que o titular do pátrio poder não tenha direitos, porém eles só devem ser exercidos a bem dos filhos. Portanto, todo o enfoque do pátrio poder do Código Civil de 1916 estava voltado para o interesse do infante, e disso não se desgarrou o atual Código Civil, em vigor desde janeiro de 2002.

O *poder familiar* é a denominação adotada pelo novo Código em substituição à expressão *pátrio poder*, já superada pela igualdade constitucional, fazendo ver Paulo Luiz Netto Lôbo[2] a impropriedade da nova designação *poder familiar*, por gerar a falsa idéia de um poder exercido no interesse conjunto dos pais, como se fosse restrito ao avanço da igualdade dos gêneros sexuais, quando em realidade o Estatuto da Criança e do Adolescente já havia revertido todo o sistema pertinente aos filhos menores e incapazes, ao destacar como prioridade de ordem pública tutelar o interesse supremo do filho.

E nessa direção segue Denise Damo Comel[3] ao afirmar que o novo Código Civil carrega uma proposta de maior intensidade e não se limita

---

[1] ELIAS, Roberto João. *Pátrio poder, guarda dos filhos e direito de visitas*, São Paulo: Saraiva, 1999, p. 6.

[2] LÔBO, Paulo Luiz Netto. "Do poder familiar", *In Direito de Família e o novo Código Civil*, 3ª ed. Coord. DIAS, Maria Berenice e PEREIRA, Rodrigo da Cunha, Belo Horizonte: Del Rey, 2003, p. 178.

[3] COMEL, Denise Damo. *Do poder familiar*, São Paulo: RT, 2003, p. 55.

tão-somente a repartir o poder familiar entre os pais, em iguais condições, porque a mudança social trazida com a Carta Federal de 1988 foi muito mais ampla: "na medida em que o interesse dos pais está condicionado ao interesse do filho, ou melhor, no interesse de sua realização como pessoa em formação".

Prevalece, portanto, o interesse único do menor, detendo os pais, em igualdade de condições, o exercício do seu poder parental, como sujeitos ativos do dever constitucional de gerir os interesses dos menores, proporcionando-lhes as "adequadas condições de sobrevivência e desenvolvimento".[4]

5.2. Conteúdo do poder familiar

O substrato legal do poder familiar deve ser focalizado pelo teor do artigo 229 da Carta Política de 1988, afirmando ser dos pais o dever de assistir, criar e educar os filhos menores, em nada diferindo do artigo 1.634 do Código Civil brasileiro, com o reforço do art. 22 do ECA, que prescreve ser da competência dos pais, em qualquer modelo de formação familiar, dirigir a criação e educação dos filhos; além de tê-los sob a sua companhia; representá-los até os 16 anos e assisti-los também nos atos da vida civil até os 18 anos, deles exigindo obediência, respeito e os serviços próprios de sua idade e condição, tudo voltado no único propósito de lhes assegurar hígida formação pessoal.

5.3. A guarda dos pais

O domicílio dos pais será de hábito o domicílio dos filhos, pois devem mantê-los sob a sua custódia, zelando por sua integridade moral, material e física, cuidando de sua formação e educação. Acresce Denise Damo Comel:

> "(...) a função de ter os filhos em sua companhia deve ser entendida como uma forma de estabelecer com eles relação de tal proximidade que gere uma verdadeira comunidade de vida e interesses, em que haja constante troca de experiência, sentimentos e informações".[5]

E tudo faz sentido, quando os pais mantêm sua união e o conjunto de seus componentes em harmônica relação familiar, permitindo repartam a

---

[4] STRENGER, Guilherme Gonçalves. *Guarda de filhos*, São Paulo: LTr, 1998, p. 51.
[5] COMEL, Denise Damo, ob. cit., p. 111.

singular experiência de testemunhar o crescimento e a sólida formação dos filhos sob a sua companhia.

Mas nem sempre pais e filhos têm a graça da recíproca convivência, sucedendo, por vezes, chamados da natureza, ou distúrbios no relacionamento dos pais como amantes, que impedem o prosseguimento da mútua convivência, bifurcando-se o domicílio familiar, gerando ordinariamente a definição da custódia fática e jurídica dos filhos para apenas um dos genitores, ou excepcionalmente na repartição dessa guarda.

5.4. A guarda unilateral

A guarda unilateral pode decorrer da separação fática, judicial ou do divórcio dos pais; como pode advir do abandono de um ou de ambos os genitores, sua morte, do óbito de um genitor, e também por conseqüência da paternidade não revelada, própria da modelagem monoparental.

Mas, separados os pais, impõe-se a guarda a pelo menos um dos genitores, geralmente selecionado pelo prisma dos melhores interesses dos filhos. A guarda ideal nestes casos deve ser definida por acordo dos pais, na ruptura consensual de sua união, ou por sentença judicial se os genitores não se encontrarem aptos a discernirem na identificação dos melhores interesses de seus rebentos.

Ao contrário do direito experimentado na década de 1960, não mais interfere na custódia a culpa de um dos cônjuges pelo fracasso do casamento, sendo elemento determinante o bem-estar do menor. A guarda é resolvida fora do eixo da culpa conjugal, como aliás cada vez mais tem desimportado aos juízos e tribunais a identificação de um responsável pelo fim do matrimônio, cuidando o decisor de examinar as circunstâncias fáticas na pesquisa casuística da noção mais exata do real interesse do menor.

Não é outra a conclusão extraída da leitura do artigo 1.584 do Código Civil de 2002, atribuindo a guarda na separação judicial ou no divórcio, e o mesmo vale para a dissolução da união estável, "a quem revelar melhores condições para exercê-la", ou deferi-la a terceiro que revele compatibilidade com a natureza da guarda, levando em conta o grau de parentesco, a relação de afinidade e de afetividade para com o menor. Já de algum tempo foi definitivamente sepultado o princípio do revogado artigo 10 da lei divorcista, que considerava a inocência conjugal como critério judicial de atribuição da guarda dos filhos menores em processo litigioso.

Eduardo de Oliveira Leite, em exauriente pesquisa, aponta direções tomadas pela jurisprudência na atribuição da guarda do menor:

"o desenvolvimento físico e moral da criança, a qualidade de suas relações afetivas e sua inserção no grupo social (...); a idade da criança, o sexo (sendo as filhas comumente confiadas à mãe), a irmandade (cuidando de não separar irmãos), o apego ou a indiferença que a criança manifesta em relação a um de seus pais, ou a estabilidade da criança (...); da mesma forma, as condições que cercam a pessoa dos pais também podem ser levadas em consideração: condições materiais ou condições morais".[6]

5.5. A cultura da guarda materna

Em tempos mais remotos, na generalidade das decisões proferidas em demandas separatórias, era outorgada a guarda judicial materna dos filhos, concluindo os tribunais que:

"Se a mulher não teve a pecha de mau comportamento e se é boa mãe, embora tenha falhado como esposa ao praticar adultério, a ela deve ser conferida a guarda do filho, pois o interesse e bem-estar do menor devem ser o tribunal maior a decidir o seu destino, sobretudo tendo-se em conta que a profissão do pai o leva a estar sempre ausente de casa".[7]

Prevalecia a guarda materna nas relações conjugais desfeitas pela crença de ser a mãe a natural guardiã da prole, por dispor do dom de quem abriga o filho desde sua concepção, e do tempo livre para se dedicar às tarefas domésticas, em contraponto ao trabalho externo, e a menor dedicação do pai.

A própria Lei do Divórcio já dispunha no art. 10, § 1º, ficarem os filhos com a mãe, se ambos os cônjuges fossem considerados responsáveis pela separação. Claro que o texto se mostrava totalmente desfocado da regra prática de a guarda não mais estar conectada à culpa separatória dos pais, e, sobretudo, por já prevalecer o princípio dos melhores interesses do menor. No entanto, apesar da igualdade de direitos dos pais diante das relações familiares, ainda hoje a guarda segue "sendo sistematicamente deferida à mãe, sem contestação, salvo nos casos em que algo grave, de valor moral, pese sobre ela".[8]

Realidade não desmentida pelos variados segmentos doutrinários, sendo deles um frisante exemplo o trabalho de Silvana Maria Carbonera, ao recordar a preferência do legislador em conferir à mãe a guarda na

---

[6] LEITE, Eduardo de Oliveira. *Famílias monoparentais*, São Paulo: RT, 1997, p. 197.

[7] TJMG, Rel. Des. Francisco Figueiredo – RT 694/161.

[8] BARROS, Fernanda Otoni de. *Do direito ao pai*, Belo Horizonte: Del Rey, 2001, p. 67.

família matrimonializada, pois assim: "deu seqüência à rígida bipartição dos papéis familiares assentado na mística feminina." E acresce, agora escorando suas razões na lição de Silvio Rodrigues, existirem duas razões para a eleição da guarda materna: "(...) uma de caráter tradicional, outra de ordem prática. Com efeito, no Brasil, em geral, não é pequeno o número de senhoras que se ocupam dos afazeres domésticos, não exercendo profissão fora do lar, enquanto a maioria dos homens tem seus dias ocupados pelo trabalho fora de casa (...). A segunda razão de regra, esta de ordem prática, é a inescondível conveniência, se não mesmo a necessidade, de confiar-se à mãe os filhos de tenra idade. A mulher tem, ordinariamente, refinamentos de sensibilidade que o homem, por mais bondoso que seja, nem sempre apresenta (...)".[9]

Adicione-se o preconceito contra a guarda paterna dos filhos, a considerar que o "tradicional papel da mãe *naturalmente* boa, abnegada, apegada aos filhos, continua exercendo um poderoso fascínio sobre os julgadores que não conseguem se desembaraçar de uma tradição...".[10]

Tal realidade desencoraja os homens de lutarem pela custódia judicial dos filhos, especialmente quando não contam com algum fato de extrema gravidade, capaz realmente de abalar a tradicional guarda materna.

Mas os tempos registram uma mudança saudável nos hábitos e costumes sociais, em um salutar processo de aproximação da equalização dos papéis feminino e masculino, buscando alterar aos poucos, a história das abjetas desigualdades dos gêneros sexuais. Nessa direção cuida a legislação brasileira de sublinhar a emancipação da mulher, ao elevar a princípio constitucional a igualdade do homem e da mulher, como direito fundamental positivado no § 5º do artigo 226 da Constituição.

Flávio Guimarães Lauria registra essa mudança nos costumes e seu reflexo nos tribunais, ao proceder minucioso levantamento jurisprudencial, para concluir ao cabo que:

> "nos dias atuais, em que a mulher conquistou importantes espaços na sociedade, sobretudo no mercado de trabalho e que não se encara mais com reprovação o ato do pai de cuidar dos filhos e realizar tarefas que antes eram exclusividade das mulheres, (...) o fato da maternidade por si só, já não goza mais de presunção absoluta de melhores condições para o exercício da guarda dos filhos".[11]

---

[9] CARBONERA, Silvana Maria. *Guarda de filhos na família constitucionalizada*, Porto Alegre: Sergio Fabris, 2000, p. 114.

[10] LEITE, Eduardo de Oliveira, ob. cit., p. 200.

[11] LAURIA. Flávio Guimarães. *A regulamentação de visitas e o princípio do melhor interesse da criança*, Rio de Janeiro: Lumen Júris, 2002, p. 73.

Devem, portanto, ser computados os dois princípios constitucionais que gravitam em torno da guarda judicial dos filhos menores e não emancipados, tomando como o fundamento de que em temário de tal importância prevalece em primeiro o maior interesse da criança e, se porventura, de algum modo, pudesse existir alguma inclinação pela custódia materna, já não mais devem interferir os elementos culturais que privilegiavam a guarda materna, pois como sublinha Marco Túlio de Carvalho Rocha:

> "(...) se dados fisiológicos, psicológicos, históricos, culturais e econômicos aconselham deva a guarda ser atribuída à mulher, a verificação desses dados somente é possível nos casos concretos, atendendo-se às peculiaridades de cada um".[12]

Isto porque ambos concorrem em absoluta igualdade de condições, não mais existindo diferenças sequer na coleta de folga temporal dos pais, também a mulher agora deve buscar seu sustento adiante do recesso do lar, e ausentando-se do lar.

5.6. O genitor não-guardião

A simples destituição da guarda física de filho pela separação dos pais não implica, sob nenhum aspecto, a perda do poder familiar, talvez até reforce o seu exercício pela redução do contato do genitor não guardião com o seu filho que ficou sob a guarda do outro ascendente. Nem significa admitir, sob qualquer pretexto, pudesse a cisão da guarda prejudicar por alguma forma o direito-dever de os genitores manterem uma sadia convivência familiar.

Nem seria preciso ressaltar ser direito dos filhos a convivência e comunicação com seus pais, fonte de seu crescimento, e da sua lúcida formação, fornecendo-lhes todos os substratos materiais e imaterias, tão caros ao sadio desenvolvimento de uma criança em crescimento, dependente da proteção e do zelo de seus pais. Não desaparece com a separação dos ascendentes o exercício das prerrogativas inerentes ao dever parental de acompanhar de perto, e de interferir positivamente na formação do filho, sempre voltado para a consecução dos seus melhores interesses, não no sentido de outorgar privilégios, liberdades e excessos, mas de consignar com a sua presença e com a sua constante vigília, o porto seguro, e as condições de alimento, carinho, educação, orientação e repreensão, adotando na sua função educativa para com a sua prole todos os cuidados

---

[12] ROCHA, Marco Túlio de Carvalho. *A igualdade dos cônjuges no direito brasileiro*. Belo Horizonte: Del Rey, 2001, p. 217.

e atenções modeladores da conveniente estrutura psíquica e moral que deve estar presente no processo de crescimento, desenvolvimento e de socialização do filho em contato com o mundo.

5.7. As visitas como forma de convivência e fiscalização

As visitas são um expediente jurídico forjado para preencher os efeitos da ruptura da convivência familiar antes exercida no primitivo domicílio conjugal. Representam, em realidade, um desdobramento da guarda definida com a separação dos pais, e como tal, detêm a tarefa de assegurar a:

"adequada comunicação e supervisão da educação dos filhos, do pai ou da mãe não convivente a respeito dos filhos, cuja guarda foi outorgada ao outro, a parente, a terceiro ou, mesmo, a instituição, (...) consiste no direito de manter um contato pessoal com o menor, da maneira mais ampla e fecunda que as circunstâncias possibilitam".[13]

Falar em visitas acarreta reconhecer a soberania constitucional de o menor ser visitado, porquanto, é direito basilar na organização social dos filhos serem criados por seus pais, como direito fundamental da criança, e, estando seus genitores apartados pelas contingências das relações afetivas que se desfazem pelos mais variados motivos, jamais podem os pais permitir restem seus filhos privados da sua presença, ainda que em menor quantidade, mas compensando ao oportunizarem maior qualidade.

A convivência da criança com a sua família é direito assegurado pelo artigo 227 da Constituição Federal, com absoluta prioridade, e considerado como direito fundamental da criança, matéria-prima indispensável para a construção de sua personalidade, como faz ver e refletir Martha de Toledo Machado,[14] ao dizer que:

"no direito à convivência familiar de crianças e adolescentes repousa um dos pontos de esteio da chamada doutrina da *proteção integral*, na medida que implica reconhecer que a personalidade infanto-juvenil tem atributos distintos da personalidade adulta, em decorrência da particular condição de pessoa ainda em fase de desenvolvimento, e que, portanto, crianças e adolescentes são *sujeitos de direitos* e não meros *objetos de intervenção das relações jurídicas dos seres adultos*,

---

[13] GRISARD FILHO, Waldyr. *Guarda compartilhada: um novo modelo de responsabilidade parental*, São Paulo: RT, 2000, p. 93.

[14] MACHADO, Martha de Toledo. *A proteção constitucional de crianças e adolescentes e os Direitos Humanos*, São Paulo: Manole, 2003, p. 161.

já que titulares de direitos fundamentais especiais em relação aos adultos."

Portanto, não se pode falar verdadeiramente em um *sagrado direito de visitas do guardião não custodiante*, tocando consignar a existência de um sagrado direito do filho de ser visitado, tanto que não têm sido incomum decisões judiciais impondo multas pecuniárias pelo não-exercício das visitas. As visitas devem atender aos interesses do menor, podendo ser limitadas e até suspensas quando a conduta do genitor visitante desaconselhe o seu exercício, tanto que Fábio Maria de Mattia, citado por Eduardo de Oliveira Leite, conclui que:

> "o direito de visita não é absoluto, pois, por humana que se apresente a solução de nunca privar o pai ou a mãe do direito de ver seus filhos, situações se podem configurar em que o exercício do direito de visita venha a ser fonte de prejuízos – principalmente no aspecto moral – sendo certo que todos os problemas devem ser solucionados à luz do princípio de que é o interesse dos menores o que deve prevalecer".[15]

5.8. Inversão da guarda pela negativa das visitas

Juízos de visitas são os mais conflitivos, certamente porque colocam no centro da disputa o mais caro valor dos genitores, que em litígio, costumam se fazer mútuas imputações, menosprezando a sua dignidade humana, e talvez traumatizando suas relações para o resto de suas vidas, não se dando conta ou numa incompreensível mostra do mais puro egoísmo, serem os filhos as maiores vítimas, quase sempre silenciosas do ódio que as separa de seus pais.

Há reservas ao próprio vocábulo *visitas*, por evocar uma relação de índole protocolar, mecânica, como uma tarefa a ser executada entre ascendente e filho, com as limitações de um encontro de horários rígidos e de tenaz fiscalização. Outros países substituem a expressão "direito de visitas" por "direito à convivência", ou "direito à comunicação", quando ao certo nem de direito do visitante se trata, mas de um direito do filho de ser visitado, e de um dever de seu genitor em visitá-lo quando não se apresenta como titular da sua guarda judicial ou fática. Será que em sã consciência poderia ser verdadeiramente ignorada a omissão voluntária de um genitor que não procura o seu filho, numa clara e deplorável mostra

---

[15] MATTIA, Fábio Maria de. *Direito de visita e limites à autoridade paterna*, In: Enciclopédia Saraiva de Direito, v. 77, p. 431, cf LEITE, Eduardo de Oliveira. "O direito (não sagrado) de visita", In: *Direito de Família, aspectos constitucionais, civis e processuais*, v.3, Coord. Teresa Arruda Alvim Wambier e Alexandre Alves Lazzarini, São Paulo: RT, 1996, p. 73.

de abandono, ou pior ainda, será que todo o esforço de um genitor guardião ao criar toda a sorte de obstáculos para que um pai não se aviste com o filho, não estaria permitindo, com esse agir, que o Judiciário se movimentasse para reverter a guarda da prole?

São inenarráveis os sofrimentos causados pela privação do convívio do menor, quando um pai se afasta deliberadamente do seu rebento, geralmente movido pelo insano desejo de causar sofrimento à sua ex-mulher, mãe da criança, que nada fez para passar por esta reflexa e tão desumana punição. Noutra ponta aparecem nos registros forenses as demandas geradas pelos obstáculos e embaraços opostos pela mulher ao direito de visita do pai ao filho. "São batalhas muitas vezes dramáticas e desgastantes deflagradas pela obstinação de certas mães – guardiãs, inconformadas com o direito do pai de conviver com o filho comum, nos estreitos horários que lhe são reservados pelo calendário de visita judicialmente fixado".[16]

Sentimentos de retaliação são os propulsores desse censurável comportamento que impede a convivência paterno-filial e distancia as necessárias relações de afeto da criança para com o seu genitor não-custodiante, causando induvidosa fissura na formação, no desenvolvimento e na inserção social da criança ou adolescente, privado da normal comunicação com os seus pais. Parece esquecerem que a separação já causa suficiente impacto emocional para os amantes, mas que são maiores os efeitos desencadeados nos filhos, testemunhando o alijamento de um de seus genitores da habitação familiar, sendo depois levados a conviver com um outro núcleo familiar.

O maltrato psíquico que danifica o filho, mental e emocionalmente, é fonte de preocupação do Estatuto da Criança e do Adolescente quando externa no seu 18º artigo: "ser dever de todos velar pela dignidade da criança e do adolescente, pondo-os a salvo de qualquer tratamento desumano, violento, aterrorizante, vexatório ou constrangedor."

Viceja o respeito à dignidade da pessoa, ponto de partida das relações humanas, tanto que elevado a valor supremo pela Constituição Federal e inserido na leitura dos novos primados de convivência, com realce para os primordiais interesses dos menores, amostra única possível, para retratar a paternidade verdadeiramente responsável, como quer o artigo 3º do Estatuto da Criança e do Adolescente, ao regrar que a criança e o adolescente gozam de todos os direitos fundamentais.

Havendo, portanto, qualquer comportamento do genitor guardião no inclinado a quebrar a saudável convivência e a necessária comunicação do

---

[16] OLIVEIRA, Basílio de. *Guarda, visitação e busca e apreensão de filho, doutrina, jurisprudência, prática, comentários ao Estatuto da Criança e do Adolescente*, Rio de Janeiro: Destaque, 1997, p. 150.

filho com o ascendente não-convivente, causando um distanciamento, e apartando a essencial integração entre filho e genitor, deve ser autorizada a modificação da guarda ou a sua suspensão judicial, de acordo com a gravidade das circunstâncias, especialmente quando se sabe que um adulto conflituado terá muitas dificuldades para formar uma família sadia.[17]

5.9. A guarda alternada

A guarda alternada tem sua verdadeira gênese no direito de visitas, quando ajustam os pais, ou sentença judicial determina que os filhos fiquem na posse física de um dos genitores, garantindo ao outro um período próprio de visitação, normalmente em finais de semana intercalados, acrescidos de um ou mais dias de visitas durante a semana, alternando sua estadia na casa dos pais, de acordo com o calendário de visitas ajustado por acordo, ou ordenado por sentença. Nessa regulamentação também ingressam datas festivas, como o dia de Natal, o período da Páscoa, o Dia dos Pais, das Mães e o Ano Novo, afora os períodos das férias escolares da prole de inverno e de verão.

Por sua notória inconveniência não tem sido prática judicial brasileira a exata divisão pela metade do tempo de permanência dos pais com os seus filhos, num arranjo muito mais voltado para os interesses dos pais do que no benefício dos filhos. A divisão exata do tempo cria a ausência de identidade dos filhos no respeitante à sua habitação, e também no que respeita à freqüente mudança do domicílio, fragilizando ou perdendo amizades, programações, estabilidade e referências. Basta imaginar, por exemplo, esse arranjo residindo os pais em cidades diversas, ou em bairros afastados entre si, e todos os inconvenientes de locomoção para a escola, afora os embaraços da divisão deste período, a ser justamente conciliado com os estudos em casa e na escola, e a própria programação dos filhos, seu descanso, e seus interesses pessoais e circunvizinhos.

É claro que essa guarda pode ser alternada em períodos em que, durante o ano letivo, os filhos fiquem com um dos genitores, e com o outro no período de férias, o que por si só já causaria problemas visíveis, pois um dos pais terá o encargo mais penoso de acompanhar os estudos e a rotina dos filhos, além de encaminhá-los diariamente para a escola, enquanto o outro terá assegurado todo o tempo reservado ao descanso, ao lazer e à diversão, afora outros contratempos de ordem material, relacionados com a responsabilidade do poder familiar.

---

[17] BASSET, Lídia N. Makianich de. *Derecho de visitas*, Buenos Aires: Hammurabi Editor, 1993, p. 66.

Waldyr Grisard[18] diz existirem vários arranjos de guarda alternada para garantir igualdade de tempo de convivência dos pais para com os filhos, sendo uma variante delas a prole permanecer na mesma casa, e seus pais alternarem a sua estadia na residência que passaria a ser a moradia oficial dos filhos, intercalando a presença e aparição de seus pais. Também não é difícil identificar toda a sorte de contratempos gerados por essa variante da guarda alternada, afora o elevado custo que implicaria manter residência permanente dos filhos, os seus pais ainda teriam de custear duas outras moradias, para onde se deslocariam quando não estivessem com os filhos comuns, gerando incertezas e inseguranças no tocante à adequada administração dos bens e valores dos filhos.

Também no plano prático seria extremamente dificultoso aos pais adotarem duas residências por ano, em tempos agendados talvez por semanas, meses, estações, semestres ou em períodos de férias, ficando também os filhos inseguros em sua programação, e no deambular de sua criação, eis que mais se parecem confinados num espaço físico, com os períodos de troca de seus guardiões, mudança de hábitos, restrição ou ampliação de liberdades, e quem sabe, uma eterna disputa dos pais pela aprovação dos filhos, eternamente provocados a reconhecerem qual seria o melhor genitor.

Arnaldo Rizzardo é contrário ao revezamento da guarda, acrescentando que a necessidade básica de qualquer cidadão é ter um lar ou moradia fixa, pois do contrário, a instabilidade e insegurança tendem a aumentar, além de possíveis conflitos na orientação e formação que normalmente difere entre os pais.[19]

Bem agiu o julgador brasileiro ao preferir a adoção do direito de visitas, que deve ser exercido com suficiente amplitude, não para permitir a divisão igualitária do tempo e do espaço, mas para permitir salutar qualidade do contato dos pais com os filhos, pois o valor da convivência não reside na quantidade das visitas, mas na proximidade afetiva, atendendo de perto, e com intensidade, os reais interesses dos filhos. Tem peso e efeito a espontânea distribuição de afeto, atenção e orientação, harmonizando liberdades e interesses para bem balizar a dignidade do menor, porque na atilada observação de Caetano Lagrasta Neto:[20]

"a guarda alternada irá facilitar o conflito, pois ao mesmo tempo que o menor será jogado de um lado para o outro, náufrago numa tempestade, a inadaptação será característica também dos genitores, facili-

---

[18] GRISARD, Waldyr, ob. cit., p. 107.

[19] RIZZARDO, Arnaldo. *Direito de Família*, 2ª ed., Rio de Janeiro: Forense, 2004, p. 266.

[20] LAGRASTA NETO, Caetano. *Direito de Família – A família brasileira no final do Século XX*, São Paulo: Malheiros, 2000, p. 128.

tando-lhes a fuga à responsabilidade, buscando o próprio interesse, invertendo semanas ou temporadas, sob as alegações mais pueris ou mentirosas (...) Não existe autoridade alternada; existe autoridade definida."

5.10. A guarda compartilhada

Na guarda compartilhada ou conjunta, os pais conservam mutuamente o direito de guarda e responsabilidade dos filhos, alternando em períodos determinados sua posse.[21] A noção de guarda conjunta está ligada à idéia de uma co-gestão da autoridade parental, como mostra Grisard:

"a guarda conjunta, é um dos meios de exercício da autoridade parental (...) é um chamamento dos pais que vivem separados para exercerem conjuntamente a autoridade parental, como faziam na constância da união conjugal".[22]

Conjunta, portanto, é a prática do poder familiar, considerando que só mesmo unidos pelo casamento ou pela estável convivência, em relação familiar de inteira e harmonia, seria factível a adoção da guarda compartilhada, pois neste caso estariam os pais compartilhando a custódia dos filhos, conciliando com a sua estável relação, sem alternar o tempo de estadia com a prole, como parece para muitos, se confundir a custódia compartilhada.

Não é por outra razão que Leila Maria Torraca de Brito conclama urgente realização de amplos debates nacionais, visando à devida explicação do significado fático e jurídico da guarda conjunta, pois como consigna, para boa parcela dos operadores do direito a guarda compartilhada "significa a divisão dos dias da semana nos quais cada pai permanece com os filhos".[23]

É a partilha da guarda jurídica, da autoridade de pai, que não se esvai pela perda da companhia do filho em troca pelas visitas decorrentes da separação dos pais.

Eduardo de Oliveira Leite fornece os pontos didáticos que dão a necessária clareza à real noção do instituto da guarda conjunta, dizendo que:

---

[21] CARCERERI, Pedro Augusto Lemos. *Aspectos destacados da guarda de filhos no Brasil*, encontrado em Jus Navigandi, www.jusnavigandi.com.br/doutrina/texto.asp.

[22] GRISARD, Waldyr, ob. cit., p. 111.

[23] BRITO, Leila Maria Torraca de. Impasses na condição da guarda e da visitação – o palco da discórdia In Família e cidadania, *o novo CCB e a vacatio legis*, Anais do III Congresso Brasileiro de Direito de Família, IBDFAM, Del Rey, 2002, p. 446.

"em Direito Civil, a expressão não tem sentido, ou é imprópria, como já alertara Fulchiron, porque o conceito civilista da guarda é indissociável da presença da criança. Enquanto a família permanece unida, a guarda conjunta é perfeitamente admissível, questionar-se-ia sobre a realidade de tal expressão quando a família já se encontra separada. A separação dos pais e o inevitável afastamento de um dos genitores da presença do filho impediria a guarda conjunta".[24]

E arremata – de que guarda conjunta não é guarda, é atribuição de prerrogativas.[25]

Nisso é secundado por Karen Nioac de Salles,[26] quando afirma ser o objetivo da guarda conjunta o exercício em comum da autoridade parental em sua totalidade, estendendo aos pais as mesmas prerrogativas na tomada de decisões acerca dos destinos de seus filhos agora criados sob a ótica da separação dos pais. Importante, portanto, para o desate da guarda compartilhada será a cooperação dos pais, não existindo espaço para aquelas situações de completa dissensão dos genitores, sendo imperiosa a existência de uma relação pacificada dos pais, e um desejo mútuo de contribuírem para a sadia educação, e formação de seus filhos, especialmente por se apresentarem psicologicamente traumatizados pela separação de seus pais.

Fique, portanto, plenamente clarificado que na guarda compartilhada não interessa quem estará detendo a custódia física do filho, como acontece na guarda unilateral, ou no seu arremedo de guarda alternada, pois na guarda conjunta não conta o tempo de custódia, tratando os pais de repartirem suas tarefas parentais, assumindo a efetiva responsabilidade pela criação, educação e lazer dos filhos – e não só a um deles, como usualmente sucede.[27]

5.11. A guarda compartilhada pressupõe consenso

A guarda conjunta não é modalidade aberta ao processo litigioso de disputa da companhia física dos filhos, pois pressupõe para o seu implemento, total e harmônico consenso dos pais. A guarda compartilhada exige dos genitores um juízo de ponderação, imbuídos da tarefa de priorizarem apenas os interesses de seus filhos comuns, e não o interesse egoísta dos

---

[24] LEITE, Eduardo de Oliveira, ob. cit., p. 264.
[25] Ibidem.
[26] SALLES, Karen Ribeiro Pacheco Nioac de. *Guarda compartilhada*, Rio de Janeiro: Lumen Juris, 2001, p. 97.
[27] OLIVEIRA, José Sebastião de. *Fundamentos constitucionais do Direito de Família*, São Paulo: RT, 2002, p. 308.

pais. Deve ser tido como indissociável pré-requisito uma harmônica convivência dos genitores; como a de um casal que, embora tenha consolidado a perda de sua sintonia afetiva pelo desencanto da separação, não se desconectou da sua tarefa de inteira realização parental empenhados em priorizarem a fundamental felicidade da prole.

Para essa modalidade de guarda repartida – compartilhada, sua adoção exige "que ambos os pais manifestem interesse em sua implementação, pois não haveria como compelir um genitor a cooperar em uma guarda conjunta quando ele não a deseja, sob o risco de não atingir o seu resultado inicial".[28]

Não é da índole da guarda compartilhada a disputa litigiosa, típica dos processos impregnados de ódio e de ressentimentos pessoais, que pensam ser compensados pela decisão judicial, de definir a guarda a um dos contendores, mostrando a sentença ao outro, pensam os contendores, que o julgador reconheceu no vencedor da demanda a existência de maiores e melhores atributos como genitor, ao lhe outorgar a "propriedade" sobre o filho.

Como a guarda compartilhada pressupõe o consenso, que não podem exercê-la casais separados, que não mantenham qualquer diálogo e relação de espontâneo entendimento, com espíritos pacificados pela total resolução das diferenças, e das represadas, que precisam ser desfeitas a tempo de permitir a serena adoção da guarda conjunta, só praticável por mútuo consenso.

Como observa José Sebastião de Oliveira, na guarda compartilhada:

"tudo é feito em conjunto (...) Diante do magistrado que dirige os trabalhos e procura manter o diálogo entre os ex-cônjuges são fixadas todas as diretrizes que ambos cumprirão, em conjunto, para que não sofram seus filhos as conseqüências da separação ou do divórcio".[29]

Nem haveria condições de forçar a guarda compartilhada em sentença judicial, embora inexista na lei brasileira qualquer vedação à sua adoção, sua escolha só encontra admissão na ação consensual de guarda ou de separação, como faz ver Pedro Augusto Lemos Carcereri:

"(...) a sentença judicial não pode impor à parte o exercício de um direito subjetivo. Seria, na verdade, atribuir um dever, que, no caso da guarda conjunta, por não possuir respaldo legal, ofenderia o princípio constitucional de que *ninguém será obrigado a fazer ou deixar de fazer alguma coisa senão em virtude de lei* (CF, art. 5º, II)".[30]

---

[28] SALLES, Karen Ribeiro Pacheco Nioac de, ob. cit., p. 101.
[29] OLIVEIRA, José Sebastião de, ob. cit., p. 310.
[30] CARCERERI, Pedro Augusto Lemos, site citado.

Não há lugar para a guarda conjunta entre casais amargos, conflituosos e que encontram no filho o troféu de todas as suas dissensões pessoais, sendo inevitável a denegação da guarda conjunta no litígio.[31]

Guarda conjunta não é guarda repartida, como se a divisão do tempo fosse a solução de todos os problemas e de todas as aflições de casais em dissenso conjugal. Existindo sensíveis e inconciliáveis desavenças entre os separandos, não há como encontrar lugar para uma pretensão judicial à guarda compartilhada, apenas pela boa vontade e pela autoridade do julgador, quando ausente a boa e consciente vontade dos pais. É seguro aduzir que nesse quadro dos acontecimentos, a cena reverteria para o acirramento dos ânimos, e para a perpetuação dos conflitos, repercutindo este ambiente hostil de modo negativo, para causar severos danos à saúde psicológica dos filhos, e comprometer sua estrutura emocional. Relações de chantagens, e excesso de liberdade são prejudiciais ao desenvolvimento dos filhos, são artifícios de pais em atrito, para cativarem o agrado da prole, desconectados do altíssimo risco dessas licenciosidades criarem uma incontornável crise de autoridade, e de adaptação dos filhos, que devem ser conduzidos para sua estável inserção na vida social.

A guarda compartilhada tem por objetivo dar continuidade ao exercício recíproco da autoridade parental, e não para servir como fomento aos nefastos mecanismos já presentes de patológica hostilidade, onde imperam as graves desavenças do casal, causa da ruptura e de seu insepulto desafeto.

Desse modo, apenas factível a guarda conjunta por acordo em processo amistoso de separação judicial, ou de guarda, pois apenas por consenso e consciência dos pais será possível aplicar a custódia compartilhada, que se mostra de todo inviável no litígio, com os pais em conflito, já que atentaria contra a saúde psíquica, e emocional da prole, que perde seus valores, seu norte e suas referências, mantendo problemas

---

[31] "Guarda conjunta de filho menor. Impossibilidade por não preservar os interesses da criança. A chamada *custódia conjunta*, mostra-se prejudicial à formação psicológica da criança, por importar em situação não definida e ausência de um lar estável. Recurso conhecido e provido em parte." (AC nº 3852396, Relatora Desa. Haydevalda Sampaio – j. em 06.05.1996 – in DJU 07.08.1996, p. 13.094). "ALTERAÇÃO DE GUARDA, DE VISITAÇÃO E DE ALIMENTOS. GUARDA COMPARTILHADA. LITÍGIO ENTRE OS PAIS. DESCABIMENTO. 1. Não é a conveniência dos pais que deve orientar a definição da guarda,mas o interesse do filho. 2. A chamada guarda compartilhada não consiste em transformar o filho em objeto, que fica a disposição de cada genitor por um semestre, mas uma forma harmônica ajustada pelos genitores, que permita ao filho desfrutar tanto da companhia paterna como da materna, num regime de visitação bastante amplo e flexível, mas sem que o filho perca seus referenciais de moradia. Para que a guarda compartilhada seja possível e proveitosa para o filho, é imprescindível que exista entre os pais uma relação marcada pela harmonia e pelo respeito, onde não existam disputas nem conflitos. 3. Quando o litígio é uma constante, a guarda compartilhada é descabida. Recurso desprovido." AC nº 70005760673 da 7ª CC do TJRS, Rel. Des. Sérgio Fernando de Vasconcellos Chaves, j. em 12.03.2003.

reais de adaptação, e perdidos num mundo de disputa insana, de crise da dupla autoridade dos pais, que só terão olhos para construírem uma relação de amor unilateral compensando com a atenção exagerada dos filhos a dor sofrida pela ausência daquele amante, co-genitor, que já não mais habita em seu lamurioso coração.

6. A presunção relativa na recusa à perícia em DNA

6.1. A filiação

Advém da Carta Política de 1988 a exclusão de qualquer carga de discriminação no campo da filiação, como procedia largamente o Código Civil de 1916, elitizando os filhos a partir do matrimônio dos pais. Nesse sentido existiam os filhos legítimos, legitimados, ilegítimos, esses últimos subclassificados como naturais e espúrios (adulterinos e incestuosos).[1] Os filhos preferidos faziam contraponto aos filhos preteridos, e toda a legislação precedente à Constituição Federal exercia clara inclinação discriminatória, chegando ao extremo de proibir a pesquisa processual do vínculo biológico de filhos extramatrimoniais.

Mas novos ventos desenharam os atuais contornos da filiação, agora aposta pelo prisma do sexto parágrafo do artigo 227 da Constituição Federal de 1988, proibindo a adoção de qualquer designação discriminatória, sendo regra geral a igualdade dos vínculos, embora e assim observa Guilherme Gama,[2] ainda prevaleça a subdivisão entre filhos do matrimônio e dos não-matrimonializados, apenas para fins de reconhecimento formal da paternidade, considerando que deita sobre o casamento uma natural a automática presunção de vínculo paternal.

Desse modo, complementa Guilherme Gama: "deve ser considerada a classificação que leva em conta o critério da existência (ou não) do casamento entre os seus pais, para fins de designá-los de: a) filhos matrimoniais; b) filhos extramatrimoniais".[3]

Não foge à lembrança jurídica que a filiação biológica preenche apenas uma das espécies do estado de filiação, existindo outros fatos que lhe são igualmente determinantes, como a adoção, a inseminação artificial

---

[1] GAMA, Guilherme Calmon Nogueira da. *A nova filiação*, Rio de Janeiro: Renovar, 2003, p. 466.
[2] Idem, p. 471.
[3] Idem, p. 470.

heteróloga consentida, e a posse de estado de filho, resultante de uma parentalidade por vinculação socioafetiva

6.2. A investigatória de paternidade

Já denunciava Caio Mário da Silva Pereira,[4] mais de uma década atrás, que o reconhecimento compulsório da paternidade era universalmente admitido, tendo desaparecidos os sistemas jurídicos que proibiam ou restringiam a sua investigação processual.

Por sinal, esta certa benevolência em favor dos filhos já se podia fazer sentir quase quarenta anos atrás, quando em sua clássica obra, Arnoldo Medeiros da Fonseca[5] prenunciava uma inclinação em defesa dos filhos, que dizia, não tinham nenhuma culpa pelo envolvimento espúrio de seus pais, entendendo devesse lhes ser assegurada a investigação da sua paternidade, desde que condicionado a uma prova robusta. É que nas relações eventuais ou nos estágios de concubinato, mesmo quando coincidentes com a concepção, não prevalecia uma natural presunção de paternidade, embora fosse consenso geral naqueles tempos ser sempre certa a maternidade.

Portanto, diante da presunção da paternidade no curso do casamento, os filhos gerados durante o matrimônio têm sua paternidade presumida por absoluta ficção legal, ficando dispensada a demanda investigatória. Com o advento do Código Civil de 2002, foram enquadrados outros casos de presunção legal de paternidade, como é de ser verificado no artigo 1.597, incisos II, IV e V.[6]

Acolhida a declaração judicial de vínculo biológico de paternidade, e uma vez transitada em julgado a final decisão, será averbado no Registro Civil o patronímico paterno do investigante. Portanto, identificada a sua ascendência parental paterna, forma-se um elo de parentesco que remonta ao nascimento com vida do investigante, a gerar todos os efeitos de ordem jurídica, social, familiar, material e sucessória. Este caráter funcional advém da origem genética, lembra Maria Christina de Almeida, e concebe

---

[4] PEREIRA,Caio Mário da Silva. *Reconhecimento de paternidade e seus efeitos*, 3ª ed., Rio de Janeiro: Forense, 1991, p. 93.

[5] FONSECA, Arnoldo Medeiros da. *Investigação de paternidade*, 3ª ed., Rio de Janeiro: Forense, 1958, p. 168.

[6] Art. 1.597. Presumem-se concebidos na constância do casamento os filhos: (...) III – havidos por fecundação artificial homóloga, mesmo que falecido o marido; IV – havidos, a qualquer tempo, quando se tratar de embriões excedentários, decorrentes de concepção artificial homóloga; V – havidos por inseminação artificial heteróloga, desde que tenha prévia autorização do marido.

um: "direito subjetivo ordinário de alcançar o bem-estar econômico, o direito a alimentos, o direito de herança e o direito ao nome ...".[7]

6.3. Começo de prova

Para Zeno Veloso,[8] todos os meios de prova são admissíveis nas ações de filiação, inclusive as provas biológicas, podendo ser acrescentado existir um certo fascínio do julgador pela adoção da prova técnica em DNA, em detrimento dos outros meios probatórios bastante usuais. Para Fernando Simas Filho:[9] "a ação de investigação de paternidade é um verdadeiro boqueirão para onde convergem todos os tipos de prova em Direito admitidos." E mais do que isso, na investigatória todos os meios de prova devem ser utilizados, porquanto é a especial pesquisa de um fato jurídico, consistente na precedente e usual relação sexual resultante na concepção do investigante, o elo fático que vai permitir extrair a nítida indicação de que as informações relatadas pelo autor da investigatória guardam suficiente correspondência com a prova previamente judicializada. Alcançada verossimilhança mínima de fato e prova, fica permitido avançar noutro segmento probatório processual, evitando louvar, deste modo, apenas a pesquisa científica da paternidade, que renega os demais meios de prova. Referi noutro texto que: "fugar-se das provas ditas tradicionais, por um apego insustentável ao exame técnico, dispensando-se de coletar indícios de maior segurança de processualidade da ação, é ato judicial que descarta o princípio constitucional do devido e amplo processo legal, pois decisão limitada a esta faixa de idéias acena com um inadmissível tarifamento das provas".[10]

Vivemos passagens processuais de inconcebível divinização dos testes de DNA, como se a sua verdade fosse incontestável, e incontrastável, tornando obsoletos todos os outros métodos de prova até então utilizados para estabelecer a filiação, quando em realidade o juiz não deve julgar antecipadamente que a prova convencional é impertinente e superada, diante do aparente resultado mágico e sacro da perícia em DNA, especialmente porque não coaduna com o melhor tratamento processual, compelir o investigado a promover a perícia genética com o início do processo, sob

---

[7] ALMEIDA, Maria Christina de. *DNA e estado de filiação à luz da dignidade humana*, Porto Alegre: Livraria do Advogado, 2003, p. 79.

[8] VELOSO, Zeno. *Direito brasileiro da filiação e paternidade*, São Paulo: Malheiros, 1997, p. 106.

[9] SIMAS FILHO, Fernando. *A prova na investigação de paternidade*, 8ª ed., Curitiba: Juruá, 2003, p. 92.

[10] MADALENO. Rolf. *A sacralização da presunção na investigação de paternidade*, In "Novas perspectivas no Direito de Família", Porto Alegre: Livraria do Advogado, 2000, p. 165.

o risco de ver sua negativa servir como presunção absoluta de paternidade, tornando-se pai do silêncio, genitor da presunção pela sua indignada recusa. Não pode ser olvidado, e disso fala Anete Trachtenberg:[11] "(...) que durante o processo de investigação de paternidade há um desgaste emocional muito grande nas partes envolvidas (...)."

Não é somente o processo de investigação de paternidade, mas todo o seu entorno, e seus profundos efeitos jurídicos de carga material e imaterial que imantam a demanda por vezes, com sentimentos de ódio, rancor e de indignação; capazes de por si só, abstraírem das partes envolvidas, alguma reflexão mais demorada; algum verdadeiro juízo de lúcida ponderação. As reações usuais são de vingança, de ressentimento e resistência, associada à mística da desconhecida pesquisa científica em DNA, imposta de enxofre pelo magistrado no primeiro e propositado encontro processual da ação de investigação de paternidade, como sendo a única e a mais sacra das provas, cujo eventual desdém do investigado encerra na sua recusa uma paternidade por presunção.

Disse no texto antes destacado, existirem freqüentes demandas investigativas que somente guardam o interesse bombástico de delatar frustradas relações extraconjugais, sendo justo motivo para que o decisor coíba e administre os possíveis excessos, tratando primeiro de coletar uma verossimilhança mínima entre o relato do autor e a defesa do opositor, principalmente quando se precisa levar em conta que no Brasil não há qualquer fiscalização oficial dos laboratórios clínicos que realizam o exame de DNA.

Alberto Chamelete Neto[12] observa que a função do juiz não é homologar laudos (...) "a prova pelo DNA ainda não chegou a ponto de solucionar de forma definitiva as questões de paternidade levadas a juízo. Seu valor é inegável, é verdade. Mas atribuir-lhe o rótulo de prova absoluta é incorreto."

6.4. A prova pericial

A função da prova judicial está em convencer o juiz da autenticidade dos fatos e argumentos colacionados pela parte.

Como explica Francesco Carnelutti: "Prova se usa como comprovação, da verdade de uma proposição; só se fala de prova a propósito de

---

[11] TRACHTENBERG, Anete. *O poder e as limitações dos testes sangüíneos na determinação de paternidade – II, In*: "Grandes temas da atualidade DNA como meio de prova da filiação, aspectos constitucionais, civis e penais", Coord. LEITE, Eduardo de Oliveira, Rio de Janeiro: Forense, 2000, p. 21.

[12] CHAMELETE NETO, Alberto. *Investigação de paternidade & DNA*, Curitiba: Juruá, 2002, p. 132.

alguma coisa que tenha sido afirmada e cuja exatidão se trata de comprovar; não pertence à prova o procedimento mediante o qual se descobre uma verdade não afirmada senão, pelo contrário, aquilo mediante o qual se demonstra ou se acha uma verdade afirmada".[13]

E os meios de prova são aqueles tidos como moralmente legítimos e que vão especificados pelo Código de Processo Civil, sendo aceitos como prova literal, escrita, os documentos públicos ou particulares; já a prova oral é consistente nos depoimentos das partes e de testemunhas; enquanto a prova pericial vai subdividida em exames, vistorias e arbitramentos, e por fim e para o fim, a prova circunstancial dos indícios e das presunções, direta ou indireta.[14]

Em seara de investigação de paternidade devem ser coletados todos os recursos probatórios, como especificamente dita o art. 253 do Código Civil argentino, ao estabelecer que: "En las acciones de filiación se admitirán toda clase de pruebas, incluso las biológicas, las que podrán ser decretadas de oficio o a petición de parte".

Logo, não pode haver preferência ou eleição por um único meio probatório, muito mais quando sobre a sua recusa recai peso muito maior, a implicar na certeza parental pelo gesto singelo da mera negativa em submeter-se, quem sabe, de plano, ao exame do DNA.

São sérios os riscos da sacralização da presunção pela mera recusa na submissão ao exame em DNA, especialmente quando essa negativa está escorada numa justificada oposição do investigado, quando nada lhe foi revelado acerca da infalibilidade do perito e do laboratório a que está vinculado, em detectar o nexo biológico aos índices de uma probabilidade de paternidade igual a 99,9999%.

Também preocupado com o súbito endeusamento da perícia genética, consignou Zeno Veloso,[15] em outro magistral trabalho de sua lavra, que o absolutismo ao teste genético vem sofrendo uma oposição, pois que não pode ser visto como o único e poderoso meio de prova, mas apenas como mais um elemento de prova. Muito especialmente quando iniciais investigatórias apenas relatam superficial relação de duvidosa correspondência fática, denotando em seu ventre uma demanda prenhe de ódio, rancor ou pura maldade, quando não consignam mera malícia por um lucro exclusivamente material, sem que a inicial apresente informes mais sérios, e de razoável consistência, capazes de sustentar uma precipitada ordem de realização judicial da perícia genética. Preocupação que já alcançou os

---

[13] CARNELUTTI, Francesco. *La prueba civil*, Buenos Aires: Depalma, 1982, p. 38.

[14] FERREIRA, Pinto. *Código de Processo Civil comentado*, 2. vol, São Paulo: Saraiva, 1996, p. 304.

[15] VELOSO, Zeno. *A dessacralização do DNA*, In "Família na Travessia do Milênio", Anais do II Congresso Brasileiro de Direito de Família, IBDFAM, Belo Horizonte: Del Rey, 2000, p. 199.

tribunais superiores, como faz ver Veloso[16] ao transcrever aresto relatado pelo Ministro *César Asfor Rocha*, oriundo do REsp. 100086/MS, e assim assentado: "Antes de determinar prova pericial do DNA, deve o dr. Juiz produzir outras que objetivem a formação de seu convencimento sobre a pretensão deduzida."

Conseqüência natural desta cega confiança aos resultados colhidos em perícias genéticas já vem sendo sentida em diferentes erros periciais provocados por um sem-número de laboratórios que se habilitam indiscriminadamente na realização de laudos judiciais de paternidade pelo teste de DNA. Conforme relato da bióloga Anete Trachtenberg,[17] "laboratórios não seguem o padrão internacional, que prevê 99,9999% de exclusão – 1 erro em 1 milhão, o melhor índice de confiabilidade que a Ciência pode oferecer. Doutora em Ciências e Consultora em Determinação de Paternidade, a bióloga sustenta também que os laboratórios brasileiros – 'que não sofrem qualquer tipo de fiscalização' – vêm importando há alguns anos quites com número inferior de sondas (fragmentos produzidos para identificar regiões do DNA a serem localizadas) que seriam necessárias para um teste bem-feito. 'Por uma questão meramente econômica, deixam-se de lado a qualidade técnica do exame e a metodologia científica exigida', critica."

Fernando Simas Filho[18] já de longo tempo aponta para este verdadeiro movimento sigiloso de equipes técnicas não identificadas, que nada esclarecem sobre a metodologia utilizada, nada sendo revelado acerca dos profissionais que se habilitam a certificar, durante as diversas etapas do complexo exame pericial, o vínculo genético dos contraditores de uma investigatória de paternidade. Circulam constantes notícias de enganos que ocorrem por erros técnicos e outros prosaicos, como a troca de amostras e até tradução malfeita.[19] Rejeições constantes de laudos prenhes de erros, trabalhando com tábuas populacionais importadas de outros hemisférios, sem qualquer correlação com a população brasileira, têm tido o efeito perverso de jogar um estranho no seio de uma família, ou de privar alguém de identificar o seu verdadeiro pai, conclui a reportagem da Revista Veja, assinada por Bia Barbosa.[20]

É sabido que para poder realizar os cálculos corretos e precisos da probabilidade de paternidade, o perito deve definir que freqüência popu-

---

[16] Idem, p. 199.

[17] TRACHTENBERG, Anete. *DNA colocado em dúvida*, Jornal ABC Domingo, de 30 de julho de 2000, p. 12.

[18] SIMAS FILHO, Fernando. *Investigação de paternidade: peculiaridades, panorama atual, futuro*, In: *Repensando o Direito de Família*, Anais do I Congresso Brasileiro de Direito de Família. Coord. Rodrigo da Cunha Pereira, Belo Horizonte: Del Rey, 1999, p. 466.

[19] VEJA. Revista de 19 de julho de 2000, São Paulo: Editora Abril, p. 108.

[20] Idem.

lacional tomará em conta para o seu estudo particular (a área local), a população local e a população geral.[21]

Nessa direção, concluiu em recente decisão da 3ª Turma do STJ, relatada pela Ministra Nancy Andrighi, pela realização de novo teste: "(...) com vistas a minimizar a possibilidade de erro, não apenas decorrente da técnica em si, mas também (e principalmente) em razão da falibilidade humana, ao se colher e manusear o material utilizado no exame."

6.5. A presunção pela recusa

A recusa em fornecer o material para a perícia genética não leva ao extremo da condução do investigado *"debaixo de vara"*, para a coleta de material indispensável à feitura do exame em DNA, como pretendeu em certa passagem a 8ª Câmara Cível do Tribunal de Justiça do Rio Grande do Sul,[22] mas deveria ser resolvida, disse o Ministro Marco Aurélio: "não no campo da violência física, da ofensa à dignidade humana, mas no plano instrumental, reservado ao Juízo competente – ou seja, da investigação de paternidade – a análise cabível e a definição, sopesadas a prova coligida, e a recusa do réu."

Para os pretórios brasileiros, a recusa imotivada do investigado, em submeter-se ao teste em DNA, conforma apenas mais um elemento de prova que deve ser confrontado com outros elementos processuais, em que o comportamento é valorado: "até mesmo para impor a multa pela litigância de má-fé, quando evidente a procrastinação ou preliminar de recurso em que se sustente exame a que se negou".[23]

A realidade, entretanto, mostra quadro diferenciado, onde a recusa em fornecer material para o exame genético em DNA representa forte indício da paternidade, capaz de conduzir à procedência da demanda pela presunção absoluta de paternidade, alcançando 100% de certeza, tão-só pelo comportamento omissivo do investigado.[24]

---

[21] CHIERI, Primarosa; ZANNONI, Eduardo A. *Prueba del ADN*, 2ª ed. Buenos Aires: Astrea, 2001, p. 73-74.
[22] *Habeas corpus* nº 71373-4 do STF, Ministro Marco Aurélio.
[23] GIORGIS, José Carlos. Disponível em http://www.espacovital.com.br/artigogiorgis5.htm.
[24] Dentre outros: "INVESTIGAÇÃO DE PATERNIDADE – PROVA HEMATOLÓGICA- RECUSA – PRESUNÇÃO DE VERACIDADE – PROVA TESTEMUNHAL – Procedência do pedido. Inconformismo do réu. Desprovimento do recurso. Recusando-se o investigado a se submeter ao teste do DNA, milita, contra ele, a presunção de veracidade dos fatos alegados pela investigante, mormente, na hipótese em exame, em que restou demonstrado o namoro com a mãe desta e a existência de semelhança física notável."Ação de Investigação de Paternidade" (TJRJ – AC 1342/96 – Reg. 060896 – Cód. 96.001.01342 – 9ª C. Cív. – Rel. Des. Nilton Mondego – J. 15.05.1996).

Em franca oposição à presunção de paternidade pela simples recusa ao exame em DNA, aparece Schirlei Gonçalves de Oliveira[25] sustentando que o investigado deveria ser compelido ao exame em DNA e ser penalizado por sua circunstancial desobediência, jamais sujeitado à pena da paternidade por presunção de paternidade.

6.6. A recusa diante do novo Código Civil

Mesmo antes do advento do atual Código Civil brasileiro já era consenso da jurisprudência, e temário praticamente incontroverso da doutrina do direito familista, importar na presunção de paternidade a negativa do investigado em submeter-se às provas biológicas. Vizinho ao Brasil, o direito argentino, através do artigo 4º da Lei 23.511, desde a sua promulgação em 1987, dispõe que a negativa de submeter-se às provas biogenéticas permite levantar a presunção de paternidade, recolhendo da recusa o axioma demonstrado pela realidade, de que: "resulta lógico presumir que quem não quer revelar a verdade é porque tem algo a esconder".[26]

É como decidiu o Supremo Tribunal da Espanha, configurar verdadeira fraude à lei e um exercício anti-social de direito, autorizar o extremo da negativa de submissão à prova genética.

Tampouco ficou silente parcela menor da doutrina brasileira, mas em movimento igualmente estridente, ao compartilhar o entendimento de que a recusa não pode ser considerada uma confissão.

José Acácio Arruda e Kleber Simônio Parreira formam um conjunto harmônico de vozes integrantes dessa última corrente, lembrando que a recusa, por exemplo, não afasta a hipótese de a mulher ter tido relação sexual com outro homem, na mesma época.[27]

Portanto, não há como superar os demais meios de prova em troca apenas da presunção da paternidade pela recusa de submeter-se ao exame genético, por isso que nunca a negativa ao exame poderá ser suficiente para interpretar em favor da paternidade, sendo essencial confrontá-la com o restante da prova tradicional, que também não pode deixar de ser coletada, e que tem mostrado a experiência, como se faz essencial recolher *a priori* os indícios mais seguros de plausível vinculação biológica, mos-

---

[25] OLIVEIRA. Schirlei Gonçalves de. *A presunção de paternidade e o direito de recusar-se ao exame pericial*, Revista Jurídica, vol. 309, Porto Alegre: Editora Notadez, julho 2003, p. 57.

[26] CHIERI, Primarosa; ZANNONI, Eduardo A., ob. cit., p. 192.

[27] ARRUDA. José Acácio; PARREIRA, Kleber Simônio. *A prova judicial de ADN*, Del Rey: Belo Horizonte, 2000, p. 200.

trando ao decisor um juízo mínimo de verossimilhança entre os fatos narrados e a prova adrede colhida.

É como se encaminham as sempre fundamentadas conclusões colacionadas por Maria Christina de Almeida, quando acrescenta que a recusa por si só não significa que se reconheça a procedência da investigatória sem nenhum outro dado de prova, apenas calcada na negativa do investigado.[28] Deve, sim, prevalecer a extrema cautela diante deste impulso processual de ordenar imediata realização da perícia em DNA. Tem sido prática corriqueira no Judiciário ordenar de plano a perícia genética e de levar à conseqüência de ser pai por presunção aquele que se nega sem causa justificada à prova pericial, incorrendo em súbita ficta confissão. Tal resistência não passa de um indício, que logicamente há de ser apreciado pelo julgador no exame conjunto das provas; unindo ao que ademais foi apurado na demanda a despeito da coincidência temporal das relações sexuais com a concepção; assim como a existência de caracteres antropológicos entre o acionado e o investigante, dentre outra interminável e ampla sede probatória, valorizando e apreciando a prova judicial no seu conjunto, para, por esse prisma, sim, ser realmente capaz de permitir ao julgador associar o ato de recusa ao exame, como séria indicação de paternidade, um valioso indício, que foi posto em confronto com os demais meios probatórios amplamente oportunizados às partes.[29]

6.7. As perícias em DNA no Brasil

A legislação brasileira carece de regras regulamentando os exames biológicos de paternidade ou de maternidade, sendo de domínio público que toda a sorte de profissionais e de laboratórios estão habilitados para pesquisarem cientificamente os vínculos genéticos humanos pelo DNA,

---

[28] ALMEIDA, Maria Christina de. *Investigação de paternidade e DNA, aspectos polêmicos*, Porto Alegre: Livraria do Advogado, 2001, p. 136.

[29] Nesse sentido, os Embargos Infringentes nº 45.967/98 da 2ª Câmara Cível do TJDF, julgado em 17 de dezembro de 1998, sendo Relator o Des. João Timóteo: "Investigação de paternidade. Negativa de existência de relações sexuais e recusa do investigado ao exame de DNA. Prova testemunhal e indícios insuficientes. Improcedência do pedido. Por mais que mereçam credibilidade as alegações da parte autora na ação de investigação de paternidade, haja vista que a versão apresentada é coerente e tem grande chance de ser verdadeira, tem ela o ônus de prová-las satisfatoriamente. Restando provado que não houve qualquer relacionamento afetivo entre a genitora da criança e o suposto pai, nem mesmo os três encontros sexuais entre eles, dos quais há apenas fracos indícios, julga-se improcedente o pedido de reconhecimento da paternidade, não podendo a recusa do suposto pai, de submeter-se a exame do DNA, por si, ser interpretada com verdade absoluta de modo a influir decisivamente no processo de modo favorável à autora, pois, se constitui num indício a mais a ser considerado no contexto."

em território de livre atuação, que vai de encontro ao rigor e à transparência que devem atestar o progresso da ciência médica.

Segundo Anete Trachtenberg, funcionam no Brasil pelo menos 15 laboratórios à revelia de qualquer norma técnica internacional. "E os responsáveis têm se omitido da participação em congressos que buscam uma solução" – e adiciona linhas à frente da entrevista jornalística antes declinada: "para a realização do exame de DNA, as pessoas que fazem esse trabalho nem sempre têm a graduação exigida, nem um mínimo de cinco anos de experiência em investigação de paternidade (....) No Brasil, ainda não existe um órgão fiscalizador, como acontece nos Estados Unidos e no Canadá, onde o FBI e a Royal Canadion Mounted Police padronizaram os protocolos e sondas e as análises de tipagem de DNA precisam ter métodos e controles aprovados pela American Society Of Crime Laboratory Society (ASCLD)" e arremata que, na falta de fiscalização, não há como os juízes que julgam processos de paternidade saberem quais seriam os laboratórios adequados ou não para as análises".[30] Defendo o direito de oposição ao exame direto de DNA quando a perícia não reúne elementos suficientes de seriedade e, pois, desta transparência ressentem-se aqueles laboratórios que não operam com pessoal técnico capacitado, apto a superar todos os pressupostos de pesquisa preestabelecidos, utilizando a quantidade mínima de marcadores recomendada e trabalhando com tábuas populacionais próprias da raça mista que compõe a população brasileira, e não de amostragens importadas. Como visto, no território brasileiro não existe nenhum controle sobre os laboratórios que oferecem os estudos de DNA, a ponto de não sabermos nem qual o pessoal especializado que dita a sua conformação, nem quais os profissionais que realmente têm capacitação técnica para firmarem laudos de filiação biológica, que por sua extrema importância científica, social e jurídica, têm o poder de mudar a vida e o destino dos genitores e de todos os parentes e demais pessoas direta e indiretamente envolvidas.[31]

Operando não somente 15, mas certamente, mais de cinqüenta laboratórios no Brasil, nenhuma fiscalização ou regulamento trata de dar ordem metodológica, trajetória consistente, efetiva e incontrastável, avalizando cientificamente os testes genéticos em DNA. Não existe qualquer forma de controle do Executivo ou Judiciário sobre estes laboratórios que atestam mais de quatro mil exames anuais de paternidade.

---

[30] TRACHTENBERG, Anete. *DNA colocado em dúvida,* reportagem do Jornal ABC Domingo, Canoas, RS.
[31] MADALENO, Rolf. *A coisa julgada na investigação de paternidade, In* "Grandes temas da atualidade DNA como meio de prova da filiação, aspectos constitucionais, civis e penais", Coord. LEITE, Eduardo de Oliveira, Rio de Janeiro: Forense, 2000, p. 297.

Já disse noutro trabalho de semelhante conteúdo doutrinário existir consulta respondida pelo Conselho Federal de Medicina, dizendo ser atividade privativa de médico a perícia pelos marcadores genéticos de DNA. No entanto, profissionais de farmácia que são vinculados ao Conselho Federal de Farmácia; biólogos vinculados ao Conselho Federal de Biologia, e por seu turno, engenheiros florestais formularam consulta ao CREA, cada qual ao seu Órgão de Classe, questionando se o exame de DNA deveria ser considerado como um ato exclusivamente médico. Os Conselhos consultados reconheceram individualmente a capacitação técnica para perícias em DNA dos farmacêuticos, pelo CFF; dos biólogos conforme resposta afirmativa do CFB, e aos engenheiros florestais pelo CREA.

Compreensivelmente inquieto com a dimensão dos profissionais tecnicamente habilitados para perícias genéticas em DNA, em 22 de julho de 2003, a douta Procuradoria-Geral de Justiça do Ministério Público do Estado de São Paulo firmou, pelas mãos do Dr. Washington Epaminondas Medeiros BARRA, consulta endereçada ao CONFEA – Conselho Federal de Engenharia, Arquitetura e Agronomia – para saber da efetiva capacitação do engenheiro para a formulação de provas genéticas de filiação, merecendo resposta negativa, no sentido de que o quadro de profissionais integrantes do CONFEA não tem com formação e habilitação específica para realização de exame de DNA, objetivando a constatação da prova genética de filiação. O CONFEA encerra seu ofício[32] recomendando contato da Procuradoria-Geral de Justiça do Ministério Público paulista com o Conselho Federal de Medicina, tendo em conta que o exame com o uso do DNA – Ácido Desoxirribonucléico, encontra-se diretamente vinculado à área da Medicina.

6.8. A presunção legal no novo Código Civil

As presunções podem ser legais ou simples, decorrendo as primeiras de disposição de lei, como os artigos 231 e 232 do Código Civil brasileiro, concluindo que a negativa de submissão a exame médico não aproveita ao autor da recusa e que uma vez ordenada a perícia médica pelo juiz, a negativa poderá suprir a prova pretendida obter com o exame.[33]

Tais dispositivos encontram-se na Parte Geral do novo Código Civil (Lei nº 10.406, de 10 de janeiro de 2002), no Livro III – Dos Fatos

---

[32] CONFEA – Ofício Protocolo n. CF-2409/2003, datado de 28 de julho de 2003, assinado pelo Presidente, o Engenheiro Wilson LANG.

[33] Art. 231. Aquele que se nega a submeter-se a exame médico necessário não poderá aproveitar-se de sua recusa. Art. 232. A recusa à perícia médica ordenada pelo juiz poderá suprir a prova que se pretendia obter com o exame.

Jurídicos – no Título V destinado à Prova, e, portanto, pertinente a todo o sistema da codificação civil. Já ao seu termo, nas propostas de aperfeiçoamento do novo Código Civil, o Projeto de Lei n° 6.960/02, acresce proposta de inclusão de diversos parágrafos ao artigo 1.601 do CC, referindo o 4° parágrafo que: " a recusa injustificada à realização das provas médico-legais acarreta a presunção da existência da relação de filiação."

Ricardo Fiúza sustenta que o acréscimo do quarto parágrafo ao artigo 1.601 do Código Civil, integrado ao Projeto de Lei 6.960/02 por sugestão da Professora Regina Beatriz Tavares da Silva, busca conciliar o direito de personalidade do demandado, com o direito do autor da ação investigatória, presumindo-se a existência da relação de filiação se a recusa for injustificada, quanto à realização de qualquer das provas médico-legais, que não se limitam ao exame de DNA. Isso porque tal dispositivo é aplicável a todos os meios científicos de prova de filiação existentes, genéticos ou não, ainda que esses últimos não apresentem a mesma eficácia percentual do DNA.[34]

No direito argentino, a Lei 23.511, de 1987, instituidora do Banco Nacional de Dados Genéticos, estabelece no seu artigo 4° que a ordem judicial de perícia genética só será determinada quando a pretensão de filiação de uma pessoa se mostrar verossímil, devendo tal perícia ser valorada pelo magistrado, levando em conta as experiências e ensinanças científicas sobre a matéria, e que só nestas circunstâncias a negativa de submeter-se aos exames e análises necessários constituirá indício contrário à posição sustentada pelo autor da investigatória.

Os artigos 231 e 232 do atual Código Civil brasileiro regulam a presunção legal de paternidade diante da recusa ao exame médico, sendo esses dois dispositivos induvidosamente endereçados às perícias em DNA formuladas nos processos de investigação de paternidade ou de maternidade.

Humberto Theodoro Júnior considera absoluto o efeito jurídico resultante da negativa.[35] E assim realmente tem sido na prática forense, embora algumas decisões isoladas resguardem como visto o princípio constitucional do direito à mais ampla prova. Contudo, a regra nas sentenças declaratórias de paternidade tem sido pela procedência tão-somente pela mera recusa, que assim deixa de ser relativa e dependente das outras provas, para tornar-se soberana, chegando ao extremo de a perícia genética atingir o índice inferior de 99,99% de inclusão parental, já que a jurispru-

---

[34] Ver, neste sentido, as excelentes obras de RASKIN, Salmo. *Investigação de paternidade, manual prático do DNA*, Curitiba: Juruá, 1998 e SIMAS FILHO, Fernando, ob. cit.
[35] THEODORO JÚNIOR, Humberto. *Comentários ao novo Código Civil*, Volume III, Tomo II, Coordenação Sálvio de Figueiredo Teixeira, Rio de Janeiro: Forense, 2003, p. 564.

dência vinha interpretando a negativa como indicação absoluta de paternidade, sendo raras as decisões judiciais que reclamavam a análise do conjunto probatório, tanto que de imediato, surgiram vozes protestando contra a sacralização do DNA.

Enquanto no caminho oposto, a recusa que quase nunca encontra espaço para ser justificada, alcança 100% de certeza da paternidade por conta única da presunção legal e absoluta.

Justificando esse absolutismo da paternidade por presunção, Humberto Theodoro Júnior afirma que a resistência injusta ao exame médico funciona como prova indireta (presunção legal) em favor do autor, e que a norma do artigo 231 conjugada com o art. 232 deverá ser aplicada em prejuízo da parte que impediu o exame médico nas ações de paternidade.[36]

6.9. Conclusão

Entrementes, sobressai da análise dos novos artigos 231 e 232 do Código Civil brasileiro em sintonia com o Projeto de Lei nº 6.960/02, que acrescenta o § 4º ao artigo 1.601 do Código Civil, é que, doravante, sem qualquer resquício de dúvida, está inteiramente justificada qualquer recusa de submissão à perícia genética em DNA para a comprovação da relação de filiação, quando o perito não for um profissional da medicina.

Peritos e auxiliares técnicos deverão ter formação médica, descartando o novo texto legal a perícia realizada por qualquer profissional dissociado da medicina, fechando a vigente disposição legal a possibilidade de serem realizadas perícias de vinculação genética pelo DNA através de peritos com formação apenas no campo da biologia, ou da engenheira florestal e pelos farmacêuticos, dentre outras profissões distintas da medicina.

Assim deve ser rigorosamente interpretado, porque os artigos 231 e 232 do Código Civil são suficientemente claros ao estabelecer por expresso que não valerá a presunção pela recusa de submissão à prova técnica, quando o perito nomeado não for profissional da medicina, por que só haverá possibilidade de aproveitar a presunção pela recusa de submissão a exame médico ordenado pelo juiz.

E serão plenamente justificadas as negativas procedidas em investigatórias de paternidade em que os laboratórios e peritos não pertencerem ao ramo da medicina, pois a pesquisa pericial deve ser necessariamente

---

[36] THEODORO JÚNIOR, Humberto, ob. cit., p. 570.

um exame médico, não mais havendo margem para outra sorte de peritos, como vinha sucedendo em relação aos biólogos, farmacêuticos e engenheiros florestais. Pela mecânica da nova codificação civil, ficam descartados peritos sem formação em medicina, e plenamente justificada a recusa de submissão a exame. A paternidade já não mais poderá ser declarada apenas pela presunção através da simples recusa, porque ela não será injustificada quando o laudo for encabeçado por perito estranho à área médica, pois na nova concepção da lei, só incidirá a presunção quando houver recusa a exame médico, sendo ao contrário absolutamente legitimada a recusa à perícia ordenada para outra classe profissional.[37]

Aliás, melhor irão proceder os tribunais brasileiros se, doravante, decidirem pela realização de perícia técnica de verificação biológica da paternidade, somente quando presente alguma prova mínima de verossimilhança entre o relato da petição inicial e os fatos aprioristicamente demonstrados. Melhor ainda se movimentarão os pretórios brasileiros, o governo e as autoridades legislativas, em esforço conjunto com o Conselho Federal de Medicina, cuidando de promover todos os atos que tratem de regulamentar a perícia genética do DNA, que por ora atua numa faixa de total descontrole, numa espécie de "terra de ninguém".

É preciso conciliar com o novo Código Civil brasileiro que dispõe ser ato médico o laudo pericial de DNA, buscando especificar se no próprio campo da medicina a perícia genética já não se trata de uma especialidade, que não se estende a todos os médicos, mas apenas aos médicos geneticistas, como faz ver a nova legislação civil que agora afasta do espectro da presunção qualquer perícia que não tenha sido conduzida por profissional da medicina, com a vanguarda de excluir do campo da presunção legal laudos totalmente destituídos de habilitação médica que passam a ser os únicos imantados de legitimidade para a realização de intrincadas perícias na apuração da filiação biológica.

---

[37] Neste sentido já decidiu a 8ª Câmara Cível do TJRS, pelo voto da relatoria do Des. Rui Portanova, no AI nº 70007122484, julgado em 18 de dezembro de 2003: "AGRAVO DE INSTRUMENTO. INCONFORMIDADE DIRIGIDA CONTRA A DECISÃO QUE DETERMINOU A PRODUÇÃO DE PROVA PERICIAL. INTEMPESTIVIDADE. DESIGNAÇÃO DO LABORATÓRIO RESPONSÁVEL. ALTERAÇÃO. As partes foram intimadas da decisão que determinou a produção de exame de DNA em 14 de novembro de 2002. O prazo recursal expirou em 25 de novembro de 2002, uma segunda-feira. Mas o presente recurso foi interposto apenas em 09 de setembro de 2003, ou seja, quase 10 meses depois. Com relação ao laboratório que fará a perícia genética, não há como manter aquele que foi designado pelo juízo. Os peritos do referido laboratório não tratam da saúde humana. São engenheiros agrônomo e florestal, e não médicos. São geneticistas, mas lidam com plantas e não com pessoas. CONHECERAM EM PARTE DO RECURSO, NA PARTE CONHECIDA, DERAM PROVIMENTO."

7. O novo direito sucessório brasileiro

7.1. Sua desconexão com a Constituição Federal de 1988

Muito argumenta-se que a atual fisionomia do Código Civil teria surgido de uma configuração que não se descuidara das importantes alterações decorrentes do sistema jurídico da Constituição Federal de 1988 e que o Código Civil passaria a deter um aspecto menos patriarcalista e individualista, para se apresentar mais jurídico e com um cunho mais social.[1]

Estes mesmos autores aplaudem o empenho mostrado pelo legislador para atualizar o projeto do Código, já aprovado como novo Código Civil, e que teria encampado os princípios básicos de igualdade das pessoas e da diversidade do conjunto familiar, ampliando os modos de sua formação. Pensam haver incorporado ao texto do Código as modificações havidas por força dos novos diplomas legais e, em especial, as inovações decorrentes da Constituição Federal de 1988, as da Lei do Divórcio, da União Estável e dos meios de reconhecimento dos filhos.[2]

Contudo, basta percorrer o livro respeitante ao direito sucessório para constatar que o legislador andou, de certo modo, na contramão da evolução histórica do direito familista e, por conseqüência, dos seus reflexos no plano da sucessão por causa da morte.

É fato que o novo Código Civil acolheu a construção jurisprudencial que há muito deixou de descartar a deserdação da filha por suposta desonestidade aos seus pais, desvencilhando-se o legislador do velho ranço de controle moral da sexualidade da descendente mulher. Assim como exclui a declaração judicial de ausência pela morte presumida, se for extremamente provável o falecimento; ou se desaparecido em campanha ou feito prisioneiro, não for encontrado até dois anos após o término da guerra.

---

[1] AMORIM, Sebastião; OLIVEIRA, Euclides. *Inventários e partilhas, Direito das Sucessões*, São Paulo: Leud, 2000, p. 346.
[2] Idem, p. 347.

Desse modo, o legislador foi hábil em reduzir quase duas décadas de letárgica espera processual, para que a sucessão presumida fosse judicialmente tornada definitiva e para que só então os herdeiros pudessem se tornar titulares do irreversível domínio da herança.

Mas essas pequenas cirurgias no direito sucessório e outras mudanças verificadas também no aspecto interno ou externo dos testamentos, não obstante a sua relevância, não foram plásticas capazes de alcançar o clamor e a admiração da sociedade jurídica, porquanto, na sua configuração mais significativa, o novo Código Civil ficou desconectado da Carta Política de 1988.

7.2. Inovações no Direito das Sucessões

Muda a ordem de vocação hereditária prevista atualmente pelo artigo 1.603 do Código Civil, para ceder lugar para o artigo 1.829 do novo Código Civil, que assim avoca os herdeiros:

I – aos descendentes, em concorrência com o cônjuge sobrevivente, salvo se casado no regime de comunhão universal, ou no da separação obrigatória de bens; ou se no regime da comunhão parcial, o autor não houver deixado bens particulares;

II – aos ascendentes, em concorrência com o cônjuge;

III – ao cônjuge sobrevivente;

IV – aos colaterais.

E por seu turno o artigo 1.830 do novo Código Civil estabelece que o direito sucessório só será deferido ao cônjuge supérstite se ele não estava judicialmente separado, ou separado de fato há mais de dois anos, salvo prova, neste caso, de que essa convivência se tornara impossível sem culpa do sobrevivente. Portanto, restam expostos os requisitos legais que avocam na nova ordem sucessória o cônjuge supérstite como herdeiro necessário.

O novo direito sucessório inclui como herdeiro necessário o cônjuge sobrevivente, mas em concurso com os descendentes, menos no regime da comunhão parcial de bens e também o exclui no regime da separação obrigatória de bens, contrariando a consagrada Súmula nº 377 do STF e, por fim, silencia sobre o novo regime da participação final dos aqüestos.

Em realidade, a concorrência do cônjuge na sucessão como herdeiro necessário só se dá na comunhão parcial e se houver bens particulares do sucedido, pois os bens comunicáveis já são repartidos por conseqüência da meação. Ou seja, só existe direito sucessório do cônjuge sobrevivente sobre os bens particulares do consorte morto e se o regime não for o da total separação de bens. Difere a olhos vistos, do tratamento sucessório destinado aos unidos estavelmente, conforme artigo apartado e que não inclui a convivente ou o convivente viúvo na ordem de vocação hereditária do art. 1.829 do novo Código Civil.

Estranhamente, o tratamento sucessório reservado aos unidos estavelmente destoa dos mais conhecidos primados constitucionais, pois o novo Código Civil não chega realmente a considerar a união estável como forma legítima de constituição de família. E assim age na prática o novo Código Civil quando deixa de absorver no campo sucessório a relação de simetria entre o casamento e a união estável.

Existisse essa igualdade já observada pela legislação brasileira desde 1988 e a companheira viúva ou o companheiro sobrevivente estariam inquestionavelmente arrolados na ordem de vocação sucessória do art. 1.829 do Código Civil, no mesmo patamar de vocação sucessória do seu inciso primeiro, dedicado ao cônjuge de justas núpcias que ficou viúvo.

Mas, ao contrário, o companheiro ou a companheira foram lembrados às pressas no novel Código Civil e com escassez, quando trata da sucessão em geral, lá no art. 1.790, a dizer que participarão na sucessão do outro, quanto aos bens adquiridos onerosamente na vigência da união estável.

Perceba-se, portanto, o tratamento diferenciado entre o cônjuge viúvo e a companheira sobrevivente, quando para a esposa supérstite, sendo o regime da comunhão parcial, ela recebe por direito de meação os bens comunicáveis e por direito de herança mais uma quota parte igual à dos descendentes, tornando-se todos herdeiros necessários dos bens particulares ou incomunicáveis do esposo ou da esposa falecida.

Já a companheira, ficando viúva, recebe pela dissolução natural da sua união e por disposição da legislação pertinente à convivência a meação dos aqüestos, que são os bens adquiridos a título oneroso durante a união estável e em contrapartida só terá direito hereditário sobre os bens adquiridos na vigência da união estável, mas nada herdando com relação aos bens particulares do sucedido. Sua cota hereditária fica limitada à meação dos aqüestos do autor da herança, recebendo cota igual dos aqüestos se concorrer com filhos comuns e a metade dos aqüestos se concorrer com descendentes só do falecido. Qual seja, recebe pela convivência a sua meação e recebe por herança uma cota igual à dos filhos comuns, ou a metade do que receberiam os filhos só do sucedido.

Nada irá receber sobre os bens particulares do *de cujus*, ao contrário da esposa viúva que justamente herdará quinhão incidente sobre os bens incomunicáveis.

Flagrante o tratamento distorcivo e discriminatório, porquanto, a Lei nº 8.971, de 29 de dezembro de 1994, a primeira das duas leis de união estável e que regulava exatamente o direito dos companheiros à sucessão, estabelecia no seu artigo 2º, inciso III, que o companheiro tinha direito à totalidade da herança na falta de herdeiros necessários.

Ora, se o legislador acha injusto que uma viúva receba bens que não ajudou a construir, que então também retirasse da sucessão dos aprestos a esposa legítima.

A companheira ou o companheiro viúvo também perdeu espaço por herdar um terço da herança se concorrer com outros parentes sucessíveis, entenda-se, ascendentes ou colaterais, enquanto no passado, se ausentes herdeiros necessários, a companheira herdava a totalidade da herança e afastava da vocação hereditária os colaterais. Pelo novo texto codificado, os herdeiros colaterais ficam com 2/3 da herança, e a companheira viúva, a terça parte restante.

Não custa lembrar que, em se tratando de viuvez conjugal, fica mantida a regra do cônjuge sobrevivente afastar os colaterais, o que não acontece na viúvez da união estável.

Ora, tendo sido exatamente um dos mérito, da Constituição Federal de 88 contemplar outras formas de união, conferindo *status* de família para as uniões estáveis, causa espécie e perplexidade deparar com normas de flagrante discriminação, privilegiando o casamento civil em detrimento da união informal.

Não bastasse isso tudo, a nova codificação civil também suprimiu conquistas pertinentes ao direito real de habitação e ao usufruto vidual.

Por sinal, o usufruto vidual, se fosse mantido, só deveria recair e assim também para o casamento, sobre os bens adquiridos durante a convivência afetiva formal ou informal, e não sobre os bens aprestos, onerando os herdeiros com vínculos de pura ficção.

7.2.1. A extinção do usufruto vidual

A inclusão do cônjuge viúvo ou da companheira supérstite na classe dos herdeiros necessários extingue o polêmico direito ao usufruto vidual, trazido para o sistema jurídico brasileiro com o Estatuto da Mulher Casada em 1962.

Previsto no artigo 1.611 do Código Civil de 1916 e no artigo 2º da Lei nº 8.971/94, o usufruto vidual asseguram, enquanto durasse a viuvez, o usufruto da quarta parte dos bens do *de cujus*, se houvesse filhos, e metade se não houvesse filhos.

Não é preciso muito esforço para detectar a fileira de problemas causados pela concessão judicial indistinta do usufruto vidual. Começa que bloqueava a livre disposição dos bens herdados, que ficavam presos pelo usufruto que se estenda sobre a generalidade dos bens deixados de herança.

Sempre foi muito discutido o caráter alimentar do usufruto vidual, permitindo sua dispensa quando o viúvo recebesse bens considerados suficientes para garantir a sua subsistência pessoal.

Discutiu-se a possibilidade de concentração do usufruto num único ou em bens certos, previamente definidos, de modo a não causar o usual embaraço dos herdeiros que viam seus bens hereditários vitaliciamente vinculados ao cônjuge credor do usufruto vidual.

E principalmente, discutiu-se a completa irracionalidade de estender o usufruto vidual a bens que não tivessem a sua aquisição ligada ao casamento ou à união estável, gerando imensuráveis prejuízos e incontáveis injustiças, criadas de breves relações de união de poucas luas e poucos bens, mas que conferiam à companheira viúva o usufruto sobre toda a herança do falecido, incidindo sobre bens que não foram adquiridos na constância da união. Vinham sendo causados constrangimentos para os descendentes que deveriam por lei, garantir o usufruto para o cônjuge ou companheiro sobrevivente, muito embora os bens tivessem sido adquiridos antes da união, talvez pela primeira esposa do sucedido e talvez genitora dos herdeiros descendentes, constrangidos a garantirem o usufruto da segunda mulher de seu pai.

Para tranqüilidade dos operadores do direito sucessório, o novo Código Civil, acertadamente, mantém apenas o direito real de habitação e extirpa o usufruto vidual que se compensa com a inclusão do supérstite na ordem necessária de vocação hereditária.

7.2.1.1. *O direito de usufruto da companheira*

Mais uma vez resta discriminada a relação afetiva oriunda da união estável que perde sensível espaço no campo dos direitos que já haviam sido conquistados após o advento da Carta Política de 1988, em nada sendo modificada a atual redação do novo Código Civil e será tarefa pertinaz da jurisprudência corrigir estas flagrantes distorções deixadas pelo legislador responsável pela nova codificação civil. Não foi por falta de aviso, pois já observara José Francisco Cahali, com seu aguçado conhecimento do direito brasileiro, que o então projeto nada falava sobre o direito real de habitação em favor do companheiro sobrevivente, como previa o parágrafo único do art. 7º da Lei 9.278/96.[3]

Para Cahali, e está coberto de razão, o intérprete irá considerar vigente a disposição do artigo 7º da Lei 9.278/96, por não ser contrário ao

---

[3] CAHALI, José Francisco; HIRONAKA, Giselda Maria Fernandes Moraes. *Curso avançado de Direito Civil*. Ob. cit. p. 249-250.

novo texto, embora o novo texto pudesse ser coerente com a legislação e em especial com a Constituição Federal que abrigou a entidade familiar nascida da informalidade afetiva, desde que guardasse características de uma estável união. Como dito, melhor seria revogá-la e equiparar os direitos sucessórios dos companheiros aos direitos sucessórios dos cônjuges, sem nenhuma dissimetria.

7.3. A sucessão no regime de participação final dos aqüestos

Já referi que a literatura brasileira pouco ainda tem a oferecer a despeito desse novo regime patrimonial chamado de participação final nos aqüestos, e que ocupa o vazio deixado pelo petrificado regime dotal do Código Civil de 1916.[4] Trata-se, em verdade, de um regime de separação de bens onde cada consorte tem a livre e independente administração do seu patrimônio pessoal, dele podendo dispor livremente. Apenas na hipótese de ocorrer a separação judicial é que serão apurados os bens de cada cônjuge separando, tocando a cada um deles a metade dos bens adquiridos pelo casal, a título oneroso na constância do casamento.[5]

Como pode ser facilmente conferido, nem ao largo e por lembrança, o art. 1.829 do novo Código Civil ou qualquer de seus incisos faz qualquer referência ao novo regime de bens, da participação final nos aqüestos.

A jurisprudência é que cuidará de iluminar os caminhos que se criaram neste escuro trajeto que leva a dar solução aos problemas que inevitavelmente surgirão dos hiatos provocados por uma legislação costurada com retalhos recolhidos de trechos pinçados das relações afetivas dissolvidas pela vontade irreversível da mãe natureza.

O regime da participação final nos aqüestos é, na realidade, um contrato patrimonial em estado latente e que cria vida com a separação judicial, para transformar o primitivo regime da total separação de bens, num regime de comunicação dos aqüestos, o equivalente a uma comunhão limitada de bens desencadeada pela separação judicial dos cônjuges.

Na comunhão parcial, o cônjuge casado e que fica viúvo receberá, em concurso hereditário com os descendentes ou ascendentes do sucedido, uma quota dos bens particulares do falecido e aparentemente não irá receber nada de herança se o casamento foi realizado pelo regime da participação final de aqüestos, pois dissolvido o casamento pelo evento

---

[4] MADALENO, Rolf. *Do regime de bens entre os cônjuges*, In Direito de Família e o novo Código Civil. Coord. Maria Berenice Dias e Rodrigo da Cunha Pereira, Belo Horizonte: Del Rey, 2001, p. 171.
[5] Idem, p. 171.

morte, o regime que era de total separação de bens se transforma em comunhão parcial. Transformando-se em comunhão parcial, são aqüestos todos os bens adquiridos onerosamente durante o casamento e ingressam na meação, mas não se comunicam no direito sucessório, já que o regime não foi lembrado no art. 1.829, inciso I, do novo Código Civil.

Destarte, tudo leva a crer que o cônjuge viúvo recebe só por meação, e não por herança e recebe como meação se for entendido que a morte e o divórcio, ao lado da separação judicial, são os fatos que transformam o regime inicial de separação de bens num regime de participação final nos aqüestos.

7.4. Concorrência sucessória do cônjuge

Prescreve o artigo 1.845 do novo Código Civil serem herdeiros necessários os descendentes, os ascendentes e o cônjuge. Não arrolou o companheiro ou a companheira unidos estavelmente. Aos herdeiros necessários pertence a metade da herança, diz o artigo 1.846, a qual se constitui na porção indisponível e é a sua legítima.

Salvo melhor compreensão, estes dispositivos e mais o artigo 1.823, que reitera a concorrência sucessória do cônjuge com os descendentes, colidem com a disposição restritiva do art. 1.829, onde restou definida a ordem de vocação hereditária e excluída a convocação do consorte sobrevivente nos regimes da comunhão universal, na participação final dos aqüestos, no da separação obrigatória ou legal de bens, sendo ignorada nesta última a Súmula nº 377 do STF.[6]

Se bem observado, um vez ignorada a comunhão de bens por força do enunciado 377 do STF, todos os bens seguiriam sendo particulares do cônjuge titular, casado pela separação total. Este regime compulsório da separação legal de bens surge das infrações ao artigo 1.523 e pelas restrições do art. 1.641, incisos II e III do novo Código Civil. Sendo incomunicáveis, o cônjuge sobrevivente perde a meação dos aqüestos e concorre com descendentes ou ascendentes em quinhões iguais (art. 1.832 do novo CC), sobre todo o patrimônio, reduzindo sensivelmente as suas históricas conquistas, num inegável retrocesso constitucional.

É que sobre o tema pertinente à revogação da Súmula 377 do STF, escrevi que manter punição da adoção obrigatória de um regime sem comunicação de bens, porque pessoas casaram sem observarem as vedações dos incisos do art. 1.641 do novo Código Civil, é ignorar princípios

---

[6] Súmula 377 do STF: "No regime de separação legal de bens, comunicam-se os adquiridos na constância do casamento"

elementares de Direito Constitucional,[7] onde ninguém pode ser discriminado em função do seu sexo ou de sua maior idade, como se fossem causas naturais de incapacidade civil.

Lamentavelmente, a indefinição sucessória que ignora a Súmula nº 377 do STF atinge direito cravado na porta da Constituição Federal de 1988, cuja nova tábua de valores prioriza a dignidade da pessoa humana, sepultando injustiças que já haviam sido eliminadas com a sacramentação do enunciado nº 377 do STF, ao ordenar a partilha igualitária dos bens hauridos a título oneroso na constância exclusiva da sociedade conjugal

7.4.1. Concorrência sucessória do cônjuge com os descendentes

O tema é inédito para o Direito brasileiro, embora já seja amplamente adotado em outras legislações. Sobre a novidade escreve Francisco José Cahali,[8] ser a grande inovação do Código Civil a inclusão do cônjuge na primeira e na segunda classes de preferência, concorrendo com os descendentes e ascendentes na sucessão do falecido e adotando o critério já utilizado em outros países.

A intenção da vocação hereditária do viúvo ou da viúva no novo direito sucessório brasileiro é a de assegurar uma parcela patrimonial sobre os bens particulares do sucedido, o que só poderá ocorrer no regime da comunhão parcial de bens e no regime convencional da total separação de bens

Por fim, ao que tudo indica, por interpretação da futura jurisprudência, também receberá seu quinhão hereditário sobre os bens aprestos do consorte falecido, no casamento realizado sob a égide da participação final nos aqüestos. É que este estranho regime termina identificando-se com a comunhão parcial de bens na ocasião da dissolução do casamento.

Assim que o cônjuge sobrevivente e descendentes herdarão por cabeça, já abstraídas as exceções sucessórias ressalvadas no inciso I, do artigo 1.829 do novo Código Civil.

Deve ser observado que neste complexo regime sucessório do cônjuge como herdeiro necessário, a concorrência com os descendentes só se dá sobre aqueles bens que não se comunicam pelo regime matrimonial.

---

[7] MADALENO, Rolf. *Do regime de bens entre os cônjuges*, ob. cit., p. 178-179.

[8] CAHALI, Francisco José & HIRONAKA, Giselda Maria Fernandes Moraes. *Curso avançado de Direito Civil*, vol. 6, Direito das Sucessões, São Paulo: RT, 2000, p. 213.

7.4.2. Concorrência sucessória do cônjuge com os ascendentes

Na concorrência do cônjuge com os ascendentes, porque ausentes descendentes, diz o artigo 1.836 que o grau mais próximo afasta o mais remoto, ignorando o direito de representação, e a divisão se dando por linhas. O artigo 1.837 melhor explica a partilha por linhas, referindo que o cônjuge sobrevivente receberá um terço da herança, enquanto as outras duas terças partes serão divididas entre a linha materna e a linha paterna do sucedido. Receberá a metade se houver um só ascendente, pai ou mãe, avô ou avó, pois o grau de parentesco por mais distanciado, não exclui o ascendente da concorrência com o cônjuge.

7.4.3. O direito real de habitação do cônjuge

Certamente a grande compensação que se dá com a nova posição sucessória do cônjuge resulta na circunstância de que não mais se defere o usufruto dos bens em favor do cônjuge, mantendo apenas o direito real de habitação previsto expressamente no artigo 1.831, relativamente ao imóvel destinado à residência da família. Esta a grande mudança, porquanto o cônjuge sobrevivente perdeu o complicado usufruto vidual mas recebeu, por direito de herança e por cabeça, uma quota hereditária igual ou até maior do que a dos descendentes (art. 1.832), ao lado dos quais tornou-se co-herdeira necessária.

7.4.4. Ausência de descendentes ou ascendentes

Se não existirem descendentes ou ascendentes por ocasião da abertura da sucessão, herda o cônjuge supérstite, excluindo a todos os parentes colaterais, nos termos do artigo 1.838 do novo Código Civil.[9]

7.4.5. Separação judicial ou divórcio

É pressuposto inequívoco de reconhecimento da sucessão hereditária do cônjuge supérstite, que ele estivesse legalmente casado ao tempo da

---

[9] Artigo 1.838 do novo CC: "Em falta de descendentes e ascendentes, será deferida a sucessão por inteiro ao cônjuge sobrevivente."

morte do outro. Em caso de separação judicial ou de divórcio, o ex-cônjuge carece de vocação hereditária.

Mendez Costa, citada por Lidia B. Hernández e Luiz A. Ugarte[10] considera que poderia ser mantida a condição de inventariante do cônjuge sobrevivente enquanto não tivesse sido liquidada a sociedade conjugal, pois pendente processo separatório ou de partilha, legitimando a intervenção da viúva ou do viúvo no processo sucessório na condição de inventariante. A sugestão ingressa meramente no campo processual, já estando sedimentado na consciência jurisprudencial e doutrinária brasileira que só mesmo a convivência pode dar estofo moral e legal à regra da comunicação e da administração dos bens.

7.4.6. Separação de fato e vocação sucessória do cônjuge

Ordena o artigo 1.830 do novo Código Civil que somente será reconhecido o direito sucessório do cônjuge sobrevivente, se ele não estiver separado de fato há mais de dois anos, salvo prova, neste caso, de que essa convivência ser tornara impossível e sem culpa do sobrevivente. Terreno arenoso onde ingressa o legislador em razão da nova codificação civil e que se apresenta altamente polêmico, quando confrontado com a torrente interpretação jurisprudencial que consagra efeitos jurídicos à fática separação.

Referi noutro texto jurídico[11] que a doutrina e a jurisprudência repartiam valioso espaço destinado a concluir se a separação de fato do casal acarretava a extinção automática do regime de bens, ou se de acordo com o art. 1.576 do novo Código Civil, seriam só a separação judicial e o divórcio, os decretos judiciais capazes de pôr termo final ao regime de bens.

Contudo, acerto final tocou à jurisprudência majoritária e à doutrina dominantes, ao concluírem que o passar do tempo gera para os cônjuges o direito de postular a decretação judicial de ruptura do casamento, afastando, inclusive, a pesquisa da culpa se existente um ano de fática separação.

E se a ausência de voluntária coabitação é capaz de desfigurar a noção superada de comunicação dos bens conjugais, estando pacificada a compreensão de que só mesmo a convivência conjugal numa habitação co-partida é que justifica e autoriza a repartição dos bens, e que não faz mais qualquer sentido seguir manipulando injustas ilusões de postergar na ficção do tempo o que os cônjuges já encerraram no plano fático de suas relações.

---

[10] HERNÁNDEZ, Lidia B.; UGARTE, Luis A. *Sucesión del cónjuge*, Buenos Aires: Editorial Universidad, 1996, p. 144.

[11] MADALENO, Rolf. "Efeito patrimonial da separação de fato", *In Direito de Família aspectos polêmicos*, Porto Alegre: Livraria do Advogado, 1998, p. 99.

Corpos e espíritos separados não podem gerar comunicação patrimonial fundada apenas no registro meramente cartorial do casamento. Mola-mestra da comunicação dos bens é a convivência conjugal, sendo que a simples separação de fato desativa o regime patrimonial.

Portanto, não faz sentido que o novo Código Civil reclame ainda dois longos anos de fatual separação (art. 1.830 do novo Código Civil), para só depois deste lapso de tempo afastar da sucessão o cônjuge sobrevivente. Ora, se não sobreviveu o casamento no plano fático, não há nexo em estendê-lo por dois anos no plano jurídico, apenas porque não foi tomada a iniciativa da separação judicial ou do divórcio.

Suprimida a vida em comum, este é o marco da incomunicabilidade dos bens e da exclusão da vocação hereditária do cônjuge que ficou viúvo tão-somente no plano formal.

Não mais pode interessar ao direito, como em retrocesso faz o artigo 1.830 do novo Código Civil, tentar demonstrar que o sobrevivente não foi culpado pela separação de fato. Importa o fato da separação, e não a sua causa, pois a autoria culposa não refaz os vínculos e nem restaura a coabitação, mote exclusivo da hígida comunicação de bens. A prova judicial de o cônjuge sobrevivente haver sido inocentemente abandonado pelo autor da herança ou sair pesquisando qualquer causa subjetiva da separação fatual, para caçar culpa de uma decisão unilateral é, mais uma vez, andar na contramão do direito familista brasileiro, que desde a Lei do Divórcio de 1977 já havia vencido estes ranços culturais.

E também não faz o menor sentido manter a causa objetiva da separação de fato, fixando em dois anos o marco final da precedente comunicação de bens, porque prossegue o arranjo de forçar efeitos jurídicos patrimoniais para casamentos já desfeitos de corpo e de espírito.

Seremos todos testemunhas de que vidas afetivas desfeitas serão artificialmente prolongadas em juízo, para que o processos não excluam a esperança de herdar de um sogro ou de uma sogra moribunda. Sem considerar que inventários não comportam instrução processual, obrigando herdeiros e meeiros a sustarem o inventário e litigarem em processo apartado e conexo, a inocência ou a culpa do defunto pela fática separação, a quem já haviam rendido as derradeiras homenagens e desejado que descansasse em paz.

7.5. Outras inovações no novo direito sucessório brasileiro

Dentre os temas mais controvertidos, o novo Código Civil brasileiro respalda uma praxe jurisprudencial que paulatinamente foi consagrando a anulação de gravames testamentários.

Faço especial referência ao artigo 1.848 do novo Código Civil, que só autoriza gravar legítimas com cláusulas de inalienabilidade, impenhorabilidade e de incomunicabilidade se houver expressa justa causa, declarada no testamento. E não adianta gravar com só uma cláusula, porque esta única puxa, obrigatoriamente, os demais gravames.

Isto por sinal e como novidade recolhida da doutrina nacional, agora vem textualmente escrito no artigo 1.911 do novo Código Civil.[12] E por justa causa se terá, prioritariamente, aquelas situações onde o herdeiro necessário é dado à prodigalidade ou guarda recordes de péssima administração patrimonial. Fora natureza dessa envergadura, o simples gravame da legítima passa a importar num arbitrário ato de sucessão e numa inaceitável fórmula de impedir a livre e almejada circulação dos bens.

7.5.1. Novidades na sucessão testamentária

A sucessão testamentária vem brindada com o testamento especial aeronáutico, o que seria inimaginável em 1916; além de reduzir para dois o número de testemunhas testamentárias nos testamentos públicos e cerrado e três testemunhas para o particular, além de facultar a feitura do testamento por redação mecânica.

7.5.2. Nomeação da concubina do testador casado

Prescreve por fim e por nota digna de destaque, o inciso III do artigo 1.801 do novo Código Civil, que não pode ser nomeado em testamento, como herdeira ou legatária, a concubina do testador casado, salvo se este, sem culpa sua, estiver separado de fato do cônjuge há mais de cinco anos.

É outra disposição que, anda na contramão do direito familista brasileiro, na medida em que a doutrina e a jurisprudência vêm consagrando maciçamente a separação de fato como marco final da comunicação de bens conjugais. E, por evidente, iniciada na separação de fato uma nova e fática união, esta relação torna-se igualmente pura, não podendo ser considerada adulterina, ausente a primitiva coabitação que deu lugar e exclusividade à convivência.

Melhor teria feito o legislador se fosse buscar inspiração no Projeto de Lei nº 2.686, de 1996, o prometido Estatuto da União Estável, coorde-

---

[12] Artigo 1191 do novo Código Civil – "A cláusula de inalienabilidade, imposta aos bens por ato de liberalidade, implica impenhorabilidade e incomunicabilidade."

nado por Arnaldo Wald, em cuja parte final do seu artigo primeiro, vai expressamente reconhecido como união estável e livre de máculas, adjetivações ou restrições à convivência entre um homem e uma mulher, separados de direito ou de fato dos respectivos cônjuges, sem estabelecer qualquer tempo, muito mais longos cinco anos, como se só este lustro fosse capaz de selar para a sociedade o que os cônjuges já haviam antevisto cinco anos antes – de que se fazia rota e irreversível a sua fatual separação.

8. A *Disregard* nos alimentos

8.1. Direito à vida

A vida é o mais importante de todos os direitos, aliás, é ela o pressuposto de todos os outros direitos, pois que sem vida não há titularidade de deveres e de direitos. É direito inato, tem importância suprema, fundamental, como outros direitos subseqüentes também o são, contudo, deles todos, tem a vida absoluta e imprescindível prioridade, porque respeita à própria existência da pessoa. A vida, afirma José Afonso da Silva,[1] é movimento espontâneo, caminha em sentido contrário à morte, que é certa, mas não deve ser facilitada pela ação ou omissão do homem e do Estado. Desde o nascimento com vida começa a personalidade civil do homem; contudo, é a lei que põe a salvo os direitos do nascituro desde a sua concepção.

Portanto, importa ao Estado, tenha o homem hígida existência física e psíquica, que cresça, seja educado e se desenvolva no âmbito de sua família, no modelo celular que serve de base à sua estrutura política e social.

Por estas razões, não é sem outro motivo que a Constituição Federal garante aos brasileiros e estrangeiros que residam no País a inviolabilidade do direito à vida, como princípio fundamental, elevado pela *Carta Política* para um degrau mais alto dentre os direitos constitucionais, sendo primado absoluto do Estado garantir a vida e a subsistência do cidadão.

8.2. O homem em família

Em regra, o homem não se desvincula da sua estrutura familiar, é nela que encontra e desenvolve os aspectos essenciais de sua vida.[2] É

---

[1] SILVA, José Afonso da, *Curso de Direito Constitucional positivo*, 8ª ed., São Paulo: Malheiros, 1992, p. 182.
[2] BOSSERT, Gustavo A. *Régimen jurídico de los alimentos*, Buenos Aires: Astrea, 1993, p. 1.

através da família que se perpetua a espécie humana, firmam-se os vínculos entre as diferentes pessoas. Tendo como base social o modelo familiar, o homem com sua família é alvo de permanente proteção do Estado, que deles depende para o seu crescimento econômico.

A atual família nuclear surgiu com a revolução industrial, que concentrou densa massa populacional nos grandes centros urbanos.

Antunes Varela[3] lembra que o crescimento das cidades em detrimento da vida campestre importou num nítido estreitamento das relações familiares e, assim, os laços de parentesco que antes também se estendiam na linha colateral reunindo tios, sobrinhos e primos, no culto dos mesmos avós, refere Varela, voltaram-se exclusivamente para a chamada linha reta descendente, reduzidos à pequena família, formada pelo agregado dos pais e de seus filhos, estes, cada vez em menor quantidade.

Esta nova concepção social de família destinou a cada integrante um papel específico, mas, com efeito, todos seus integrantes expostos à avaliação pública, vivendo e trabalhando em prol do seu núcleo celular e em benefício de um Estado que, em paralelo, cresce forte e sólido e, deste modo, retribui numa gama de serviços e préstimos sociais que devem, em princípio, cuidar da saúde, da educação e da assistência social daqueles mais necessitados, até a previdência social dos que se jubilam.

Entretanto, não se cogite de uma sociedade de homens sós, apartados do núcleo familiar, que pouco importa, se formem pelo casamento ou fora dele, ou até mesmo proveniente da sua tendência de família monoparental,[4] pois é dentro do núcleo familiar que o homem satisfaz as suas necessidades, evolui e vive prioritária e satisfatoriamente sua existência.

8.3. Intervenção do Estado no âmbito do Direito de Família

Por estes mesmos fundamentos, é grande a intervenção do Estado na ordem econômica e social, pois ele exerce o papel institucional de fiscalizar e normatizar o conteúdo das relações sociais, em especial na esfera familiar, com notórios reflexos na ordem econômica. Nagib Slaibi Filho[5] mostra que o intervencionismo estatal vai assumindo atividades que têm o escopo assistencial de proteger valores sociais éticos, morais e políticos

---

[3] VARELA, Antunes, *Direito da Família*, Livraria Petrony, 1987, p. 37.

[4] Eduardo de Oliveira Leite, *Famílias monoparentais*, São Paulo: RT, 1997, p. 22, diz que "uma família é definida como monoparental quando a pessoa considerada (homem ou mulher) encontra-se sem cônjuge, ou companheiro, e vive com uma ou várias crianças."

[5] SLAIBI, Nagib Filho, *Anotações à Constituição de 1988 – aspectos fundamentais*, 2ª ed. Rio de Janeiro: Forense, 1989, p. 192.

e, sobretudo, atenuar a miséria para minimizar as desigualdades individuais.

Há total intervenção estatal na constituição familiar brasileira, num primeiro plano, só a família legítima gozou do abrigo legal, enquanto isto, a família informal construiu a sua identidade jurídica através de uma lenta evolução jurisprudencial, e por leis concedendo tênues, mas gradativos direitos, até resultarem com o advento da *Carta Política* de 1988, depois com as Leis nºs 8.971, de 1994, e 9.278, de 1996, até o advento do Código Civil de 2002, também na proteção da família de fato como outra legítima alternativa de entidade familiar.

Através deste princípio exposto na Constituição Federal e no Código Civil ora vigente, o Estado ampliou o seu braço protetivo ao esquema informal de vida familiar. Axiologicamente, agregou ao modelo clássico de família conjugal a família oriunda da união estável.

Em povos politicamente organizados, interagem duas nítidas missões, uma é a do Estado, que fomenta, preserva e fortifica as funções fundamentais da família. O Estado fiscaliza e legisla sobre a constituição e dissolução das relações heterossexuais afetivas; também fiscaliza e legisla sobre a proteção, formação e educação dos filhos; sobre a assistência dos incapazes; sobre aspectos econômicos da união, dentre outras frentes de seu essencial interesse, para que a família experimente e alcance a sua harmônica existência.

No outro extremo, aponta a família, que depende destas mesmas condições para seu desenvolvimento, enfrentando o mais serenamente possível os obstáculos que a vida apresenta, mas que, ao superá-los pela unidade do conjunto, logra cumprir sua função de trabalhar para que o Estado democrático também progrida, repousado sobre a liberdade e igualdade, como aponta Cirilo Pavon,[6] que mantém o Estado forte e soberano.

No Direito de Família há pouco jogo de liberdade da autonomia de vontade, encontrando-se densamente limitada pela ordem pública, que sempre haverá de prevalecer em detrimento da coletividade, pois que a família e seus componentes representam a espinha dorsal do Estado.

8.4. A intervenção estatal no Direito Empresarial

Em situação adicional das relações entre os homens, surge pelo nova sistemática legislativa e dentro do Código Civil brasileiro o Direito Em-

---

[6] PAVON, Cirilo, *Tratado de la familia en el Derecho Civil Argentino*, Tomo I. Editorial Ideas, 1946, p. 33.

presarial, que regula a ordem jurídica das sociedades mercantis. Pertencendo ao direito privado, tem como primado a prevalência da autonomia da vontade e da igualdade sobre o interesse público. Já no plano do direito público, observa Fábio Ulhoa Coelho,[7] um dos seus princípios fundamentais é o da supremacia do interesse público, para que o interesse geral prepondere sobre o particular.

Em apertada síntese, leis e regras impostas pelo Direito Empresarial procuram preservar a livre iniciativa das pessoas, mas, sempre resguardados os limites de atuação da vontade privada. No campo comercial, o Estado interfere para minimizar os efeitos da desigualdade econômica, como deve atuar para expungir qualquer desvio malicioso e abusivo do objetivo societário, quando algum sócio causar dano ilícito a terceiro, valendo-se da máscara societária.

Importa referir em avaliação conclusiva, que o ordenamento brasileiro prevê diferentes estruturas legais de organização societária e a partir de cada um destes modelos preexistentes de contrato de sociedade comercial, empresas firmam e registram os seus estatutos. Portanto, a personalidade jurídica societária é formada por delegação estatal, com capacidade para adquirir direitos e contrair obrigações, pautando-se sempre pelo alcance ético, moral e jurídico fixado em lei e por seus *estatutos*, observada a sociedade e seus sócios, pela discreta intervenção do Estado.

Visto deste modo o contrato societário, não é errado afirmar que a constituição de uma empresa dá origem a uma instituição, como diz Enrique Zaldivar,[8] ao ver na formação de um ente jurídico a criação de um sujeito de direitos de posição intermediária entre a pessoa física e o Estado, justamente porque as pessoas jurídicas afetam a vida da comunidade onde se desenvolvem, interferem na economia do Estados e no bem-estar de sua população.

8.5. O direito alimentar

Também pelo Direito brasileiro os parentes se devem alimentos, quando por deficiência etária; incapacidade laborativa, enfermidade grave e outras adversidades da vida, não conseguem suprir às suas necessidades de subsistência.[9] O direito aos alimentos, ao lado do direito à própria vida,

---

[7] COELHO, Fábio Ulhoa, *Curso de Direito Comercial*, vol. 1, São Paulo: Saraiva, 1998, p. 9.

[8] ZALDIVAR, Enrique, *Cuadernos de derecho societario, aspectos juridicos generales*, vol. I, Abeledo-Perrot, 1980, p. 32.

[9] BITTAR, Carlos Alberto, citado por Rolf Madaleno, em artigo intitulado de "Alimentos e sua restituição judicial", inserto no livro *Direito de Família, aspectos polêmicos*, Porto Alegre: Livraria do Advogado, 1998, p. 47.

representa um dos dispositivos mais importantes de qualquer legislação. Diez-Picazo e Gullon,[10] citando Barbero, referem que o primeiro bem de uma pessoa dentro de uma ordem jurídica é a sua vida, e seu primeiro interesse é conservá-la, e sua primeira necessidade é buscar os meios para a sua conservação.

Desde as mais distantes origens, os alimentos prestados por quem tem capacidade e dever de prové-los aos seus dependentes carregam em sua natureza jurídica a função vital da sobrevivência do ser humano enquanto em processo de crescimento e de desenvolvimento físico e mental. Os alimentos também servem de suporte ao dependente que, embora civilmente capaz, ainda prossegue com os estudos de conclusão da sua formação profissional. Ainda, àquele que, por enfermidade grave, apresenta intransponível obstáculo e absoluta impossibilidade de prover seu sustento com o resultado financeiro de seu próprio trabalho.

Embora os alimentos não tenham origem exclusiva no parentesco, podendo surgir do casamento, da união estável, por testamento, contrato e indenização por ato ilícito, estatisticamente a obrigação alimentar encontra maior trânsito dentro da família, com a largueza adequada aos vínculos de parentesco em linha reta, descendente e ascendente. Também ocorre entre os irmãos colaterais, e nos vínculos de conjugalidade e de estável convivência, com a característica toda especial de ser sempre uma obrigação recíproca, explica José Gómez,[11] já que quem está obrigado a prestá-los também tem o direito de recebê-los se chegar a se tornar necessitado e se o primitivo alimentando se encontrar em condições de socorrê-lo.

A expressão *alimentos* engloba o sustento, a cura, o vestuário e a casa, reza o artigo 1.920 do Código Civil brasileiro e, se o alimentando for menor, também a educação, tudo dentro do orçamento daquele que deve prestar estes alimentos, num equilíbrio dos ingressos da pessoa obrigada, com as necessidades do destinatário da pensão alimentícia.

Também o direito alimentar, vale destacar, é de ordem pública, porquanto prevalece o interesse social na proteção e preservação da vida e da família. Posiciona-se adiante do interesse privado, já que nele sobreleva, diz Julio Lopez Carril,[12] um comando superior que carrega um dever moral, coercitivamente imposto às pessoas já designadas pela lei civil, muito embora, em se tratando de um interesse social, também o Estado deveria arrogar a si o paritário dever de prover a subsistência daqueles necessitados que sequer encontram parentes que possam socorrê-los da miséria e das condições subumanas que rotineiramente vivenciam.

---

[10] DIEZ- PICAZO, Luis y GUILLON, Antonio, *Sistema de Derecho Civil*, vol. IV, Editorial Tecnos, 1978, p. 53.

[11] GÓMEZ, José Antonio Cobacho, *La deuda alimenticia*, Editorial Montecorvo, 1990, p. 26.

[12] CARRIL, Julio J. Lopez del, *Derecho y obligacion alimentaria*, Abeledo-Perrot, 1981, p. 81.

8.6. A articulação processual dos alimentos

Sendo os alimentos essenciais à sobrevivência e ao desenvolvimento da vida das pessoas, é natural que sua provisão se dê de imediato e em trato contínuo, por meio de prestações sucessivas, exigíveis enquanto perdurar a necessidade e a razão da obrigação alimentar. Estes alimentos judicialmente arbitrados objetivam cobrir as despesas necessárias à subsistência material e espiritual do alimentado, dentro daquela idéia clássica de que os parentes têm entre si uma obrigação alimentar, enquanto os pais detêm em relação aos seus filhos menores, por decorrência do poder familiar, um irrestrito dever de sustento.[13]

Passado o período no qual a organização familiar estava estruturada exclusivamente no trabalho do marido, também encarregado da administração dos bens conjugais, leis e costumes trabalharam pela igualdade jurídica do homem e da mulher, dentro e fora do casamento. Revistas as posturas axiológicas, dia a dia a família está sendo remodelada. Ficaram sem trânsito máximas como a chefia masculina e o trabalho externo apenas para o homem, dedicada a mulher ao repetitivo e desvalorizado labor doméstico.

Indiscutível o dever alimentar dos pais para com os seus filhos, como comanda o artigo 1.696 do Código Civil de 2002, ao endereçar aos dois genitores a obrigação de sustento de sua prole, em proporção aos recursos que cada um possui, ordena o § 1º do art. 1.694 do CC.

Assim visto, é de considerar que em relação aos esposos e conviventes é exegese doutrinária a paridade de deveres do homem e da mulher. Acentua-se rara e restrita a fixação alimentar entre pessoas vinculadas pelo casamento ou pela união estável, pois prepondera a fórmula da independência financeira, devendo os pais unirem seus esforços e somarem os seus recursos na assistência, criação e educação de seus filhos menores. Já foi dito que há muito tempo deixou de viger aquela obrigação dirigida exclusivamente ao trabalho do marido,[14] a quem era invariavelmente debitado o compromisso de manter seu grupo familiar, nele incluído um

---

[13] Ver em Rolf Madaleno, *Direito de Família, aspectos...*, ob. cit., p. 51: "Assim, em síntese, existe *dever* alimentar relativo entre os cônjuges e de parentes distanciados em grau da sociedade doméstica e viceja uma *obrigação* alimentar irrestrita, quando cuida de dar sustento, educação, saúde, lazer e formação aos descendentes, enquanto sob o pálio do pátrio poder."

[14] Destaca Iara de Toledo Fernandes, *Alimentos Provisionais*, São Paulo: Saraiva, 1994, p.165, em nota de rodapé nº 86, trecho de aresto do Ministro Rodrigues Alckmin, onde expressa sua contrariedade ao indistinto crédito alimentício da mulher que se separa, como se estivesse sempre habilitada à reparação das núpcias rompidas por obra exclusiva do esposo, embora propugnasse pela irrenunciabilidade dos alimentos, como era do suplantado interpretar da Súmula 379 do STF, ao dizer então, que: "Realmente, não se compreende mais, dadas as condições sociais em que vivemos, que abriram à mulher oportunidade de exercício de toda e qualquer profissão, que se imponha ao marido, após a dissolução da sociedade conjugal, a obrigação de sustentá-la, quando é certo que essa obrigação é uma decorrência dessa sociedade."

crédito quase vitalício de sustento da esposa, enquanto fiel à memória das núpcias desfeitas. E aos filhos ele tinha a incumbência de assegurar a estratificação social e econômica, cunhada durante a convivência familiar.

Daí o professar de Eduardo de Oliveira Leite[15] de não mais prevalecer a máxima da prestação alimentar que surge apenas pela posição de esposa, mulher ou mãe, passando, isto sim, a decorrer única e exclusivamente da necessidade, onde em princípio os sexos já não mais diferenciam as pessoas e muito menos criam privilégios.

O certo, no entanto, é ter em linha de absoluta prioridade de consideração o sentido primordial dos alimentos, como garantia de sobrevivência do credor alimentário. Impensável possa a pensão alimentícia sofrer qualquer solução de continuidade, como inaceitável possa a pensão ser alvo de artifícios, subterfúgios, simulações fáticas e recursos processuais, sempre destinados a fragmentar a resistência do alimentando, reduzindo-o pelo tempo e pelo desgaste a uma intolerável indigência. Deixam estas tristes estratégias profundas cicatrizes naqueles que, pela incapacidade ou pelas circunstâncias, dependem constrangidamente do contrariado auxílio material de seus próximos.

O socorro alimentar, quando não se apresenta espontâneo, faz surgir sua pretensão processual por ação de alimentos, ou por demanda cautelar de alimentos provisionais. O pleito alimentar pode vir cumulado com outros pedidos de caráter satisfativo, como a separação judicial, a dissolução de união estável e a investigação de paternidade. Os alimentos liminares, por sua importância, explica Yussef Said Cahali,[16] são fixados desde logo pelo juiz, em despacho fundamentado, mas sem maiores indagações de mérito.

Pode ocorrer, noutra hipótese, que os alimentos já estejam definitivamente regulamentados e, no entanto, sua satisfação esteja emperrada pela maliciosa e injustificada inadimplência do devedor, cuja omissão obriga ao ingresso de processo executivo de alimentos, por uma das suas conhecidas modalidades de constrição patrimonial ou pessoal, quando impossível o desconto em folha de pagamento.

8.7. Presunção e aparência

É pressuposto de indissociável consideração judicial na quantificação dos alimentos sopesar o binômio possibilidade e necessidade, a importar

---

[15] LEITE, Eduardo de Oliveira, *Os alimentos e o novo texto constitucional*, em texto inserto na obra "Direito de Família Contemporâneo", coordenado por Rodrigo da Cunha Pereira, Belo Horizonte: Del Rey, 1997.
[16] CAHALI, Yussef Said, *Dos alimentos*, 2ª edição, São Paulo: RT, 1993, p. 670.

na apreciação casuística de cada postulação alimentar, pois nesta seara inexistem regras e valores estanques de arbitramento processual da pensão alimentar. É fácil fixar os alimentos, pondera Paulo Lúcio Nogueira,[17] quando o requerido é funcionário público ou empregado de alguma empresa, pois, com remuneração conhecida, o magistrado ordena a incidência de desconto de certa percentagem sobre os ingressos financeiros do alimentante.

Adverte, contudo, que em se tratando de devedor comerciante, já se mostra prudente a promoção de perícia nos livros contábeis, para pesquisa dos reais rendimentos do sócio de empresa.

Já no exemplo do profissional autônomo ou liberal, tem auxiliado a teoria da aparência, quando os sinais exteriores de riqueza contrastam com a alegação de rentabilidade acanhada.

Deve o decisor considerar, neste caso, sempre que for quantificar a obrigação alimentícia, não apenas os recursos que o devedor diz perceber mensalmente como empresário, autônomo ou profissional liberal, senão também os bens que integram seu patrimônio e sua padronagem social, tudo interagindo com a sua reputação no mercado de trabalho, a infra-estrutura posta à sua disposição, sua qualificação e o seu prestígio, como fatores que, isolada ou conjuntamente, têm incontestável influência para a probatória presunção de sua abastança.

8.8. O delito de descumprimento do dever familiar de assistência

O artigo 244 do Código Penal brasileiro comina com a pena de privação da liberdade aquele que deixar de prover a subsistência do cônjuge, filho, ascendente ou valentudinário, e nas mesmas penas incide, prescreve o parágrafo único do mesmo dispositivo penal, quem, sendo solvente, frustra ou elide, de qualquer modo, inclusive por abandono injustificado do emprego ou função, o pagamento de pensão judicialmente acordada, fixada ou majorada. Também tipifica como crime contra a administração da justiça o artigo 22 da Lei nº 5.478/68 (Lei dos Alimentos), quando o empregador ou funcionário público deixar de prestar ao juízo competente as informações necessárias à instrução do processo alimentar.

É crime de abandono material, obtempera Paulo Lúcio Nogueira,[18] a vontade consciente e livre de não prover a subsistência de cônjuge ou filho

---

[17] NOGUEIRA, Paulo Lúcio, *Lei de Alimentos comentada (doutrina e jurisprudência)*, 4ª ed., São Paulo: Saraiva, 1994, p. 23.

[18] NOGUEIRA, Paulo Lúcio, *Lei de alimentos...*, ob. cit., p. 67. Ainda sobre a aplicação da sanção penal, em 1961, na segunda edição de sua obra – *Dos alimentos no Direito de Família*, advertia José Claudino de Oliveira e Cruz, p. 394, que esta sanção penal não vinha sendo levada a sério, ponderando por mais rigor, para que seu escopo de proteção da família pudesse combater a violação dos deveres relativos à assistência familiar.

menor de dezoito anos. A sanção penal do crime de abandono material não se confunde com a sanção civil proveniente da execução da pensão alimentar. Trata-se de medidas socialmente segregadas e que, portanto, se revelaram insuficientes para a proteção da família. Também na processualística civil tem demonstrado a diária realidade como são insuficientes e até ineficazes os recursos legais da penhora e da coação pessoal, destinados a proteger a família brasileira credora de alimentação.

Retornando ao âmbito do Direito Penal, Julio Fabbrini Mirabete[19] acrescenta que a lei incrimina nas mesmas penas, quem, de qualquer modo, ajuda o devedor a eximir-se ao pagamento de pensão judicial, embora entenda ociosa esta disposição por decorrência concursal do artigo 29 do Código Penal.

De considerar, diante destas admoestações penais que privam da liberdade quem dolosamente deixa de prestar o socorro alimentar ou quem com igual dolo ajuda a elidi-lo, existir um inderrogável interesse pela ordem pública do Estado.

No entanto, nem sempre a melhor opção para forçar o pagamento dos alimentos passa pela ação penal de abandono material, e a advertência é dada por Caimmi e Desimone,[20] quando lembram que, às vezes, longe de resolver o conflito, o agravam ao ponto de a demanda penal converter-se num meio de vingança do alimentário e desencadear no alimentante um processo de descumprimento de toda e qualquer assistência material, perpetuando no tempo e pelas incertezas, a angústia de quem, desassistido, já não encontrava resposta efetiva nos tradicionais meios de execução alimentar. Os tribunais brasileiros vêm reiterando decisões que evitem drásticas decisões em sede de assistência familiar, inclinando-se, quando viável, pela execução menos gravosa ao devedor, pois a pena mais enérgica nem sempre resulta numa melhor escolha, principalmente quando priva da liberdade.

Conseqüentemente, é possível concluir que os instrumentos jurídicos postos pelo Direito Penal e pelo Processo Civil brasileiro não têm sido suficientemente criativos e intimidatórios, enquanto for prevalecer a absoluta supremacia da personalidade jurídica sobre a pessoa física dos sócios que compõem uma empresa, deixando de ser aplicada a desestimação da pessoa jurídica no rico espectro de situações fáticas pertinentes ao Direito de Família.

---

[19] MIRABETE, Julio Fabbrini, *Manual de Direito Penal*, 3º volume, 9ª edição, São Paulo: Atlas, 1996, p. 71.

[20] CAIMMI, Luis Alberto; DESIMONE, Guillermo Pablo, *Los delitos de incumplimiento de los deberes de asistencia familiar e insolvencia alimentaria fraudulenta*, 2ª edición, Buenos Aires: Depalma, 1997, p. 8-9.

8.9. Idoneidade do objeto social

Para prevalência do preceito constitucional que assegura o livre exercício de qualquer atividade econômica, as sociedades mercantis devem ter objetivo social lícito, que não ofenda à ordem pública e aos bons costumes. Colombres[21] define como objeto social o complexo de atividades que os sócios se propõem a cumprir sob um nome e tipo societário. O âmbito de atuação da sociedade não deve exceder aos limites demarcados pelo contrato estatutário do seu objetivo social, cuja mudança somente poderia ser operada pelo consenso dos sócios. Todos os sócios têm o dever de atuar nos limites da atividade social contratada, e cuidar para jamais operar e praticar atividades não compreendidas em seu objeto social. Muito menos desbordar para atos ilícitos, contrários ou nocivos ao bem público, à segurança e aos interesses do Estado e da coletividade. Tendo a sociedade comercial finalidade específica, delegada pela ordem pública, seus sócios devem pugnar por respeitar a licitude e idoneidade da atividade mercantil delegada, prescrevendo o direito brasileiro a possibilidade de exclusão por justa causa, do sócio que atuar na contramão das obrigações societárias. Como visto, têm os sócios o dever de controlar, fiscalizar e coibir o mau uso da sociedade por eles constituída.[22]

8.10. Abalo da ordem pública pela fraude ou pelo abuso

É voz corrente que as sociedades têm personalidade distinta da dos seus sócios, como também é pacífico, lembra José Edwaldo Tavares Borba,[23] que aos sócios ou acionistas não é dado utilizar a pessoa jurídica como um instrumento para fins contrários à ordem pública.

Entre a pessoa jurídica e a pessoa física de cada sócio, há uma indiscutível divisão de patrimônios e de responsabilidades, porém, esta limitação de responsabilidades está vinculada ao tipo societário eleito e registrado na Junta Comercial. Assim, dentro destes básicos princípios de sociedade jurídica, os credores da sociedade mercantil têm como lastro o

---

[21] COLOMBRES, Gervasio R., *Curso de Derecho Societario*, Abeledo-Perrot, 1972, p. 113.

[22] O Projeto do Novo Código Civil, aprovado pelo Senado Federal, procura regulamentar a desconsideração da personalidade jurídica, em seu artigo 50, quando estabelece que: "Em caso de abuso da personalidade jurídica, caracterizado pelo desvio de finalidade, ou pela confusão patrimonial, o juiz pode decidir, a requerimento da parte ou do Ministério Público, quando lhe couber intervir no processo, que os efeitos de certas e determinadas relações de obrigações sejam estendidos aos bens particulares dos administradores ou sócios da pessoa jurídica."

[23] BORBA, José Edwaldo Tavares, *Direito societário*, 2ª edição, Rio de Janeiro: Freitas Bastos, 1995, p. 40.

patrimônio da empresa, que se diferencia dos bens particulares de seus sócios, existindo como antes visto, nítida e indiscutível separação patrimonial.

Significa considerar que a pessoa jurídica adquire por recurso técnico, personalidade própria, com autonomia negocial apartada da de seus sócios, figurando a sociedade como titular de direitos e de obrigações, com capacidade de representação orgânica e legal. A impermeabilidade da personalidade jurídica, diz Efraín Hugo Richard,[24] dá estabilidade às relações jurídicas, enquanto não exercidas atividades que afrontam a ordem pública, onde o meio societário é empregado em objetivo alheio ao regular exercício do comércio, desviando suas funções, propósitos e objetivos societários.

Referi, noutro trabalho,[25] que a personalidade jurídica precisa ser desconsiderada quando seus integrantes se escondem detrás da máscara jurídica, para atingir, pelo abuso de direito ou pela fraude, finalidades totalmente condenáveis e incompatíveis com o direito e com o objeto social, causando, sobretudo, incontáveis prejuízos a terceiros.

Registra-se a fraude quando é alcançado um resultado proibido pela lei, ou cuja manipulação termina por contrariar seu sentido normativo, frustrando o resultado previsto na lei.

Mas, assim como o direito repugna a fraude, também não ampara o abuso de direito, que tem lugar, segundo Ripert y Boulanger,[26] quando um ato ilícito é dissimulado sob a aparência do exercício regular de um direito.[27]

O direito termina quando começa o abuso, e abusa do direito quem excede os limites econômicos e sociais da pessoa jurídica, valendo-se pela fraude à boa-fé e do desvio da finalidade societária para manipular direito de outrem em benefício próprio, buscando livrar-se de obrigações legais, como pode suceder largamente no Direito de Família, na fuga ao dever de prestar alimentos.

Assim, se a sociedade foi usada como forma abusiva de encobrir a responsabilidade pessoal de sócio, para prejudicar o credor deste sócio que

---

[24] RICHARD, Efraín Hugo, *Reformas al Codigo Civil – negocios de participacion, asociaciones y sociedades*, Alfredo-Perrot, Tomo 9, 1993, p. 157.

[25] MADALENO, Rolf, *A disregard na sucessão legítima*, in Direito de Família, aspectos polêmicos, Porto Alegre: Livraria do Advogado, 1998, p. 121.

[26] RIPERT Y BOULANGER, *Tratado de Derecho Civil, según el Tratado de Planiol*, t. I, parte general, p. 477, nº 672, Editora La Ley, 1963.

[27] Sem paralelo no Código Civil do começo deste século XX, encontra clara conceituação no Projeto do novel Código Civil, precisamente em seu artigo 187, a rezar que "comete ato ilícito o titular de um direito que, ao exercê-lo excede manifestamente os limites impostos pelo seu fim econômico ou social, pela boa-fé ou pelos bons costumes."

não dispõe de patrimônio ou lastro capaz de garantir sua dívida, descortina-se o véu societário para afastar a fraude ou o abuso, *em prestígio da regularidade e da segurança das práticas comerciais,*[28] mas não somente delas, e de igual para a proteção de terceiros que se vêem impedidos de buscar seus direitos pela superada sacralização da personalidade jurídica, agora relativizada pelo recurso à desestimação do ente jurídico, como prevê o art. 50 do Código Civil.

Maior relevo ainda adquire a desconsideração da personalidade jurídica quando a fraude procurada perpetrar, ou o ato abusivo praticado sob o manto societário, busca prejudicar direito vinculado à dignidade da pessoa humana, como ocorre com o crédito alimentício, direito natural, sagrado, essencial à vida e à subsistência do alimentando. Cuida a ilícita atividade praticada sob a máscara da pessoa jurídica, de fraudar ou abusar o primeiro de todos os direitos, referente à tutela da existência física, mental e psicológica do credor pensional e, quando se trata de proteger a vida, fraudada pela via societária, a resposta judicial há que ser imediata, desritualizada, eficaz e corajosa. Há que vir desvestida de falsos dogmas, que, por vezes, só se prestam para defender equivocados interesses patrimoniais. É como sustenta Sessarego,[29] citando Dabin, um número considerável de direitos que escapam a toda possibilidade de abusos e, o direito à vida, seguramente, está imune a qualquer artifício que tente, sob qualquer fórmula ou maquiagem, dar aparência de legalidade ao malicioso e criminoso abandono material, desestabilizando a ordem pública, querendo curvar a espinha dorsal que mantém o Estado.

8.11. A *disregard*

Fábio Ulhoa Coelho[30] alinha o real sentido da desconsideração quando adianta que, em princípio, o credor do ente moral não pode pretender a satisfação de seu crédito no patrimônio individual de membro da sociedade. Pessoa jurídica e sócio têm autonomia patrimonial, só devendo ser superada a personalidade jurídica quando restar provado que o dano ao credor ocorreu de uso fraudulento ou abusivo da autonomia patrimonial, salientando que a desconsideração visa a preservar e aprimorar a disciplina da pessoa jurídica, ao coibir o recurso da fraude e do abuso que podem ser praticados através dela.

---

[28] HENTZ, Luiz Antonio Soares, *Direito empresarial*, São Paulo: LED Editora de Direito, 1998, p. 138.

[29] SESSAREGO, Carlos Fernández, *Abuso del derecho*, Buenos Aires: Editora Astrea, 1992, p. 170.

[30] COELHO, Fábio Ulhoa, *O empresário e os direitos do consumidor*, São Paulo: Saraiva, 1994, p. 214/225.

É ampla e produtiva a aplicação da desconsideração da personalidade jurídica no Direito de Família,[31] principalmente frente à diuturna constatação de o cônjuge ou convivente empresário esconder-se sob as vestes da sociedade mercantil[32] nas demandas de separação judicial ou de dissolução de união estável. Sob o manto da personalidade jurídica verificam-se constantes fraudes à partilha patrimonial, no casamento e na união estável, assim como sob o véu societário oculta-se o empresário alimentante que guarda esta obrigação com seus filhos, com seu cônjuge ou companheiro, cujo credor não reúne recursos para prover sua subsistência pessoal.

Em singular parecer publicado na Revista de Processo, Thereza Alvim[33] acresce que a então teoria da desconsideração pode ser aplicada quando houver utilização abusiva da pessoa jurídica, com o intuito de fugir à incidência da lei ou de obrigações contratuais. O direito alimentar decorre de lei, ou de contrato, mas figura, certamente, como a mais importante das obrigações.

8.12. A *disregard* nos alimentos

A despersonalização da pessoa é largamente aplicada nas relações de Direito de Trabalho.[34] Para o empregado, o salário destina-se à sua manutenção e ao sustento da sua família, em identidade de princípio que inspira as demandas alimentícias, pois salário e pensão garantem a sobrevivência, protegem o hipossuficiente. No Direito do Trabalho, todos os instrumentos jurídicos são criativamente combinados e utilizados, para evitar que a manipulação da pessoa jurídica, com sucessão de sócios e sociedades, se

---

[31] MADALENO, Rolf, *A disregard no Direito de Família, in* Direito de Família, aspectos polêmicos, ob. cit., p. 27.

[32] Tem sido observado um crescimento acentuado na jurisprudência brasileira, no que respeita a aplicação da teoria da *disregard* no Direito de Família, Vale ilustrar com a Ap. Civ. nº 597085687 da 7ª CC do TJRGS e assim ementada: "Separação Judicial. 1. Apelação Cível. reconhecida a culpa do varão, por haver dissipado bens do casal com o intuito de prejudicar a meação da esposa, simulando venda de quotas da sociedade comercial, em que eram sócios os separandos, deverá o réu repor àquela a parte que lhe cabia. O objeto da lide, então, não é a totalidade dos bens dos cônjuges, mas a meação da mulher nos bens sonegados ou desviados, razão porque sobre esta deve recair o ônus sucumbencial..." Foi Relator o Des. Eliseu Gomes Torres, participando do julgamento os Des. Sérgio Gischkow Pereira e a Desa. Maria Berenice Dias.

[33] ALVIM, Thereza, *Aplicabilidade da teoria da desconsideração da pessoa jurídica no processo falimentar, in* Revista de Processo, nº 87, São Paulo: RT, p. 212.

[34] "A CLT consagra o princípio da despersonalização do empregador e, assim, o empregado vincula-se à empresa, cabendo ao sucessor a responsabilidade pelo ônus trabalhista, facultando o direito de ação regressiva, no foro competente, contra o sucedido. Antes de operada a sucessão, responde pelos débitos laborais quem estiver à frente da empresa." Ac. TRT 8ª Reg., Rel. Juiz Arthur Francisco Seixas dos Anjos, extraído do livro *Sucessão de empresa*, da autoria de Gilberto Gomes, da LTr, 1994, p. 39.

torne uma rota de fuga dos vínculos trabalhistas de nítida natureza alimentar. No compromisso alimentar decorrente do parentesco e das relações afetivas oriundas do casamento ou da união estável, também deve ser quebrada esta rigidez da separação entre pessoa jurídica e pessoa física de seus componentes, nos casos relacionados com obrigação alimentar. Os mesmos instrumentos jurídicos da despersonalização da empresa precisam ser criativamente combinados e utilizados para evitar que a manipulação da pessoa jurídica, com a sucessão de sócios e sociedades e o trespasse de bens, resulte na mascarada insolvência do devedor alimentar.

Alimentos reclamam rápidas e descomplicadas soluções, tanto na ação de alimentos ou sua revisão judicial, como na execução da pensão impaga. Diante da inconteste verdade de que a fome não espera, nem é ela dotada de uma tolerância processual que aceite passiva e pacientemente candentes e longas discussões judiciais que acobertem o doloso delito de abandono material, resplandece a penetração da forma jurídica como eficaz instrumento de real e efetivo acesso ao crédito alimentar.

Quando um devedor de pensão usa a via societária como escudo para cometer fraudulenta insolvência alimentar e transfere seus bens pessoais para uma empresa, ou simula a sua retirada desta mesma sociedade mercantil, está com estes gestos contratuais de lícita aparência causando imenso prejuízo ao seu dependente alimentar. A reação judicial nestes casos há de ser a da episódica suspensão de vigência daquele nefasto ato jurídico, desconsiderando a pessoa jurídica utilizada para fraudar o credor dos alimentos, sem intrincada necessidade de demonstrar a nulidade do ato jurídico de aparente validade, ou de acionar, por via de simulação, empresas e sócios, com fôlego e recursos que o dependente alimentar não possui.

Caimmi e Desimone[35] estão convencidos de que os mecanismos que implicam a penetração das formas jurídicas são perfeitamente aplicáveis aos casos de fraude, onde o devedor procura livrar-se impune da sua obrigação pensional, valendo-se de manobras que simulam sua insolvência alimentar.

Assim agindo, atualizada jurisprudência sempre atenderá às superiores exigências de ordem pública, em confronto à prevalência meramente relativa, da supremacia da personalidade jurídica, pois esta, sendo sujeito de direitos com alcance delimitado em lei, sua intangibilidade cede diante da ilicitude perpetrada pelo abuso ou pela fraude societária.[36]

---

[35] CAIMMI, Luis Alberto & DESIMONE, Guillermo Pablo, ob. cit., p. 23.

[36] A 8ª Câmara Cível do TJRS aplicou a teoria da *disregard* no Mandado de Segurança nº 593116601, com esta ementa:"Mandado de Segurança. Aplicação da doutrina do *disregard*. Em se tratando de empresa em que o controlador tem quase o poder absoluto sobre elas, por ser sócio majoritário, e com a família ainda é sócio majoritário, ao juntarmos as suas quotas, pode ser confundida a pessoa jurídica com a pessoa física dele, eis que, se entendermos que há intangibilidade dos bens da empresa,

Afinal, se o texto penal prescreve a responsabilidade criminal pelo abandono material de dependente alimentar, e nas mesmas penas incorre quem concorre para fraudar obrigação que diz com a vida da pessoa alimentária, certamente será menos gravoso que pela noção de ordem pública presente no Direito Empresarial, valha-se o decisor da despersonificação da pessoa jurídica para que a obrigação alimentícia preserve os pilares sobre os quais se assenta a instituição familiar, espinha dorsal do Estado.

8.13. Sua incidência processual

Villegas diz[37] existirem reiteradas decisões despersonalizando a pessoa jurídica das sociedades e, assim, aplicando diretamente aos sócios os efeitos das normas legais buscadas elidir. E, com efeito, que seria impossível procurar esgotar as possíveis hipóteses de processual incidência da desconsideração da personalidade jurídica,[38] num campo bastante vasto como acontece com os alimentos, um dos institutos mais presentes nos processos relacionados com o Direito de Família, onde seguido pesam sentimentos de ódio e ressentimentos, razões tidas como suficientes para aliviar gastos e fugir de responsabilidades que têm na sua essência sérios efeitos sociofamiliares.

São inesgotáveis as manobras direcionadas a dissimular o arbitramento judicial de uma obrigação alimentícia que deve guardar, por disposição legal, alguma mínima coerência com as possibilidades financeiras daquele que está obrigado a pensionar, assim como são ricas e pródigas as condutas societárias que procuram impedir o cumprimento executivo de um acordo ou de uma sentença alimentar judicial, diminuindo ou desa-

---

por se tratar de uma pessoa jurídica, estaremos atingindo, por via oblíqua, a meação da mulher, ao permitir que esses bens sejam alienados e, assim, seja esvaziado o capital das empresas. Concessão parcial da ordem, para restaurar a segunda decisão proferida pelo juiz, que mandou averbar o ingresso da ação à margem de todos os bens das empresas, por maioria."

[37] VILLEGAS, Carlos Gilberto, *Derecho de las sociedades comerciales*, 7ª edición, Abeledo-Perrot, 1994, p. 46.

[38] Teresa Arruda Alvim Wambier observa com muita perspicácia em seu artigo intitulado – "A desconsideração da pessoa jurídica para fins de partilha e a prova dos rendimentos do cônjuge-varão, na ação de alimentos, pelo nível da vida levada por este", inserto na Obra "Direito de Família, aspectos constitucionais, civis e processuais", coordenado por ela – Teresa Arruda Alvim Wambier e Alexandre Alves Lazzarini, 3º volume, Editora Revista dos Tribunais, p. 182, quando diz que: "Ao que parece a teoria da desconsideração da pessoa jurídica é perfeitamente compatível com o sistema jurídico brasileiro. As dificuldades surgem, todavia, e não são poucas nem pequenas, quando se pensa em como aplicá-la, principalmente no plano do direito de família. Nesse sentido, não há como deixar de reconhecer as dificuldades imensas com que se tem de defrontar o intérprete operador do direito para operativizá-la."

parecendo, com o recurso da personalidade jurídica, o lastro patrimonial.[39] Na tutela executiva, relatando o recurso de apelação nº 598082162[40] interposto por Expresso Itaquiense Ltda. contra a sentença que rejeitou os embargos de terceiro por ele opostos à execução de alimentos ajuizada por R.J. contra P.M.T., a Desa. Maria Berenice Dias decidiu adotar a *disregard doctrine*, admitindo a constrição de bens titulados em nome da pessoa jurídica para satisfazer o débito de alimentos.

8.14. A despersonalização ativa

É caudalosa e escandalosa a gama de fraudes possíveis de perpetrar no fértil terreno do uso abusivo da personalidade jurídica para frustrar e, assim, destruir todas as normas legais e os comandos jurídicos postos à disposição do dependente alimentar na busca do seu exato crédito de alimentos, tão essencial à sua sobrevivência. Contudo, é doloroso deparar com devedores servindo-se da forma societária em seu único benefício, valendo-se do arguto argumento da legal separação de patrimônios entre a sua pessoa física e a pessoa jurídica da qual figuram como sócios, exatamente para buscar um resultado contrário ao direito do seu credor alimentar.

Na doutrina da despersonalização não é desconhecida esta distinção de pessoas, existente entre a sociedade e os seus sócios, e nem a estrutura

---

[39] Na Apelação Cível nº 597135730, da 7ª Câmara Cível do TJRS, julgada em 03.12.97, o seu relator – o Des. Eliseu Gomes Torres – aplicou a teoria da desconsideração da personalidade jurídica ao arbitrar alimentos de doze salários mínimos, mais despesas de moradia e saúde, à esposa de empresário que de forma fraudulenta, diz em seu voto – quando já visualizava a separação do casal –, "doou" sua participação societária na R. Engenharia ao seu pai, numa intenção inequívoca de impossibilitar qualquer pensionamento digno à apelada, porque, a partir daí, passou a sustentar diminuição nas suas condições econômicas.

[40] Com a seguinte ementa: "Embargos de Terceiros. Execução de Alimentos. Descabe escudar-se o devedor na personalidade jurídica da sociedade comercial, em que está investindo todo o seu patrimônio, para esquivar-se do pagamento da dívida alimentar. Impõe-se a adoção da *disregard doctrine*, admitindo-se a constrição de bens titulados em nome da pessoa jurídica para satisfazer o débito. Apelo improvido." 7ª CC, em decisão unânime, cujo aresto é datado de 24 de junho de 1998. Relata no corpo deste acórdão que: "A conveniência de sua utilização no âmbito do Direito de Família já foi abordado por Rolf Madaleno, em artigo intitulado *A disregard no Direito de Família*, publicado na Revista Ajuris, nº 57, p. 57/66: ... Como noticiado pelo executante, ora apelado, nos autos apensos, não há quaisquer bens em nome do executado como pessoa física, ao passo que a pessoa jurídica que ele integra possui vários bens, além dos dois caminhões constritados. Nesse passo, não se pode ter como absoluta a autonomia da pessoa jurídica, utilizada aqui com o evidente intento de esquivar-se do encargo alimentar, sob pena de obstacularizar-se a satisfação do crédito do alimentado. Sendo o executado detentor de 50% das quotas de capital social da empresa embargante, e noticiado que o patrimônio social se constitui de vários bens além dos que foram objeto de penhora, nada impede que tais sejam constritos para satisfação da dívida exeqüenda, o que vai ao encontro do ideal de justiça que tanto se persegue."

de divisão patrimonial. Sucede com a doutrina da desestimação da pessoa jurídica que não lhe importa o desconhecimento de todos os efeitos da personalidade societária, senão a inoponibilidade e ineficácia de determinados efeitos provenientes do uso exorbitante de seu objeto social, em prejuízo alheio. Desimportam as atividades licitamente realizadas pela sociedade, mas cabe buscar os atos abusivos daquele sócio que se escondeu sob a máscara jurídica para causar dano a terceiro que é seu credor, sem que este precise recorrer às vias jurídicas da simulação, revogação e outras tantas complicadas ações de nulidade e anulação de atos jurídicos decorrentes do uso abusivo do meio técnico da personalidade jurídica.

Dentre as múltiplas aplicações da despersonalização do artigo 50 do Código Civil brasileiro, caso clássico pode ser vislumbrado nas ações de alimentos ou de sua revisão processual, esta representada por demanda que busca a majoração judicial da primitiva e defasada pensão baseada no aumento de fortuna do alimentante, em sintonia temporal com o crescimento das necessidades do alimentário, a justificar o ingresso da ação revidenda.

O Tribunal de Justiça do Rio Grande do Sul, por sua 8ª Câmara Cível, na Apelação Cível nº 590092128, empregou a então ainda chamada teoria da desconsideração da personalidade jurídica em ação revisional de alimentos ajuizada pelo filho menor contra o pai, em situação onde o acionado dissimulara sua condição de sócio majoritário de uma empresa de informática, ao transferir, depois de sua separação judicial, 99% das quotas do capital social para interposta pessoa. Com este estratagema, o réu contestou a ação revisional, dizendo não ser o sócio majoritário, mas sim, um mero prestador de serviços à sociedade, cujas quotas eram detidas pela genitora de sua segunda mulher.

Com a procedência da ação o réu apelou, reeditando deter somente 1% do capital social da empresa. Em seu voto, o relator, Des. Clarindo Favretto, sustentou ser evidente que o artigo 20 do Código Civil de 1916 ainda vigente ao tempo do julgamento não permitia confundir a pessoa jurídica com as pessoas físicas dos membros que compõem a sociedade e nem seus respectivos patrimônios. Contudo, quando a pessoa física procura se ocultar por trás das aparências da pessoa jurídica, *há que se delir essa ficção, desconsiderando-a*.[41]

Deste modo, sem anular o contrato social que registrava minoria societária do devedor alimentar, e sem também dissolver qualquer destas

---

[41] Ap.Civ. nº 590092128 da 8ª CC do TJRS: "Alimentos. Ação Revisional. Aptidão da Pessoa Física, titular da Pessoa Jurídica, para pensionar. A Teoria da Personalidade (art. 20 do Código Civil). Desconsideração. A transferência de quotas sociais, do sócio quase absoluto de empresa, para o nome de sua sogra, em evidente fraude à Lei de Alimentos, é ineficaz em face do credor. Sentença confirmada."

estratégias de notória fraude usadas pelo obrigado alimentar para fugir à revisão dos alimentos, tratou o tribunal de ignorar a invocação processual da técnica societária e imputar ao apelante uma pensão majorada pela convicção de que era ele um oculto sócio majoritário.

Existe um rico e inesgotável catálogo de expedientes societários indevidamente utilizados no malicioso afã de iludir obrigações advindas dos vínculos afetivos de união estável e do casamento, e das relações de parentesco, nele incluído o artifício de transferência do patrimônio particular do devedor alimentar para o patrimônio de empresa onde figura como sócio, causando, pelo esvaziamento de seu privado lastro patrimonial, fraudulenta insolvência alimentar, que assim procura servir de obstáculo à cobrança executiva de pretéritas pensões.

Nesta hipótese, a aplicação da doutrina de despersonalização faz com que os atos do sócio sejam atribuídos à sociedade, permitindo sejam alcançados os bens desviados para dentro da sociedade jurídica. Em requerimento promovido no ventre de processo de execução de alimentos dirigido contra a pessoa física do devedor pensional, confere o juiz a penhora de bens por ele transferidos para uma sociedade mercantil da qual participa como sócio, tal como concedeu o Tribunal de Justiça do Estado do RS, no Agravo de Instrumento nº 598045185, da 8ª Câmara Cível, que requerera a penhora de veículo importado, transferido do patrimônio particular do devedor alimentar para uma *holding* que ele constituíra no Uruguai.

Procedem, neste aspecto, as conclusões trazidas por Efraín Hugo Richard e Orlando Manuel Muiño,[42] de que na penetração da pessoa jurídica não é necessário imputar um ato a uma pessoa, senão saber quem é o responsável por este determinado ato ou por sua abstenção, e estes que aparecem como terceiros, sócios ou sociedades, são responsabilizados pelo abusivo uso da forma societária.

8.15. A despersonalização ativa inversa

É com prudência e excepcionalidade que o juiz deve aplicar a penetração da personalidade jurídica, já que seu uso desmensurado pode levar a desestimar a estrutura formal das sociedades, trazendo para o direito a incerteza e a insegurança das relações jurídicas.[43] Portanto, poderia causar natural desconforto a alegação de que pela penetração da máscara socie-

---

[42] RICHARD, Efraín Hugo; MUIÑO, Orlando Manuel, *Derecho societario*, Buenos Aires: Astrea, 1998, p. 751.
[43] Idem, p. 757.

tária, seria possível responsabilizar a pessoa jurídica pelo pagamento mensal da prestação alimentar.

Julio Alberto Díaz[44] questiona esta possibilidade ao inquirir se não seria possível conceber "a existência de um abuso da personalidade física, quando o sujeito visa, através da utilização do ente moral, mais ou menos fictício, fugir das responsabilidades que lhe competem."

De fato, pelo mau uso da sociedade, a penetração da pessoa jurídica permite imputar a responsabilidade em ambas as direções, *da sociedade ao sócio, ou do sócio à sociedade*.[45]

Considere-se numa execução de alimentos provisionais arbitrados pela riqueza externa do alimentante comerciante que de principal sócio de sólida empresa dela retira-se mediante alteração contratual de transferência das suas quotas, não mais mantendo, por documentos, qualquer vínculo social, muito embora prossiga administrando a empresa por procuratório outorgado por seu atual sucessor.

Sem bens particulares e sem participar da sociedade que de absoluta má-fé o auxilia na montagem desta encenação societária, vale-se o executado em juízo do recurso técnico de que já não é empresário e que se encontra em indigência financeira que o inviabiliza de pagar as pensões em atraso. Talvez a solução deste obstáculo contratual esteja escorada na aplicação processual e episódica, e inversa, da desconsideração da personalidade jurídica da empresa que o acoberta, simulando seu afastamento da sociedade, não obstante as evidências desmintam a trama arquiteta para esconder do quadro social o devedor alimentar. Ora, nada mais acertado do que atribuir à sociedade que se desvirtua de seu objeto social a titularidade passiva da obrigação alimentar do sócio que ela esconde sob a máscara societária. Sucede a empresa, que se vale da fraude ou do abuso, no dever de pagar as prestações mensais dos alimentos, enquanto persistir a trama entre eles engendrada para prejuízo do credor. Sobre esta solução, Otaegui[46] consigna que "a precedência da separação entre a sociedade e os sócios leva tanto a que os credores da sociedade tenham possibilidade de dirigir-se contra o patrimônio dos sócios, como a que os credores de um destes possam dirigir-se contra o patrimônio da sociedade."

É legítimo *desconsiderar* a pessoa física e *considerar* o ente social como responsável frente aos terceiros não componentes do grupo, como sugere Julio Alberto Díaz.[47] Cuida-se da despersonalização inversa, que

---

[44] DÍAZ, Julio Alberto, *Responsabilidade coletiva*, Belo Horizonte: Del Rey, 1998, p. 150.

[45] RICHARD, Efraín Hugo; MUIÑO, Orlando Manuel, ob. cit., p. 753.

[46] OTAEGUI, Julio C. *Inoponibilidad de la personalidad jurídica*, in Anomalias societarias, Editora Advocatus, p. 106.

[47] DÍAZ, Julio Alberto, ob. cit., p. 151.

capta a autêntica realidade que se oculta atrás da personalidade societária, onde sócio e sociedade se associam no propósito de encobrir a obrigação alimentícia do devedor executado, olvidando-se ambos que excedem o objetivo social e, com afronta à ordem pública, elidem criminosamente o direito alimentar que busca assegurar a vida como o mais importante de todos os direitos. Na ação de Separação Judicial Litigiosa nº 01291069282, que tramitou pela 1ª Vara de Família e Sucessões de Porto Alegre, o juiz monocrático enfrentou em sentença a questão do afastamento meramente formal do réu da sociedade comercial que até as vésperas da sua separação judicial era por ele dirigida. Em sua decisão, o juiz singular destacou a simulação do afastamento do réu da direção da empresa G.A.J., aduzindo ser "caso típico, em tese, de exigir da pessoa jurídica o pagamento alimentar que o réu insiste em não poder fazer, pela aplicação da teoria da despersonalização da pessoa jurídica."

A prova demonstrou que o réu continuava à testa da sociedade, tanto que ele próprio, não resistindo às evidências da prova que teimava em registrar sua diuturna presença nos escritórios do estabelecimento, tentou justificar-se com a alegação de que costumava comparecer na sociedade "para inteirar-se da situação da empresa".

Portanto, se é crime contra a administração da justiça, punível com a privação da liberdade, concorrer livre e conscientemente para elidir o pagamento de pensão alimentar, ao deixar de prestar ao juízo competente as informações necessárias à instrução do processo alimentar, certamente não deixará de ser menos punível a atitude da empresa que concorre para elidir o pagamento do débito alimentar de um de seus sócios, aceitando simular sua formal retirada da sociedade, muito embora ele prossiga, de fato, à testa das suas primitivas funções e encargos societários. Ora, se através da Lei 9.605, de 12 de fevereiro de 1998, as pessoas jurídicas podem ser penalmente responsabilizadas, sem prejuízo da imputação de seu representante legal, com maior coerência ainda, e isto mostra com clareza Sérgio Salomão Shecaira[48] que: "não se pode deixar de reconhecer que as pessoas jurídicas podem – e têm – decisões reais", e, se a sua admoestação tem severa conseqüência econômica e delituosa, não há razões verdadeiramente sérias para deixar de imputar a responsabilidade coletiva e atribuir à sociedade o pagamento da pensão que ela ajuda a elidir.

---

[48] SHECAIRA, Sérgio Salomão, *Responsabilidade penal da pessoa jurídica*, São Paulo: RT, 1998, p. 148.

9. Revisão dos alimentos liminares

9.1. Alimentos liminares

Alimentos no mundo jurídico respeitam às prestações em dinheiro ou em espécie, fornecidas por uma pessoa a outra para que ela possa viver.[1] A prestação alimentícia busca justamente suprir as carências que impedem a geração de recursos próprios, com fundamento num princípio de solidariedade familiar ou parental.[2] Os alimentos visam a garantir a própria subsistência do ser humano, direito fundamental e quando uma pessoa não consegue subsistir por seus próprios meios, frente às suas carências, limitações ou dificuldades, a lei impõe aos que com ele integram uma mesma comunidade familiar, um dever recíproco de solidariedade. Arnaldo Rizzardo dá a exata dimensão da real representação do vínculo alimentar, quando recorda estar fundamentada a obrigação alimentícia num interesse superior, que é a preservação da vida humana e a necessidade de dar às pessoas certa garantia no tocante aos seus meios de subsistência.

A disciplina judicial do alimentos está governada por um indisfarçável interesse público, relacionado na integridade da pessoa, sua conservação e sobrevivência, como direitos inerentes à personalidade. São normas de ordem pública, ainda que impostas por motivo de humanidade, de piedade ou solidariedade, complementa Rizzardo,[3] pois resultam do vínculo de família, aliás, base da sociedade.

Disso resulta bastante presente a importância no contexto processual dos alimentos serem deferidos no limiar do procedimento judicial, concedidos em cognição sumária, freqüentemente sem a prévia audiência da

---

[1] VIANA, Marco Aurelio S. *Alimentos, ação de investigação de paternidade e maternidade*, Belo Horizonte: Del Rey, 1998, p. 102.

[2] RIZZARDO, Arnaldo. *Direito de Família*, vol. II, Rio de Janeiro: AIDE, 1994, p. 669.

[3] Idem, p. 670.

parte oponente, pela particular urgência de que se reveste o direito alimentar para assegurar a subsistência da pessoa alimentada.

Portanto, como visto, a expedição de mandado judicial de deferimento liminar de alimentos provisórios ou provisionais ou através da tutela antecipada, tem a sua justificativa na sua função emergencial de prover a pessoa necessitada de meios materiais capazes de garantir a sua sobrevivência na pendência do processo que usualmente pesquisa o direito à concessão e a quantificação final do crédito alimentar. Com processos tradicionalmente morosos, seria impensável permitir que a subsistência diuturna de um dependente alimentar pudesse aguardar no tempo, enquanto fossem travadas as longas discussões jurídicas, num sistema processual que assegura tantas oportunidades de defesa e uma infinidade de engenhosos e intermináveis recursos, capazes de postergarem até a exaustão da tolerância humana, a solução jurídica dos litígios.

Anota Paulo Lucon que a demora na outorga da prestação jurisdicional aumenta os custos para as partes e pressiona os economicamente fracos a abandonarem suas causas, ou a aceitarem acordos por valores muito inferiores àqueles a que teriam direito.[4] Marinoni, com o escólio de Andolina, fala em *dano marginal*, como conseqüência intrínseca da lentidão processual.[5] Dano inaceitável no âmbito do direito aos alimentos, dado à fundamental importância do instituto alimentar, pois intimamente ligado à vida da pessoa, à sua subsistência física e moral, vinculado à integridade e à dignidade do alimentário, cujo crédito não pode ser adiado sob hipótese alguma, sendo encargo diferenciado e especial na seara do Direito de Família. Logo, não é outra a finalidade da concessão dos alimentos liminares, senão a de propiciar ao credor os meios mínimos e urgentes, destinados a assegurar a sua manutenção durante o desenvolvimento do processo.

Destaca Carlos Alberto Alvaro de Oliveira[6] a função jurisdicional dos alimentos liminares pautada na necessidade urgente do credor. Muito embora o juiz possa decidir mais tarde de modo diverso, mediante uma cognição plena, no âmbito da apreciação liminar, deve ser considerado apenas que a vida não pode esperar comodamente, até quando restem solvidas entre os litigantes as suas dissensões pessoais que vão sendo transportadas para o processo alimentar, no contrafluxo da efetividade reclamada em nome da necessidade e da solidariedade alimentar.

---

[4] LUCON, Paulo Henrique dos Santos. *Eficácia das decisões e execução provisória*, São Paulo: RT, 2.000, p. 171-172.

[5] MARINONI, Luiz Guilherme. *Tutela antecipatória, julgamento antecipado e execução imediata da sentença*, São Paulo: RT, 4ª ed., 2.000, p. 20.

[6] OLIVEIRA, Carlos Alberto Alvaro de. *A tutela cautelar antecipatória e os alimentos initio litis*, Revista de Processo, nº 49, São Paulo: RT, p. 93.

9.2. Alimentos provisórios e alimentos provisionais

Há que se concordar com João Batista Lopes[7] quando informa que os alimentos provisionais constituem forma de tutela diversa dos alimentos provisórios. Infelizmente o tema vem sendo pouco debatido e tem gerado muita confusão, valendo-se alguns cultores e muitos intérpretes de ambas as expressões jurídicas como se fossem sinônimas e, com efeito que sinônimas elas não são, embora carreguem alguns traços de semelhança, transitam em faixas acentuadamente diferentes, muito embora até possa ser asseverado que o alcance processual dos alimentos provisionais é mais abrangente e que pode, dependendo apenas da faculdade discricionária da parte litigante, atender aos mesmos propósitos daquele demandante que se serve da instituto dos alimentos provisórios, cuja órbita de aplicação processual é restrita àqueles que de início já comprovam o seu vínculo de parentesco.

Seu ponto em comum está estruturado na possibilidade das duas espécies de tutela alimentar preverem a expedição de mandado liminar, deferindo o adiantamento dos alimentos iniciais, fixados em caráter temporário pelo juiz da causa, para garantir os recursos necessários à subsistência do alimentário no fluir do processo.

Como bem expôs Carlos Alberto Alvaro de Oliveira,[8] existem duas tutelas jurisdicionais estruturalmente distintas, mas com a mesma função de prover liminarmente a subsistência do alimentando. Regidos pela Lei nº 5.478/68 estão os alimentos provisórios, que podem ser postulados quando se achem provadas a relação parental e a obrigação alimentar. Já os alimentos provisionais defluem da tutela cautelar prevista nos arts. 852 e ss. do Código de Processo Civil e dependem dos pressupostos normais da tutela assecurativa, do *fumus boni juris* e do *periculum in mora*. Interessante observar que os alimentos cautelares ou provisionais, não clamam a prova imediata do vínculo parental, embora também não signifique dizer que a sua postulação judicial esteja restrita aos que não possuem prova antecipada de relação de parentesco.

Marco Aurelio S. Viana também traz a sua contribuição para a plena elucidação de tema gerador de tantas dúvidas e equívocos processuais. Segundo Viana, é o Código de Processo Civil em seus artigos 852 a 854, que fala em alimentos provisionais, enquanto a Lei nº 5.478/68 dispõe a

---

[7] LOPES, João Batista. *Medidas liminares no Direito de Família*, In liminares, coordenado por Teresa Arruda Alvim Wambier, RT: São Paulo, p. 62. Diferentemente é a idéia trazida por Arnaldo Rizzardo, *Direito de Família*, ob. cit., vol. II, p. 750, quando assevera que os vocábulos *alimentos provisionais* e *alimentos provisórios* "guardam uma sinonímia quase perfeita, não tendo maior diferença prática a utilização de uma e outra expressão."
[8] OLIVEIRA, Carlos Alberto Álvaro de. *A tutela cautelar antecipatória...*, ob. cit., p. 99.

respeito dos alimentos provisórios.[9] Prossegue esse festejado autor mineiro, esclarecendo terem ambos os institutos a mesma finalidade, identificada na concessão temporária e preliminar dos alimentos, para que o credor possa atender à sua subsistência no correr do processo. Mas, a distinção vai além da própria terminologia, porquanto os alimentos provisórios têm lugar na Lei de Alimentos (Lei nº 5.478/68), e os provisionais são pedidos em caráter preparatório ou incidental, nas hipóteses do artigo 852 do CPC. Ou seja, lhes dá a duvidosa configuração de tutela cautelar, pendente sempre, de uma demanda posterior, como reza o artigo 796 do vigente Diploma Processual Brasileiro e, deferidos para prevenir riscos de dano.

9.3. A cautelar satisfativa como primeiro passo de evolução

A regra das ações cautelares ordenadas na processualística brasileira como sendo integrantes de um terceiro gênero de processo, posto ao lado do procedimento ordinário e da execução, é de as cautelares serem instauradas antes ou no curso da ação principal e deste seriam sempre dependentes, dando a impressão de sempre existir um processo principal atrelado a uma demanda cautelar.

De fato a medida cautelar tem a precípua função instrumental de proteger a tutela pretendida no processo principal contra os efeitos danosos do tempo.[10] Entrementes e isso demonstra claramente Alice Birchal,[11] existem medidas onde a tutela cautelar já foi satisfatória, restando sem nenhuma utilidade prática a instauração de um processo a ser chamado de principal, como disso é frisante exemplo a cautelar de entrega de bens de uso pessoal do cônjuge e dos filhos, admitida pelo art. 888, II, do CPC. São ações cautelares consideradas satisfativas, que dispensam posterior discussão na chamada ação principal, ou como arremata Alice Birchal:[12] "são medidas de urgência que bastam para solucionar o mérito da questão, ferindo de morte o objeto da ação principal, que por isso não precisará ser proposta por inócua."

Vale recolher para desfecho, a lição de Lucon,[13] ao expor sobre o estreitamento do vínculo de instrumentalidade verificado entre determinados processos cautelares e suas ações principais, atingindo um índice de

---

[9] VIANA, Marco Aurelio S. *Alimentos, ação de investigação...*, ob. cit., p. 173.
[10] LUCON, Paulo Henrique dos Santos. *Eficácia das decisões...*, ob. cit., p. 168.
[11] BIRCHAL, Alice de Souza. *Tutelas urgentes de família no Código de Processo Civil, sistematização e exegese*, Belo Horizonte: Del Rey, 2000, p. 75.
[12] BIRCHAL, Alice de Souza, ob. cit., p. 76.
[13] LUCON, Paulo Henrique dos Santos. *Eficácia das decisões...*, ob. cit., p. 169.

autonomia, que faz com que o processo deixe de ser cautelar, passando a outorgar os mesmos resultados da ação principal. A tutela sumária satisfativa visa à realização do direito,[14] em provimento que não acautela esse direito, mas antes, o realiza.

9.4. O benfazejo da tutela antecipada

Muito mais para dar efetividade ao direito e ao anseio do jurisdicionado e deixando de lado as medidas jurídicas destas verdadeiras filigranas processuais, marcadas pelo acúmulo de demandas do gênero cautelar e principal, mas nem sempre nesta mesma ordem, foi que surgiu a tutela antecipada como uma das mais úteis e festejas das reformas do direito instrumental.

Segundo a visão de Carlos Alberto Alvaro de Oliveira,[15] as tutelas cautelar e antecipatória compartilham do mesmo gênero, destinado à prevenção do dano, porquanto adiantam o direito a que a parte usualmente estaria fadada a aguardar com o exaurimento da cognição probatória. No entanto, a Lei nº 8.952, de 13 de dezembro de 1994, introduziu a possibilidade de tutela antecipada dos efeitos pretendidos no pedido judicial, quando vez presentes a prova inequívoca e a verossimilhança da alegação.

É a possibilidade de buscar provimento prefacial no corpo do próprio processo principal, indiferente à cautelar antecipatória ou incidental e distante dos limites e dos percalços probatórios do processo de conhecimento.

O emprego da tutela antecipada no terreno do direito alimentar veio trazer mudanças significativas na concessão liminar de alimentos vindicados em ação unitária que poderia ser nominada meramente, como ação ordinária de alimentos com tutela antecipatória, quanto uma demanda de separação judicial, divórcio, dissolução de união estável ou mesmo de guarda de filhos, todas integradas de um pedido cumulativo ou incidental de adiantamento do crédito alimentar através da judicial tutela antecipada.

9.5. O caminho inverso da revisão dos alimentos

No espectro da revisão dos alimentos ficam inseridas as hipóteses de majoração, redução e extinção da pensão alimentícia previamente arbitra-

---

[14] OLIVEIRA, Flávio Luís de. *A antecipação da tutela dos alimentos provisórios e provisionais cumulados à ação de investigação de paternidade*, São Paulo: Malheiros, 1999, p. 20.
[15] OLIVEIRA, Carlos Alvaro de. *A tutela de urgência e o Direito de Família*, São Paulo: Saraiva, 1998, p. 27.

das por precedente acordo, despacho ordenatório ou decisão judicial, sempre que houver alguma modificação nas necessidades do destinatário dos alimentos ou nas possibilidades do alimentante, conforme artigo 1.699 do Código Civil de 2002 (Lei nº 10.406). Para Basílio de Oliveira,[16] a denominação *revisão de alimentos* deve ser reservada para as hipóteses de aumento ou de diminuição da pensão, e a ação de exoneração é expressão indicada para definir a extinção da obrigação alimentar.

De qualquer modo, tanto como existe o interesse no provimento liminar do arbitramento inicial do crédito alimentício, também perdura o propósito revisional ou exoneratório da obrigação ou do dever alimentar do ponto de vista de quem está obrigado a prestar os alimentos. Deve ser lembrado que os alimentos, embora transitem até formal e materialmente em julgado, sempre podem ser revistos quando presente nova realidade financeira de quem paga ou mesmo de quem recebe a pensão alimentícia.[17]

E se o maior tormento do jurisdicionado é precisar aguardar em longo compasso de espera o provimento final da tutela jurisdicional, esta natural ansiedade se faz muito mais contundente quando a demanda vindica o vital crédito alimentar ou a rediscussão judicial de seu montante e até de sua exoneração processual. Isto porque, de um lado, figura o destinatário da pensão que almeja majorá-la para poder fazer frente ao custo real de sua digna sobrevivência, enquanto desponta no outro extremo o devedor desta mesma pensão, interessado em conectar a obrigação alimentar com a sua efetiva potencialidade financeira em equilíbrio com as reais necessidades do alimentário.

Para os contendores que em juízo disputam a prestação alimentícia, é fundamental a celeridade do provimento judicial, tanto para fixar como para revisar e até extinguir a obrigação alimentar, que pode ser fonte de transitórias injustiças ao onerar o alimentando com a redução liminar e até a exoneração e o alimentante com o excesso na majoração incidental do valor originariamente arbitrado para garantir o sagrado direito alimentar.

Assim sendo, a decisão liminar advinda da revisão através de uma cautelar provisional e incidental ou mesmo em tutela antecipada, trará, obrigatoriamente, diferentes reflexos no resultado final da ação de revisão alimentar prevista pelo artigo 13 e respectivos parágrafos da Lei dos Alimentos de 1968 (Lei nº 5.478).

---

[16] OLIVEIRA, Basílio. *Alimentos: Revisão e exoneração, de acordo com a Constituição Federal de 1988*, Rio de Janeiro: BVZ, 1993, p. 61.

[17] Há controvérsia acerca do princípio da coisa julgada na ação de alimentos, figurando dentre os que lhe dão existência doutrinária Adroaldo Furtado Fabrício, *A coisa julgada nas ações de alimentos*, Revista Ajuris, 52/28 e em posicionamento contrário, também dentre outros, José Orlando Rocha de Carvalho, *Alimentos e coisa julgada*, São Paulo: Oliveira Mendes, 1998.

9.6. Dos efeitos da apelação nos alimentos

Prescreve o artigo 14 da Lei nº 5.478/68, que da sentença de alimentos cabe a apelação no efeito devolutivo, como de igual estatui o artigo 520, inciso II, do CPC deva ser recebida no efeito meramente devolutivo a apelação interposta de sentença que condenar à prestação de alimentos. De acordo com Yussef Said Cahali: "quando a ação de alimentos é julgada improcedente, a sentença não é condenatória de prestação alimentícia, e neste caso a apelação interposta será recebida em ambos os efeitos, segundo a regra geral do art. 520, *caput*, do CPC; o recurso terá efeito meramente devolutivo apenas quando se tratar de sentença condenatória de alimentos".[18]

Ao que tudo indica, em sede de alimentos deve, em princípio, prevalecer a finalidade protetiva ao alimentando,[19] ensejando e sempre, o efeito apenas devolutivo sobre a decisão judicial que condenar ao pagamento de alimentos, valendo o duplo efeito incidente sobre a apelação apenas quando a sentença não arbitrar alimentos, permitindo deste modo a permanência dos alimentos liminares (provisórios, provisionais ou concedidos em tutela antecipada), até o final trânsito em julgado do recurso de apelação.

Importante lembrar que em torno do recurso especial ao STJ e o extraordinário endereçado ao STF seguem sendo aplicadas as regras de suspensividade da sentença, em sintonia com o § 3º do artigo 13 da Lei dos Alimentos, ao passo que para a decisão cautelar vale evocar o contido na parte final do artigo 807 do CPC, quando explicita que as medidas cautelares podem ser revogadas ou modificadas a qualquer tempo.

9.7. A relativização do efeito suspensivo

O rigor contido na regra de proteção ao alimentário e que implica a aplicação processual do efeito meramente devolutivo ao recurso interposto

---

[18] CAHALI, Yussef Said. *Dos alimentos*, 4ª ed., São Paulo: RT, 2.002, p. 822.

[19] Nesta direção o aresto unânime da 7ª CC do TJRS n. 70002977809, de 27.02.2002, sendo relator o Des. Sérgio Fernando de Vasconcellos Chaves: "Embargos do devedor. Execução de alimentos. Apelação em ação de majoração. Efeito meramente devolutivo. Abatimento de valores. Litigância de má-fé. 1. Constitui regra elementar de hermenêutica a de que as exceções não comportam interpretação extensiva nem analógica, mas é imperioso seu exame teleológico. Aplica-se para a decisão que majora os alimentos a exceção prevista no art. 520, inc. II do Código de Processo Civil, cuja finalidade é claramente protetiva ao alimentando. Incidência do art. 13, § 2º, da Lei nº 5.478/68. 2. Descabe abatimento de valores pagos anteriormente ao acordo entabulado pelas partes no saldo devedor. 3. Se a parte não falta com o dever de lealdade processual, questionando incidência de disposição legal com argumentos jurídicos plausíveis e buscando reduzir o saldo devedor mediante prova razoável, procurando interpretação que lhe é favorável em cláusula de acordo firmado anteriormente, cumpre afastar a averbação de litigância de má-fé e seus consectários. Recurso provido em parte."

nas demandas de pensão alimentícia, salvo quando houver sentença denegatória dos alimentos, deve ser visto com muito mais complacência e merece ceder espaço quando ainda está no campo da mera cognição sumária.

Vale recordar, para início de argumentação, a distinção jurídica decorrente do pedido de alimentos chamados provisórios e fundados na Lei n. 5.478/68, dos alimentos cautelares denominados de provisionais e decorrentes do artigo 852 do CPC, afora a pensão alimentar surgida da antecipação de tutela.

Conforme prescreve Yussef Said Cahali: "E são casos de *alimentos provisórios* a serem concedidos, a teor do art. 4º da Lei 5.478/68, ao ser despachada a inicial ou posteriormente no curso do processo, em ações alimentares típicas depois de cessada a convivência conjugal (de fato ou de direito, pela separação judicial ou pelo divórcio); e nas ações de alimentos ajuizadas pelos filhos ou pelos parentes beneficiários".[20]

Tratando-se de *alimentos provisionais*, a sua concessão sujeita-se aos pressupostos das medidas cautelares específicas do Código de Processo Civil: *fumus boni juris* e *periculum in mora*; dispondo o art. 854 que, "na petição inicial, exporá o requerente as suas necessidades e as possibilidades do alimentante", e acrescentado o parágrafo único que "o requerente poderá pedir que o juiz, ao despachar a petição inicial e sem audiência do requerido, lhe arbitre desde logo uma mensalidade para mantença."

Sendo os alimentos concedidos com fundamento na lei alimentar, como provisórios ou como provisionais em caráter cautelar, na primeira hipótese serão devidos até a decisão final, inclusive o julgamento do recurso extraordinário, subsistindo a sua eficácia ainda que a sentença tenha reduzido o valor alimentar fixado em decisão liminar. A mesma conclusão não pode, no entanto, ser estendida aos alimentos provisionais que sofrem com a sentença judicial uma redução do valor arbitrado em provimento liminar, principalmente quando observada a função retroativa da sentença alimentar, disposta no § 2º do artigo 13 da Lei n. 5.478/68 ao dispor que, "em qualquer caso, os alimentos fixados retroagem à data da citação."

E se os alimentos retroagem em qualquer caso à data da citação, como bem lembra Yussef Said Cahali,[21] "o alimentante deverá responder pelas *diferenças* entre os alimentos pagos a menor e aqueles fixados em quantia maior, quando melhor dimensionados os pressupostos do binômio possibilidade-necessidade; não se exclui, porém, aqui, por eqüidade e em função das circunstâncias do caso concreto, que diverso critério seja observado, que os alimentos definitivos majorados só sejam devidos a

---

[20] CAHALI, Yussef Said. ob. cit., p. 851.
[21] Idem, p. 872-873.

partir da sentença final." E arremata Cahali: "Por idêntica razão, *ocorrendo a redução da pensão pela sentença definitiva*, o melhor entendimento orienta-se no sentido de que, uma vez reduzida a pensão provisional (cautelar ou provisória), a redução prevalece desde a data da sentença contra a qual houve apelação com efeito apenas devolutivo: como os alimentos provisoriamente fixados podem ser revistos a qualquer tempo e como, 'em qualquer caso, os alimentos fixados retroagem à data da citação',[22] também aqui a sentença opera a substituição *ex tunc* dos alimentos provisionais ou provisórios pelos definitivos, ressalvada apenas a irrepetibilidade daquilo que já tiver sido pago pelo devedor..."

E isso porque não há como impor ao alimentante que restou vencedor com a prolatação de sentença judicial que reduziu a verba alimentar liminar, mesmo que pendente de recurso, a obrigação de continuar pagando alimentos à parte vencida, no patamar em que fixados em sumário plano processual e que cederam lugar para os alimentos definitivos, eis que os provisórios a própria sentença reconheceu serem indevidos naquele montante inicial.

Projetando para o plano prático, alimentos provisionais de quinze salários mínimos que são reduzidos no momento da sentença, para dois salários mínimos, exaurida a cognição probatória, não podem ser judicialmente exigidos e inclusive em sede de execução, quando a sentença, mesmo não transitada em julgado, já reconheceu que o alimentante não podia pagar essa quantia elevada e quando também foi verificado que era excessivo o valor provisionalmente arbitrado.

9.8. O princípio da irrepetibilidade dos alimentos

O Superior Tribunal de Justiça e respeitável jurisprudência dos tribunais brasileiros têm afirmado que mesmo quando superveniente sentença favorável ao alimentante, reduzindo o valor dos alimentos provisionais, não lhe afeta o direito de executar as prestações vencidas e não pagas, porque do contrário, os devedores seriam incentivados ao descumprimento da obrigação alimentar antecipada por despacho proferido no intercurso da lide.[23]

Este também foi o entendimento unânime da 7ª Câmara Cível do Tribunal de Justiça do Estado do Rio Grande do Sul, na Apelação Cível

---

[22] Idem, p. 873.
[23] Esta é a orientação da 4ª Turma do STJ, sendo rel. o Ministro Ruy Rosado de Aguiar, em aresto datado de 13.06.1994, Julgados do STJ 47/45 e referido por Yussef Said Cahali, ob. cit., p. 886, nota 107.

nº 70002642460,[24] sustentando que os "alimentos fixados no acórdão dispõe de efeito retroativo, vindo a alcançar o ato citatório. Seja porque o inciso II do art. 520 do CPC concede efeito singular ao recurso de decisão que fixa alimentos ou porque o § 3º do art. 13 da Lei de Alimentos, modo expresso, diz que os alimentos são devidos até a decisão final". Tudo porque não se poderia premiar o inadimplemento do devedor, como referiu de igual o STJ, porquanto os devedores seriam incentivados ao descumprimento da pensão, aguardando o desfecho do processo principal.

9.9. A eqüidade processual do direito alimentar

Salvo melhor juízo, maior razão não prevalece ao entendimento suso vertido de que os alimentos provisórios, mesmo quando reduzidos em ato sentencial à vista do excesso de sua liminar fixação, ainda assim deverão ser pagos na sua quantificação original, para não servir de incentivo ao seu descumprimento, no aguardo do desfecho do processo. Começa que usualmente os alimentos, quando arbitrados provisionalmente em excesso, já não são pagos porque extrapolam as possibilidades do alimentante, assim como extrapolam as necessidades do alimentando e atiçam o sentimento de completa inconformidade do devedor, pois é cediço que os alimentos provisionais fixados em cognição sumária podem ser alterados no transcorrer do processo.

Tratando-se de alimentos provisórios concedidos com fundamento no art. 4º da Lei nº 5.478/68, serão devidos até a decisão final, inclusive o julgamento do recurso extraordinário que pode, antes, depender do recurso especial.

Tratando-se de alimentos provisionais e de cunho cautelar, podendo ser revogadas ou modificadas a qualquer tempo, sendo contudo imperioso prescrever que tanto se trate de uma modalidade alimentar ou de outro ritual, em qualquer hipótese pode ser promovida a revisão incidental do crédito alimentar inicialmente despachado.

Sucedendo a majoração da pensão pela sentença final, como os alimentos retrocedem à data da citação, acabam substituindo os valores concedidos em liminar, cometendo ao devedor responder pelas diferenças levantadas entre os valores pagos no curso da lide em caráter liminar e os valores determinados na sentença meritória.

---

[24] Com esta ementa relatada pela Desa. Maria Berenice Dias, em 27 de junho de 2.001: "ALIMENTOS PROVISÓRIOS. EXECUÇÃO. Cabível a execução dos alimentos provisórios, pois a decisão que os arbitra configura título executivo judicial. O valor dos alimentos fixados provisoriamente vigora até a data da decisão que os reduziu, ainda que a decisão esteja sujeita a recurso. APELO IMPROVIDO."

Aqui prevalece o interesse natural do credor em receber exatamente o valor alimentar coerente com o binômio da possibilidade e da necessidade e assim reconhecido e quantificado na sentença. Já por seu turno, sucedendo a redução da pensão provisional na sentença, esta redução deve prevalecer desde a data da sentença e com efeito retroativo à data da citação.

É claro que os alimentos provisionais já pagos à maior são irrepetíveis, pois não podem ser reclamados porque a decisão final os considerou excessivos, mas, *a contrario senso*, também não podem ser executados os alimentos que, julgados excessivos, foram reduzidos pela sentença judicial, até porque, sendo cautelares ou provisionais, já por este característico deveriam ser havidos como revogados ou modificados, eis que o artigo 807 do CPC informa que os alimentos cautelares podem ser alterados a qualquer tempo.

No entanto, maior sentido apresenta-se na doutrina de Cahali, quando obtempera com o princípio da eqüidade processual, pois se em função das circunstâncias do caso concreto a pensão liminar majorada na sentença autoriza cobrar as diferenças pagas à menor pelo devedor, do mesmo modo e por idêntica razão, mostra-se justo e coerente não só estancar com a sentença qualquer pagamento à maior, ainda que sobre a decisão monocrática ou colegiada paire algum recurso, como também, não tendo sido paga porventura alguma das prestações pensionais vincendas, conclui Cahali: "também aqui a sentença opera *ex tunc* dos alimentos provisionais ou provisórios pelos definitivos."[25]

9.10. Conclusão

Mas, se como diz parcela da jurisprudência, que não pode ser ressalvado o excesso alimentar impago, sob pena de servir de estímulo à voluntária inadimplência, considerando que o devedor deixará de honrar sua obrigação alimentar na esperança de lograr reduzir seu valor, na outra ponta seguirá gritante e insolúvel injustiça, porquanto o alimentante terá de pagar pensão elevadamente quantificada, que uma vez paga, muitas vezes às custas de ingentes esforços, pela venda de bens pessoais ou sob a iminente coação pessoal, porque quitada, será irrepetível, prevalecendo o indesejado enriquecimento sem causa.

É tal qual assevera mais uma vez Yussef Said Cahali com sua corriqueira acuidade: "Ainda que existente débito de prestações vencidas, não

---

[25] CAHALI, Yussef Said, ob. cit., p. 873.

se faz o cômputo imediato desse débito dia a dia, em função do valor que estaria a prevalecer. Já reduzida a pensão alimentícia em definitivo, apenas as prestações já quitadas se sujeitarão à prevalência do valor fixado a título de alimentos provisórios".[26]

A verdade é que os alimentos liminarmente fixados e porque sempre retrocedem à data da citação e uma vez pagos são irrepetíveis, sujeitam o devedor que é vitorioso com a sentença de redução dos provisionais, a não ver restituídos os valores pagos em excesso, diante da natureza irrepetível da pensão, prevalecendo o enriquecimento sem causa daquele que, credor de uma quantia mensal menor, durante o trâmite da demanda, teve os alimentos provisionais fixados em valor superior ao realmente devido e julgado em sentença.

E se de um lado assiste razão à parcela da jurisprudência, inclusive a do Superior Tribunal de Justiça quando argumenta que a ressalva do excesso pode incentivar a inadimplência, configurando uma premiação ao mau pagador, de outra parte, a cobrança indistinta de crédito alimentar mais elevado não deixa de configurar uma natural motivação à procrastinação do processo e, sobretudo, a consecução processual de enriquecimentos injustos e movidos em juízo executório com a ameaça da prisão.

Ora, existindo forte probabilidade de a pensão vir a ser reduzida com a sentença ou mesmo em decisão interlocutória incidental, nada mais justo do que o decisor permitir que o alimentante deposite em Juízo a diferença entre os provisórios por ele arbitrados e o valor alimentar postulado em contestação, porque, admitida a possibilidade do *quantum* da pensão provisória, o depósito em carteira de poupança destas diferenças fica em harmonia com o princípio cautelar da revogabilidade da pensão provisional, até que o decisor vença a fase perfunctória e defina o valor definitivo do vínculo alimentar, impedindo execuções coativas por valores provisórios; o enriquecimento ilícito e até esvaziando a voluntária inadimplência, pois assim como o credor não quer receber menos do que a sentença final lhe outorgou de alimentos, também o devedor não quer pagar mais do que esta mesma sentença definitiva lhe impôs ao cabo da instrução processual da ação de alimentos.

---

[26] Idem, ob. cit., p. 875-876.

10. A execução de alimentos pela via da dignidade humana

10.1. O direito alimentar no novo Código Civil

Os alimentos guardavam natureza jurídica diversa no sistema legal já revogado pelo Código Civil de 2002, desenhando seus traços e suas características de acordo com os vínculos de origem de cada qual dos seus respectivos destinatários. Advindo os alimentos da relação de casamento ou de estável convivência, pautava para muitos um caráter indenizatório, com a função de compensar com um crédito alimentar contínuo e por vezes até vitalício, ao cônjuge ou convivente que, havido por inocentes, via ruir o casamento ou a união estável com a sua dissolução judicial litigiosa, e com ela os seus planos e suas expectativas de uma sólida e infinda vida em comum.

Destaca Francisco José Cahali[1] não ser unânime na doutrina brasileira a configuração indenizatória dos alimentos no âmbito da ruptura dos laços afetivos do casamento, e da união estável, cujos alimentos, para muitos, repousam apenas na solidariedade familiar, quando por exemplo, a pensão alimentícia é destinada aos familiares consangüíneos.[2]

Nas relações envolvendo o parentesco familiar, os alimentos decorrentes do poder parental têm duas regras distintas: sendo considerados um dever alimentar incondicional quando os filhos menores de dezoito anos de idade ainda encontram-se sob o poder parental dos pais, e tidos como sendo uma obrigação alimentícia dos genitores se os filhos já atingiram a sua maioridade civil, que agora se completa aos dezoito anos de idade. Nessa faixa própria vista como uma obrigação alimentícia, ingressa todo o crédito alimentar destinado aos filhos maiores e capazes, aos colaterais,

---

[1] CAHALI, Francisco José. Dos alimentos. *In Direito de Família e o novo Código Civil*. DIAS, Maria Berenice e PEREIRA, Rodrigo da Cunha (Coord.), Belo Horizonte: Del Rey, 2002, p. 194.
[2] Idem, p. 194.

cônjuges ou conviventes. Aos descendentes ainda sob o abrigo do poder parental, por serem menores de dezoito anos e, portanto, incapazes, a pensão vista como um dever alimentar não encontrará fronteiras, em situações especiais, como a de necessidade médica, ou de um tratamento cirúrgico e até mesmo psiquiátrico, podendo comprometer, nessas condições excepcionalíssimas, de inquestionável urgência e necessidade, o patrimônio pessoal dos genitores que são, nesse caso, ilimitadamente responsáveis pela saúde física e psíquica dos seus filhos até o implemento da sua maioridade civil aos dezoito anos completos de idade.

Contudo, e em sua essência, os alimentos sempre tiveram e seguem projetando o único e inarredável propósito de assegurar a subsistência daquela pessoa que não tem condições de sobreviver por seus próprios meios, estando relacionados como um dos basilares direitos fundamentais contemplados pela Constituição Federal brasileira, e consubstanciado no direito à vida e na solidariedade familiar, pois no dizer de Arnaldo Rizzardo:

"Visa a prestação alimentícia justamente suprir as carências que impedem a geração de recursos próprios, com fundamento num princípio de solidariedade familiar ou parental que deve dominar entre as pessoas. Ou socorrer o membro da família que se encontra em situação de não prover a própria subsistência".[3]

Busca o crédito alimentar, em última análise, preservar a vida humana e assegurar à pessoa necessitada uma garantia mínima de digna subsistência, num dever imposto aos parentes, cônjuges e conviventes. Cada qual deles com papéis bem definidos dentro de um contexto de inquestionável unificação do vínculo humanitário da solidariedade familiar. Talvez por deter essa natureza fundamentalmente assistencial, foi que o novo codificador preferiu aglutinar o direito alimentar num único pilar, e com uma única origem, ao contemplar no mesmo capítulo, parentes, cônjuges e companheiros com os alimentos necessários para que vivam de modo compatível com a sua condição social, e quando for o caso, também garantir uma parcela de recursos destinada a atender às necessidades de educação do alimentário.

Não deve escapar ao registro do leitor a atual abrangência dos alimentos que passam a ser graduados pelo comportamento inocente ou culposo do alimentando. É que, sendo inocente, a pensão irá gerar o atendimento das chamadas "necessidades básicas de habitação, alimentação, vestuário e saúde, sem excluir o mínimo razoável para o lazer do alimentado, e essencial ao seu desenvolvimento sadio".[4] Sendo culpado o

---
[3] RIZZARDO, Arnaldo. *Direito de Família*, vol. II, Rio de Janeiro: Aide, 1994, p. 669.
[4] CAHALI, Francisco José, op. cit., p. 196.

credor de alimentos, fica excluída a verba destinada a garantir o *modus vivendi*, ou na linguagem codificada, a estratificação vivenciada pela condição social da pessoa alimentada.

Não pode ser esquecido, contudo, que a culpa do alimentário tanto pode resultar de seu censurável comportamento conjugal ou dos seus deveres como convivente, e corolário direto da separação dos amantes, como pode decorrer da perda causal de rendimentos, provocando por sua exclusiva responsabilidade o estado atual de indigência, quer por dispensa motivada do emprego ou função pública, quer pela falência ou imperícia do comerciante, gerando a inevitável perda de suas rendas e forçando, por culpa sua, reclamação alimentar direcionada a parente que se encontre em condições de suprir a subsistência alimentar de quem passou a depender de terceiros por sua negligência pessoal.

10.2. Os alimentos como direito fundamental da pessoa humana

A dignidade da pessoa humana é a matriz de todos os direitos fundamentais, diz Marcelo Lima Guerra, e "o centro do universo jurídico deixa de ser a *lei* (entendida, principalmente, como a produção normativa infraconstitucional), posição que passa a ser ocupada pelos próprios direitos fundamentais".[5]

Tarefa árdua de conceituar a expressão *direitos fundamentais do homem*, pois parece que a expressão melhor se enuncia quando designa as prerrogativas que se concretizam em situações jurídicas, objetivas e subjetivas, levadas a efeito para a realização da pessoa humana, concretizando-se numa convivência digna, livre e igual de todas as pessoas.[6] Estatui a Constituição Federal que *as normas definidoras dos direitos e garantias fundamentais têm aplicação imediata* (CF, art. 5º, § 1º), não dependendo da edição de leis infraconstitucionais para serem eficazes. Prevalece a supremacia da norma constitucional tocante a direito fundamental, cuja matriz atende ao primado maior – da dignidade humana. Assim que, sob o olhar da efetividade processual, desimporta a ausência de norma ordinária contendo alternativas concretas de execução alimentar, pois não se olvide o aplicador da lei, da importância em assegurar o pronto crédito alimentar, substrato ao inviolável direito constitucional à vida minima-

---

[5] GUERRA, Marcelo Lima. *Direitos fundamentais e a proteção do credor na execução civil.* São Paulo: RT, 2003, p. 82.

[6] SILVA, José Afonso da. *Curso de direito constitucional positivo*, 10ª ed., São Paulo: Malheiros, 1995, p. 177.

mente digna, sobretudo daqueles que se defrontam com as contingências desfavoráveis de sua existência, e que são incapazes de gerar os recursos ou meios indispensáveis para a sua própria subsistência.

Dotados os alimentos da carga máxima de direito fundamental, e sendo o seu pronto pagamento medida essencial para garantir a sobrevivência do alimentário, compreende-se a relevância da efetividade da execução alimentícia. Sempre quando ocorre proposital atraso, ou voluntária inadimplência no pagamento da obrigação alimentar, o Judiciário precisa responder com meios rápidos e eficazes de prestação jurisdicional que tranqüilize o alimentário acerca da exitosa satisfação de seu crédito alimentar.

No campo da cobrança judicial do crédito alimentar deve ser evitada toda e qualquer dilação processual indevida, realizada com o uso imoderado e abusivo de defesas que dificultem o andamento da execução e que acatem argumentos de restrição ritual por suposta ausência de previsão legal. Desservem ao crédito alimentar executado o uso formal de obstáculos fáticos, geralmente provocados pelo devedor dos alimentos, com a única e desleal expectativa de atrasar ou inviabilizar o recebimento da prestação alimentar, servindo-se abusivamente dos postulados constitucionais do devido processo legal e da aleatória evocação do princípio de direito à mais ampla defesa, como se igualmente ampla, e infinita, fosse a paciência, e o tempo de espera judicial do destinatário do mais fundamental de todos os direitos, como o é o direito à vida, que deve ser assegurada pela indene e pontual subsistência alimentar.

Portanto, no que diz com a interpretação dos direitos fundamentais da pessoa humana, ao credor dos alimentos, justamente pela relevância extrema do seu direito, deve ser oportunizada a pronta e integral satisfação judicial de seu elementar direito alimentar ameaçado, selecionando o operador jurídico os "meios executivos que se revelem necessários à prestação integral da tutela executiva, mesmo que não previstos em lei, e ainda que expressamente vedados em lei, desde que observados os limites impostos por eventuais direitos fundamentais..."[7]

10.3. O calvário da execução de alimentos

Em caso de inadimplência da prestação alimentar, o credor pode buscar o socorro da tutela jurisdicional do Estado e amparar o seu direito desrespeitado, executando o seu crédito até a sua total satisfação, obser-

---

[7] GUERRA, Marcelo Lima, op. cit., p. 104.

vado o prazo prescricional de dois anos para a cobrança judicial dos alimentos pretéritos, contados da data em que vencerem.[8]

A cobrança executiva dos alimentos deveria ocupar na processualística brasileira uma posição de absoluta prioridade, garantindo a legislação dos ritos ao credor dos alimentos, pelo fato da assistência alimentar representar um papel essencial à vida e à sobrevivência da pessoa, um *direito fundamental à tutela executiva*. A coerção na execução de alimentos deve conter carga suficiente de pressão sobre a vontade renitente do devedor, capaz de induzi-lo ao cumprimento da prestação devida sem maiores divagações.

É que não foge à lembrança de qualquer credor alimentar com alguma experiência em sede de execução de alimentos, a descrença causada pela morosidade da execução tutelada pelo direito processual brasileiro, voltado em prol do devedor, ao permitir pelo excesso de zelo demandas lentas e insolúveis, que só têm desacreditado leis, desmentido advogados, juízes e promotores, pois a estes que operam o direito, tem sido outorgado o inglorioso esforço de buscarem amenizar as angústias e apararem os deletérios efeitos psicológicos causados sobre o credor de alimentos, sempre que este constata e assimila que a realidade das execuções alimentícias no atual repertório processual, com as soluções aventadas, mais têm servido ao recalcitrante devedor, do que ao desesperado e ansioso credor.

Como já referido noutra passagem doutrinária, ocupando a cobrança executiva dos alimentos uma suposta posição de prioridade dentre os processos familistas, deveria causar espécie e temor qualquer argumentação tendente a desacreditar a desejada efetividade das diferentes execuções de alimentos previstas no Código de Processo Civil brasileiro. Não obstante o credor alimentar espere respostas prontas e medidas judiciais severas, que lhe afiancem a fundamental pontualidade da pensão alimentícia, que deveria guardar sintonia cronológica com a fome e o alimento, como já dito, lamentável realidade desbanca e desilude a crendice popular de que a pensão impaga gera a prisão civil.

Tudo está a indicar que frente à infinita habilidade do devedor de alimentos de fugir com escusas processuais e arranjos fáticos ao pagamento da pensão alimentar que não está atrelada ao desconto mensal em folha de pagamento, ou por desconto de aluguéis, ou de quaisquer eventuais rendimentos do devedor, não se mostram hábeis as poucas e frágeis vias executivas da expropriação de bens, e da coerção pessoal. Começa já ser praxe jurisprudencial só admitir a coação pessoal dos artigos 733 do CPC e 18 e 19 da Lei nº 5.478/68, quando o débito alimentar for restrito às três

---

[8] Art. 206 do CC de 2002: Prescreve: (...) § 2º Em 2 (dois) anos, a pretensão para haver prestações alimentares, a partir da data em que se vencerem.

últimas parcelas, muito embora, e na maioria das vezes, trate-se de devedores "completamente irresponsáveis e que sabedores das conseqüências jurídicas de seu voluntário inadimplemento, utilizam-se de todos os meios para burlarem a lei e não pagarem o que devem, mesmo possuindo condições financeiras para tanto".[9]

Excetuadas as pensões chamadas pela doutrina e interpretadas pela jurisprudência como sendo dívida *nova*, e assim é dito porque respeitantes aos três últimos meses de inadimplência, todas as outras prestações adiante das três últimas são consideradas como dívida *velha*, porque perderam na mesma interpretação doutrinária e jurisprudencial a sua característica de se tratar de eminente débito alimentar, e assim ingressam na vala comum da execução pela expropriação de bens, fundada no artigo 732 do CPC. Sob este enfoque, tem o credor o encargo de pesquisar a eventual existência de bens pessoais do devedor para assegurar o desfecho favorável da sua demanda executiva alimentar. Não é de todo improvável deparar o credor de alimentos buscados pela expropriação de bens com o conhecido e singelo expediente de descarte das garantias, tratando o devedor de repassar seu lastro patrimonial para o domínio aparente de terceiros que lhe são fiéis, amigos cegamente complacentes, que lhe servem de escora nesta trama fraudatória, inviabilizando a cobrança judicial do crédito alimentar precocemente envelhecido, levando o exeqüente a uma improvável e frustrante irrealização judicial do seu crédito alimentar pela absoluta ausência de visíveis bens expropriáveis do devedor.

Assim, continua sendo fácil verificar com um ponderável olhar crítico, voltado para as principais decisões jurisprudenciais dos tribunais brasileiros, que a crença e a paciência do credor alimentar vêm sendo paulatinamente minadas, não lhe sendo proporcionado pelo direito brasileiro qualquer ágil e hábil recurso executivo, capaz, realmente, de intimidar o provocante devedor de alimentos. Basta considerar as dificuldades impostas àqueles que buscam a compreensível urgência no recebimento de seu inadiável crédito alimentar, para concluir que as tutelas tradicionais de suposta efetividade processual não estão mais sendo capazes de garantir de forma adequada direitos tão fundamentais à vida. Convém dar ouvidos a Marcelo Lima Guerra[10] quando diz que na execução indireta, a teoria dos direitos fundamentais oferece os meios mais apropriados ao efetivo cumprimento da prestação alimentar impaga, cujo atraso gera o total desespero do credor de alimentos que planeja a sua subsistência contando com o pontual pagamento da sua pensão alimentícia.

---

[9] SPENGLER, Fabiana Marion. *Alimentos, da ação à execução*. Porto Alegre: Livraria do Advogado, 2002, p. 138.
[10] GUERRA, Marcelo Lima, op. cit., p. 126.

Está por demais consagrado que os tradicionais meios executórios postos pela lei processual à disposição do credor da pensão alimentícia têm sido incapazes de gerar real efetividade, não sendo nada infreqüente deparar com demandas executivas que se arrastam num insuportável tempo, de intolerável letargia, isso quando não raras vezes a demanda termina arquivada pela estarrecedora impotência e pela completa inadequação das já restritas fórmulas de execução, derrubando a execução com defesas de cunho fático ou processual.

A perspectiva cada vez mais negativa e desanimadora de conclusão eficaz da ação alimentar executiva põe em dúvida a eficiência dos procedimentos oferecidos pela legislação ritual e engessa direito basilar do jurisdicionado que depende da pensão alimentar. A subsistência da pessoa deveria ser um direito mínimo e invulnerável a ser assegurado pelas poucas opções disponibilizadas pelo estatuto processual, mas que precisariam gerar total eficácia processual. Contudo, acrescem como dificuldades adicionais as barreiras trazidas pelos artifícios criados pelo devedor para frustrar o crédito alimentar, e as abundantes concessões jurisprudenciais que restringem, enfraquecem e fragilizam a já considerada destemida execução alimentar.

A conexão processual aos direitos fundamentais do homem, reconhecidos pela Constituição Federal brasileira, e havidos como a expressão mais alta da normatividade que fundamenta a organização do poder, é o cenário reclamado para a real e integral proteção do credor na execução civil.[11]

Tudo passa pela dimensão de peso ou de importância que deve ser sopesada entre as normas e os princípios, salientando como faz ver Fernando Ferreira dos Santos[12] ao definir princípio como sendo: "uma exigência de justiça, de eqüidade ou de qualquer outra dimensão moral", enquanto as regras "indicam conseqüências jurídicas que se seguem automaticamente quando ocorrem as condições previstas".

O problema surge quando as regras são contrapostas ou mesmo se mostram insuficientes para atingir um direito havido e tido por fundamental, como disso é exemplo frisante a pensão alimentar essencial à subsistência do credor. Quando norma e princípio conflitam é importante levar em linha de consideração o peso relativo de cada um, pois como alerta Marcelo Lima Guerra: "a excelência na prestação da tutela executiva depende, fundamentalmente, da existência de *meios executivos eficazes e*

---

[11] BONAVIDES, Paulo. *Curso de Direito Constitucional.* 6ª ed., São Paulo: Malheiros, 1996, p. 259.
[12] SANTOS, Fernando Ferreira dos. *Princípio constitucional da dignidade da pessoa humana.* Fortaleza: Celso Bastos Editor, 1999, p. 41,43 e 44.

rápidos para proporcionar a proteção devida ao credor, satisfazendo integralmente seu direito".[13]

Os direitos fundamentais têm primazia e aplicabilidade imediata, são as normas-chaves de todo o sistema jurídico, não podendo ser sacrificado por qualquer outro princípio ou ordenamento jurídico. A partir dessa intransponível visão, considere-se em especial, que no âmbito da execução dos alimentos o juiz deve ter em linha de dimensão processual o objetivo de extrair da demanda a maior efetividade possível ao direito fundamental da tutela executiva, superando qualquer obstáculo porventura imposto ao meio executivo, pois a única restrição aceitável seria a que ferisse outro direito fundamental e que fosse de maior valor.

No caso de colisão de direitos fundamentais, o operador jurídico recorre à regra da proporcionalidade, para levar em consideração o peso relativo de cada um destes direitos, até encontrar um meio-termo entre eles. Segundo mais uma vez Marcelo Lima Guerra, o julgador deve buscar uma exata correspondência entre os meios e os fins empregados, dado que importa nesta seara de satisfação jurídica de direitos tão fundamentais à sobrevivência digna da pessoa humana, saber que: "o juiz tem o poder-dever de adotar os meios executivos que se revelem necessários à prestação integral de tutela executiva, *mesmo que não previstos em lei, e ainda que expressamente vedados em lei,* desde que observados os limites impostos por eventuais direitos fundamentais colidentes àqueles relativos aos meios executivos".[14]

10.4. A previsão da multa diária – *astreintes*

A multa que pode ser diária ou medida em qualquer outra unidade de tempo, denominada de *astreintes,* tem sido muitas vezes uma alternativa eficiente de motivação executiva adicional, e conforme Sérgio Cruz Arenhart,[15] citando *Roger Perrot*, é tida como:

> "um meio de pressão que consiste em condenar um devedor sujeito a adimplir uma obrigação, resultante de uma decisão judicial, a pagar uma soma em dinheiro, por vezes pequena, que pode aumentar a proporções bastante elevadas com o passar do tempo e com o multiplicar-se das violações."

---

[13] GUERRA, Marcelo Lima, op. cit., p. 80.
[14] Idem, p. 104.
[15] ARENHART, Sérgio Cruz. *A tutela inibitória da vida privada.* São Paulo: RT, 2000, p. 192.

Não passa de um gravame pecuniário imposto por acréscimo ao devedor renitente, como ameaça adicional para demovê-lo a honrar o cumprimento de sua obrigação.

As multas são associadas ao instituto do *contempt of Court*,[16] porque o descumprimento de ordem judicial implica uma lesão ao credor e a insubordinação à autoridade judicial, eis que ofendida a autoridade do Estado. Desse modo, para tornar possível a prestação da tutela específica, o legislador conferiu ao juiz poderes para impor multa diária ao réu indiferente ao expresso pedido do autor, consistente, verdadeiramente, de uma sanção processual destinada a desestimular – pela coação psicológica do custo financeiro adicional e até progressivo – a obstinada resistência da pessoa obrigada e fazer com que se sinta compelida a cumprir o preceito a que estava obrigada. Como acrescenta Carreira Alvim,[17] a multa – a *astreinte* do direito francês – objetiva produzir efeito sobre a vontade do obrigado, procurando influir no seu ânimo para que ele cumpra a obrigação de que se está esquivando. É castigo imposto ao devedor, e não meio de reparar o prejuízo. Tem ela função terapêutica e resta acumulada com as perdas e danos, conforme claramente exposto no § 2º do artigo 461do CPC.[18]

Augusto César Belluscio define as astreintes como:

"condenações de caráter pecuniário, que os juízes aplicam a quem não cumpre um dever jurídico, imposto em uma resolução judicial, cuja vigência perdura enquanto não cesse a execução, podendo aumentar indefinidamente".[19]

Chamada de tutela inibitória, pois esse é o sentido da imposição da multa diária, a *astreinte* como instrumento legítimo de pressão psicológica deve ser fixada em valor significativo para o demandado, a fim de que o preceito seja cumprido. Fosse irrisório o valor arbitrado para a multa e

---

[16] A *contempt of Court* do direito anglo-americano é instituto de duplo aspecto, subdividindo-se em *civil contempt* ou *criminal contempt*. A *civil contempt*, diz MARINONI, Luiz Guilherme. *Tutela inibitória.(individual e coletiva)*. São Paulo: RT, 1998, p. 170: "caracteriza-se como uma medida coercitiva que atua nas hipóteses de obrigações (sobretudo de fazer e de não fazer) impostas por decisões judiciais – finais ou interinais – e que tem por fim assegurar ao credor o adimplemento específico das prestações devidas pelo demandado. O criminal *contempt*, por sua vez, entra em ação nos casos de comportamentos que se constituem em obstáculo à administração da justiça, que interferem indevidamente nessa ou que de qualquer forma representem uma ofensa à autoridade do juiz; o criminal contempt, ao contrário do civil contempt, atua apenas no plano do interesse público no correto funcionamento da administração da justiça, o que não quer dizer que o civil contempt também não objetive preservar a autoridade do Estado."

[17] ALVIM, J. E. Carreira. *Tutela específica das obrigações de fazer e não fazer na reforma processual*. Belo Horizonte: Del Rey, 1997, p. 113.

[18] Art. 461 (...) § 1º (...); § 2º A indenização por perdas e danos dar-se-á sem prejuízo da multa (art. 287).

[19] Citado por MADALENO, Rolf. Ação cominatória no Direito de Família, *In: Direito de Família, aspectos polêmicos*. Porto Alegre: Livraria do Advogado, 1998, p. 15.

certamente ela estaria longe de cumprir a sua função de inibição à relutância do devedor. Entretanto, como explica Marcelo Lima Guerra,[20] "se não há sobre o que exercer a coerção, a astreinte não deve ser utilizada", até porque inútil o seu arbitramento frente ao estado de insolvência do réu ou mesmo diante da completa ausência de riquezas pessoais que pudessem garantir a execução da arbitrária pena privada, que pode ser livremente fixada por exclusiva iniciativa do decisor[21] ou em atenção a requerimento expresso do destinatário do direito obrigacional de fazer ou de não fazer.[22]

Segundo José Santos Luis Cifuentes,[23] os juízes e tribunais poderão, em consonância com o artigo 37 do Código Procesal Civil y Comercial da Argentina, impor sanções pecuniárias compulsivas e progressivas, tendentes a que as partes cumpram seus mandatos, cujo importe reverterá a favor do litigante prejudicado pelo incumprimento.

De qualquer modo, ocorrendo o adimplemento da obrigação dentro do prazo marcado pelo decisor, fica o devedor isento do pagamento da multa, que só é devida depois de expirado o prazo.

Assim sendo, sempre que presentes as condições favoráveis à imposição da multa como ferramenta adicional de motivação para o pagamento da pensão alimentícia represada pelo devedor alimentar, disposto a causar agravos materiais e morais ao credor da pensão, certamente servirão as *astreintes* como um eficiente mecanismo de desestímulo à renitente teimosia dos executados que costumam dar vazão processual às feridas que seguem abertas por força de velhas dissensões afetivas e conjugais.

10.4.1. A multa contra terceiros

Especialmente no campo da execução alimentar movida contra devedor autônomo, profissional liberal ou titular de empresa, é visto na expe-

---

[20] GUERRA, Marcelo Lima. op. cit., p. 117.

[21] Como procedeu a 3ª Câmara da Seção de Direito Privado, na Apelação Cível nº 24.020.4/4, em voto relatado pelo Des. ÊNIO SANTARELLI ZULIANI, datado de 05.11.02, e assim ementado: "É permitido, tal como ocorre com a cláusula penal, de caráter contratual, que o Estado-juiz estabeleça, como mecanismo de conscientização para a razoável execução do título judicial, a imposição de multa (*astreinte*), um fator de inegável utilidade para a persuasão do provedor de alimentos a cumprir, no prazo, o dever de depositar a prestação- Admissibilidade – Estipulação em percentual razoável (15%) – Não provimento."

[22] Aponta TALAMINI, Eduardo. *Tutela relativa aos deveres de fazer e não fazer*. São Paulo: RT, 2001 – igual preocupação pela possível banalização das *astreintes*, sempre que o réu "encontrar-se em estado de notória insolvabilidade. Em casos como esse, a coerção patrimonial perde a sua razão de ser- cabendo ao juiz adotar, na medida do possível, outros mecanismos de indução da conduta do réu (genericamente autorizados pelo § 5º do art. 461)."

[23] CIFUENTES, José Santos Luis. Astreintes en el Derecho de Familia. In: *Enciclopedia de Derecho de Familia*, Buenos Aires, Editorial Universidad, 1991, t. I, p. 435.

riência processual e com incômoda freqüência, que bens, ou quaisquer garantias executórias, e a própria titularidade empresarial, representada por quotas sociais ou ações, é transferida fruadatoriamente para terceiros, através de interpostas pessoas que se colocam na condição de proprietárias ou de titulares dos negócios comerciais, outrora encabeçados pelo devedor dos alimentos.

Escrevi noutra passagem doutrinária,[24] que os alimentos reclamam rápidas e descomplicadas soluções, inclusive na execução da pensão impaga, diante da inconteste verdade de que a fome não espera. Assim, quando um devedor de pensão usa a via societária como escudo para cometer fraudulenta insolvência alimentar e transfere seus bens pessoais para uma empresa, ou simula a sua retirada desta mesma sociedade mercantil, está com estes gestos contratuais de lícita aparência, causando imenso prejuízo ao seu dependente alimentar. A reação judicial nestes casos há de ser a da episódica suspensão de vigência daquele nefasto ato jurídico, desconsiderando a pessoa jurídica utilizada para fraudar o credor de alimentos, sem intricada necessidade de demonstrar a nulidade do ato jurídico de aparente validade, ou de acionar, por via de simulação, empresas e sócios, com fôlego e recursos que o dependente alimentar não possui. São alternativas trazidas para o direito civil brasileiro pelo texto do artigo 50[25] do novo Código Civil, e postas a serviço de um fundamental direito à tutela executiva, na medida em que o decisor pode mesclar a teoria de ontem e o direito de hoje, da despersonalização jurídica da empresa, com a medida coercitiva de imposição de multa diária (*astreintes*) a terceiro, representado pela sociedade mercantil que, desviando-se da sua função societária, busca encobrir as reais atividades e riquezas do reticente devedor alimentar.

Nestas ocasiões em que a satisfação da dívida fica na dependência de *ato de terceiro*, endossa Marcelo Lima Guerra: "o direito fundamental à tutela executiva permite legitimar uma solução adequada, que se traduza na cominação de multa diária, ou outra medida coercitiva, contra esse mesmo terceiro".[26]

Assim é visto, porque o juiz tem o poder de determinar a aplicação das medidas necessárias para a integral satisfação da obrigação executada,

---

[24] MADALENO, Rolf. A *disregard* nos alimentos. In *Repertório de doutrina sobre Direito de Família, aspectos constitucionais, civis e processuais*. WAMBIER, Teresa Arruda Alvim; LEITE, Eduardo de Oliveira (Coord.) vol. 4, São Paulo: RT, 1999, p. 357.

[25] Art. 50. Em caso de abuso da personalidade jurídica, caracterizado pelo desvio de finalidade, ou pela confusão patrimonial, pode o juiz decidir, a requerimento da parte, ou do Ministério Público quando lhe couber intervir no processo, que os efeitos de certas e determinadas relações de obrigações sejam estendidos aos bens particulares dos administradores ou sócios da pessoa jurídica.

[26] GUERRA, Marcelo Lima, op. cit., p. 130.

guardando, portanto, a adoção desta medida em certas circunstâncias, dependendo do valor da multa e da dimensão patrimonial da empresa, num eficiente poder de persuasão para a remoção dos obstáculos criados pelo devedor e fortificados pelo terceiro complacente.

Marcelo Lima Guerra reforça a hipótese de sujeição processual de terceiros ao poder jurisdicional cotejando os artigos 339 e 341 do CPC, para, em assegurando o devido processo legal, ser promovido o ajuizamento de uma ação sumária e incidental, que assegure ao terceiro o primado constitucional da ampla defesa e do contraditório, e assim arremata:

> "A multa diária, como se sabe, trata-se de um mero instrumento processual, inserida no âmbito dos poderes judiciais, daí poder ser utilizada ex officio (CPC, art. 461, § 4º). A sua imposição através de um processo específico, quando utilizada contra terceiro, se deve exclusivamente, a assegurar a esse mesmo terceiro o devido processo legal."

Também é o entendimento expressado na lição de *José Santos Luis Cifuentes*, que:

> "poderão aplicar-se sanções cominatórias a terceiros, nos casos em que a lei estabelece".[27]

A *disregard*, vista no plano prático como sendo a episódica desconsideração judicial da personalidade jurídica, e integrando na atualidade o texto legislativo do novo Código Civil brasileiro, é outro eficiente instrumento jurídico a auxiliar em adicional função tutelar, o amplo espectro de complexas demandas familistas centradas no plano econômico das relações familiares. Como informam Guerra e Cifuentes, terceiros podem ser compelidos ao pagamento de multa cominatória, servindo sua imposição como um legítimo instrumento judicial de motivação ao voluntário pagamento de uma obrigação originariamente atrelada a outra pessoa. Frisante exemplo pode ser pinçado na corrente constatação de que sócios e sociedades se valem e sem pejo algum, do mau uso de algum ente comercial, escondendo-se sob o estratégico véu societário. É a hipótese daquele devedor de alimentos que se exime de honrar sua dívida, encoberto pelo manto da sociedade mercantil, em nome da qual constam os bens judicialmente expropriáveis, e convenientemente transferidos de seu patrimônio pessoal. Para garantir a sua imunidade processual e reforçar a segurança da intangibilidade de seus bens frente à perseguição executória do seu credor de alimentos, trata o devedor da pensão de transferir a sua participação so-

---

[27] CIFUENTES, José Santos Luis, op. e p. cit. Com referência a terceiros poderem ser alvo da multa cominatória, escreve MARINONI, Luiz Guilherme (*Tutela inibitória*, ob. cit., p. 169) que: "a astreinte endoprocessual, segundo a doutrina, é o único meio de coerção nos casos em que a parte ou um terceiro deixa de atender às determinações do juiz em matéria de prova."

cietária para terceiro, mero *testa-de-ferro,* que no seu lugar passa a responder pela sociedade, escusando-se no plano contratual das obrigações do sucedido. É exatamente a esse terceiro habilmente posto na condição de gerente ou diretor da empresa outrora de interesse e participação direta do devedor alimentar, a quem deverá ser dirigida a multa cominada à sociedade comercial. É de notória evidência que este terceiro está exercendo a tarefa de desviar o real objeto societário, e, ao abusar da personalidade jurídica, alcançar com a fraude o sagrado direito alimentar.

Como então deve proceder o decisor jurídico para dar real efetividade à subsistência pessoal do credor de alimentos, se inúmeros subterfúgios fáticos, jurídicos, comerciais e processuais buscam dificultar sobremaneira a efetividade da execução alimentar? Para os operadores já acostumados ao calvário da execução alimentícia, a conquista da efetividade teórica da execução de alimentos anda anos-luz de distância dos verdadeiros resultados originados dos restritos comandos judiciais postos a serviço do credor alimentar.

Por que não aceitar a imposição de multa ao terceiro, pessoa física ou jurídica (empresa, parente, parceiro ou amigo que empresta seu nome para fraudar direitos de outrem), que então encobre com a administração da empresa e com o desvio dos bens e dos recursos, a plena satisfação do crédito alimentar. Especialmente quando o terceiro dirigente de pessoa jurídica está a contribuir com a sua ação ou omissão para o inadimplemento da obrigação alimentar. E se os usuais poderes do julgador não estão surtindo o efeito desejado, revela-se sobremaneira útil a aplicação de multa diária e proporcional ao gravame causado ao terceiro que se recusa a cumprir ato ao qual está umbilicalmente vinculado por sua conivente farsa judicial.

10.4.2. A intervenção judicial

Dentro dessa idéia de dificuldades e de obstáculos facilmente impostos pela pessoa jurídica que interfere na relação de crédito e de débito alimentar, bem própria daquelas situações de desvio do patrimônio particular do devedor de alimentos para o aparente porto seguro do lastro patrimonial de uma empresa mercantil, para assim evitar a sua constrição judicial também cabe como alternativa subsidiária a ordem de intervenção judicial do ente comercial.

O modelo teria aplicação apenas no campo executivo das obrigações de fazer e de não fazer do artigo 634 do CPC, quando permite que terceiro realize o fato à custa do devedor. No entanto, a amplitude dos poderes indeterminados, conferidos pelo § 5º do artigo 461 do CPC, concedem ao juízo das execuções o meio processual capaz de exercer a pressão dosada pelo caso concreto, para também atingir o devedor da prestação alimentar.

Segundo Marcelo Lima Guerra, nessa ordem de idéias se apresenta *a intervenção judicial* disciplinada pela Lei Antitruste, como aquela que:

"(...) cuida também de disciplinar, como se disse, no meio executivo bastante flexível. Trata-se da intervenção judicial na empresa-devedora, através da qual o juiz pode efetivamente substituir-se ao devedor, para realizar, no seu lugar (ou mesmo fiscalizar mais de perto o cumprimento pelo devedor, nas prestações de trato sucessivo), as mais variadas prestações, quer as que digam respeito à atividade da empresa para com terceiros, quer, sobretudo, aquelas que são realizadas no seu próprio âmbito interno, ou seja, relacionadas ao seu funcionamento, e à sua organização".[28]

Isso porque o artigo 69 da Lei nº 8.884/94 flexibiliza a execução por todos os meios, inclusive mediante a intervenção na empresa quando necessária, e assim se mostrará prudente acaso esta mesma sociedade mercantil concorra para elidir o pagamento do débito alimentar de um de seus sócios, aceitando simular a formal retirada do sócio devedor de alimentos, muito embora ele prossiga de fato à testa das suas primitivas funções e encargos societários. Ou quando também livre e conscientemente, subordinado gestor da empresa mercantil concede fraudulento abrigo ao patrimônio privado do devedor de alimentos. Nessas situações que simulam a retirada do sócio, ou noutra perspectiva, esvaziam o seu lastro patrimonial, omitindo-se o sócio-gerente de assumir o pagamento da obrigação alimentar, via da despersonalização ativa inversa da sociedade comercial, e não desejando o decisor optar pela hipótese de mandar instaurar morosa ação penal pelo crime de desobediência judicial do terceiro que não cumpre precedente comando do juiz, por certo que a criativa possibilidade da intervenção do Judiciário seria capaz de atender o princípio da célere prestação do direito, sem se desconectar do outro primado constitucional respeitante à dignidade da pessoa humana.

Seria de singular solução o comando de intervenção judicial para realizar ou fiscalizar mais de perto o cumprimento tanto das prestações alimentícias já vencidas como daquelas que, sendo prestações de trato sucessivo, fossem vencendo no curso da execução. Dívidas que o devedor da pensão procura fraudar com a profícua e maliciosa utilização da personalidade societária, como exemplifica Jorge Luis Costa Beber,[29] "seja montando balanços fraudulentos, realizando transferências fictícias de

---

[28] GUERRA, Marcelo Lima, ob. cit., p. 123.
[29] BEBER, Jorge Luis Costa. *Alimentos e desconsideração da pessoa jurídica*. Revista da Ajuris nº 76. Porto Alegre: vol. II, dezembro de 1999, p. 258.

quotas, com empresta-nomes arregimentados entre leais amigos, forjando vencimentos simbólicos, arcando a sociedade com o pagamento das despesas pessoais do alimentante, lançadas na contabilidade sob outra rubrica, afora os casos de incorporações ou fusões societárias manobradas tão-somente com a intenção de eclipsar os rendimentos e o patrimônio pessoal do sócio, deliberadamente integralizado como capital social."

Enfim, nada talvez seja mais hábil do que a pronta e alternativa intervenção judicial na empresa comercial de que participa societariamente o devedor alimentar, para assim assegurar o pagamento das pensões vencidas e por vencer.

10.5. A prisão civil

Com o sólido aval da doutrina de Yussef Said Cahali,[30] deve ser compreendido que a prisão civil não tem o escopo punitivo, pois de pena não se trata, tendo o propósito de buscar coagir o executado a pagar a sua dívida alimentar, servindo a possibilidade de execução alimentar pela prisão civil, como um forte e valioso instrumento de constrangimento pessoal, de incontestável eficácia processual para tentar remover a resistência e teimosia do inadimplente devedor de alimentos. E acresce *Cahali* que:

> "No direito brasileiro, a Constituição de 1988, ainda que mantendo o instituto, deu ênfase, no confronto com o texto constitucional anterior, ao caráter excepcional da prisão, proclamando, entre os direitos e garantias individuais, que "não haverá prisão civil por dívida, salvo a do responsável pelo inadimplemento voluntário e inescusável de obrigação alimentícia" (art. 5°, n° LXVII)

É exatamente pelo caráter excepcional da prisão que a jurisprudência cada vez mais acentuada dos tribunais brasileiros tem evitado utilizar-se do decreto prisional e optado pelas vias executivas de menor impacto, mas favorecendo justo com essa atitude de proteção do devedor, uma involuntária motivação adicional à inadimplência alimentar, e, sobretudo aos olhos do jurisdicionado vai se consolidando uma perigosa sensação de que no Poder Judiciário está se desmistificando a velha máxima, constitucional de que: "o não pagamento de pensão alimentícia dá cadeia."

Essa tendência de usar os meios executivos menos gravosos pode ser confirmada na doutrina de *Araken de Assis*, ao pontuar que:

---

[30] CAHALI, Yussef Said. *Dos alimentos*. 3ª ed., São Paulo: RT, 1999, p. 1050.

"Em nome da ideologia liberal, preocupada em preservar o princípio da intangibilidade física do executado, ainda que provoque a dor, a penúria e mesmo a morte do alimentário, avalia-se desfavoravelmente o aprisionamento do executado. A rejeição se expressa na tese de certa doutrina, largamente aplaudida nos tribunais, que exige o prévio esgotamento dos meios executórios 'normais', assim designada a expropriação, como deflui de julgado da 3ª Câm. Cív. do TJRS. 'A prisão do inadimplente só se justifica como último recurso, depois de esgotados todos os outros meios de constrição', prega a 1ª Câm. Cív. do TJRS. E isso, porque a custódia em lugar de remediar, agrava a situação do devedor e dos credores, pondera a 2ª Câm. Cív. do TJRS, olvidando que, previamente, o obrigado expôs suas dificuldades e alegações, decorrendo a pena da improcedência da Defesa, e a de 'bens suficientes a serem penhorados' desautoriza a prisão, condenado o credor aos longos, intrincados e dispendiosos trâmites expropriatórios".[31]

Essa compulsão pela incompreensível proteção do devedor de alimentos, buscando abolir a pena de privação da liberdade para substituí-la por qualquer meio executivo menos gravoso, e de menor potencial de coação, tem merecido justas críticas nos últimos anos, em face dos alarmantes índices de inadimplência que têm sido constatados justamente pela perda do temor da prisão pela dívida alimentar. As decisões judiciais sobre o débito alimentar situam-se entre dois extremos, num deles sendo entendido que a prisão civil deve ser restringida às chamadas pensões "novas", e relativas aos três últimos meses em atraso, e no outro extremo a tese ampliativa da prisão civil, que considera exigível e proporcional proteger o direito fundamental à vida, com justificável sacrifício da liberdade individual. Nessa direção vem caminhando a jurisprudência brasileira ao revisar seus conceitos de função alimentar da pensão devida há mais de três meses, e deverá repensar seus princípios restritivos, muito mais depois de editado o novo Código Civil, que reduz para dois anos o prazo da prescrição alimentar.

Os alimentos doravante executáveis terão o limite prescricional dos dois anos, perdendo aquele ranço jurisprudencial da chamada "pensão velha", e permitindo ponderar que dois anos de atraso de qualquer crédito alimentar não mais se apresentam tão desconectados da sua primitiva função alimentar, especialmente se for considerado que no repertório executivo brasileiro, a ordem da prisão civil não desautoriza a acumulação das prestações pretéritas, restritas aos dois últimos anos, como apropriadamente já enfatizara a 6ª Câmara Cível do TJRS, no voto relatado pelo

---

[31] ASSIS, Araken de. *Da execução de alimentos e prisão do devedor*. 4ª ed., São Paulo: RT, 1998, p. 120-121.

Des. Adroaldo Fabrício, no Agravo de Instrumento 586052540, votado em 03.02.87, ressaltando que: "tecnicamente, o envelhecimento da dívida não muda o seu caráter alimentício".[32]

Logo, a prisão civil por débito alimentar segue sendo o mais convincente instrumento processual de persuasão, permitindo propor como fórmula de amenizar o impacto da contínua segregação pessoal, conhecidas variações na sua aplicação judicial, com o único propósito de não perturbar o exercício laboral do devedor de alimentos e a produção dos recursos que deverão garantir a normalidade das pensões vincendas.

10.5.1. A prisão albergue

Neste caso, justifica-se plenamente a prisão civil por qualquer débito alimentar em atraso, agora restrito aos dois últimos anos, lastreada esta proposição no *direito fundamental à tutela executiva*, incluindo na "*moldura aberta* do art. 461, § 5º, do CPC, que reconhece ao juiz, poderes indeterminados para adotar as medidas necessárias a prestar plena e integral tutela executiva às obrigações de fazer e não fazer",[33] inclusas neste elenco as obrigações de pagar quantia certa, especialmente quando é certo que o devedor pode quitar o seu débito alimentar, e só não o faz por divergências pessoais de quem segue movido pelos ressentimentos, dos quais ainda não foi capaz de se desvencilhar.

Não parece ser de boa técnica processual generalizar a restrição da prisão, imaginando que todo o devedor alimentar que ultrapasse o limite jurisprudencial dos três meses de pensão em atraso seja insolvente, invertendo o julgador por sua única conta e risco, os valores fundamentais que norteiam este raciocínio simplista, usado apenas para proteger uma abusiva liberdade do relapso devedor. Quando o julgador presume genericamente os limites financeiros de qualquer devedor alimentar com mais de três prestações impagas, gera no extremo onde desponta o credor dos alimentos, um sentimento de temor e ansiedade, pois com a tese judicial que restringe a prisão ao máximo de três prestações alimentícias atrasadas, além de não sopesar os fundamentais direitos postos em jogo, tende a fomentar uma insuperável descrença na efetividade da execução alimentar.

Quantas não são as hipóteses verificadas, de um total endividamento do credor alimentário com as pensões acumuladas adiante dos três máximos meses tolerados cobrar em execução sob coação pessoal? Sendo ou-

---

[32] Aresto indicado em ASSIS, Araken de, ob. cit., p. 112.
[33] GUERRA, Marcelo Lima, ob. cit., p. 136.

trossim, por demais conhecidas as situações concretas, vertidas para insistentes promessas de pais ou cônjuges relapsos e insensíveis, fazendo acreditar que em curto espaço de tempo, tratarão de regularizar e de restabelecer o fluxo normal da pensão alimentar. Dizem por mera ilusão que tão pronto vencido um falso obstáculo de dificuldade financeira passageira, criado no imaginário do devedor, ou vencido momentâneo hiato laboral, gerando no credor falsas expectativas, e que provocam em curto registro temporal, o rápido envelhecimento processual do crédito alimentar posto em execução.

Mas, se o temor da ordem de prisão por dívida alimentar decorre de uma linha de princípio que se movimenta pelo respeito à dignidade da pessoa humana do devedor, no confronto comparativo dos valores sopesados, entre a função alimentar de uma pensão levemente pretérita, e a incondicional proteção à liberdade de quem deve alimentos, melhor seria que o julgador buscasse outras alternativas de harmonizar direitos tão candentes e fundamentais, como alimento e liberdade postos em confronto direto, talvez até amenizando o tempo de permanência na prisão.

Aceitos tais postulados, outros são os horizontes da prisão por execução alimentar, lembrando a pena mais branda da prisão descontínua de um regime aberto, para cumprir à noite e nos dias em que não houver trabalho ou outra atividade exercida pelo albergado.[34]

De acordo com José Antonio Paganella Boschi,[35] o regime aberto é o mais flexível e liberal de todos, pois está baseado na autodisciplina e no senso de responsabilidade da pessoa condenada. Consiste a prisão-albergue num regime de semiliberdade, em que o condenado é autorizado a passar parte do dia fora do estabelecimento, sem vigilância, em atividades úteis à sua reinserção social, tais como trabalho externo e freqüentando cursos para desenvolver a sua instrução, "devendo recolher-se durante as horas de repouso noturno e nos dias em que não haja trabalho".[36]

Essa modalidade de prisão já vem sendo largamente adotada pelos tribunais pátrios, reduzindo o tempo de aprisionamento e de ociosidade, e permitindo assim, que o trabalho remunerado do devedor alimentar não sofra nenhuma solução de continuidade. Desse modo, a prisão civil do devedor de alimentos não acaba servindo como mais uma dificuldade para o regular pagamento do débito alimentar.

Trata-se de uma racional alternativa na busca de novos caminhos para atender a crise que se estabeleceu sobre o débito alimentar como um

---

[34] DOTTI, René Ariel. *Bases e alternativas para o sistema de penas*. São Paulo: RT, 1998, p. 427.

[35] BOSCHI, José Antonio Paganella. *Das penas e seus critérios de aplicação*. 2ª ed., Porto Alegre: Livraria do Advogado, 2002, p. 338.

[36] Idem, p. 424 e 427.

verdadeiro calvário para a execução processual que se viu praticamente despojada da eficiente cobrança do imprescindível crédito alimentar tão essencial à subsistência da pessoa humana, pela valiosa via da coação física.

Ordenada a prisão albergada, reduzem os custos sociais e econômicos da pena em tempo integral, sem prejuízo das finalidades educadora e de constrangimento que a coação física deita sobre o claudicante devedor alimentar.

10.5.2. A prisão domiciliar

A prisão domiciliar é controvertida e tem sido outorgada quando a Comarca não dispõe de Albergue, ou seja, de estabelecimento próprio para a execução da pena em regime aberto.[37]

Entre nós, destaca René Ariel Dotti[38] que: "a *prisão domiciliar* não é uma sanção penal, mas uma espécie de *prisão-processual* deferida aos acusados com direito ao regime especial de custódia durante a instrução criminal, nas localidades em que não houver estabelecimento adequado a essa forma de recolhimento."

No campo do Direito Penal, a aplicação da pena da prisão domiciliar só contribuiria para desmoralizar a Justiça Pública, ante a impossibilidade de sua execução e fiscalização. Conta Cezar Roberto Bitencourt[39] que a sanção da limitação de fim de semana é apenas espécie do gênero *aberto* e, como exceção, exige a presença de mais requisitos para a sua concessão.

Verifica-se que a prisão domiciliar está prevista na Lei da Execução Penal (Lei nº 7.210, de 11 de julho de 1984) e circula como uma opção excepcional, apenas utilizada nas hipóteses do artigo 117 da LEP.

Para o direito familista, na seara da execução de alimentos a prisão domiciliar poderia ser excelente alternativa a ser ordenada quando não houvesse estabelecimento albergado.

A prisão domiciliar não iria obviar apenas o inconveniente da falta na Comarca de estabelecimento próprio para a execução de prisão em regime aberto, que permite o trabalho externo do relapso devedor de alimentos, como de igual se presta àquelas hipóteses em que mesmo existindo albergue, este não dispõe de acomodações suficientes, devido à

---

[37] BOSCHI, José Antonio Paganella, ob. cit., p. 339.

[38] DOTTI, René Ariel, ob. cit., p. 480.

[39] BITENCOURT, Cezar Roberto. *Novas penas alternativas, análiise político-criminal das alterações da Lei nº 9.714/98*. São Paulo: Saraiva, 1999, p. 210.

elevada demanda, ou mesmo não disponha de instalações adequadas e convenientes para receber albergados portadores de deficiência física, ou de idade avançada, como mostra a experiência judicial nos casos inclusive noticiados pela imprensa, como sucedeu com uma avó residente em Fortaleza, presa em seu próprio domicílio por dever alimentos ao neto residente em Santa Catarina.

É válida a alternativa da prisão domiciliar por exercer ao seu tempo e ao seu modo, aquilo que de mais relevante carrega a prisão civil, que a par de não se constituir verdadeiramente numa pena, traz ao menos o peso do constrangimento pessoal e social do renitente e insensível devedor de alimentos, que em muitas vezes dispõe dos recursos financeiros tão essenciais à sobrevivência diuturna do credor alimentar, e que numa reiterada atitude altamente irresponsável, apenas se refestela em perpetuar no tempo a depressão daquele parente, ex-cônjuge, ou ex-convivente que agoniza com a inadimplência de seus alimentos. Credor que pela morosa execução ainda passa pela tortura adicional de ver sua pensão ser postergada com longas e abusivas demandas judiciais, embretado no infinito do tempo, envolto por demandas e defesas com tendência conservadora, propensas a restringir o novo, e quaisquer outras criativas e ponderáveis alternativas processuais, que realmente seriam capazes de conferir dignidade à pessoa do credor alimentar, e incondicional efetividade à cobrança executiva de um inadiável direito alimentar.

10.6. O abuso do direito de defesa

Reclama o jurisdicionado na execução de alimentos do abuso de defesa que invariavelmente acaba militando em favor do executado, e como esse moroso exercício de uma maior variedade de opções, de argumentos e de meios de defesa tende a protelar o resultado útil da cobrança alimentar. Assim como já antes pontuado, também se queixa o jurisdicionado exeqüente da falta de alternativas processuais capazes de assegurar o imediato pagamento da dívida alimentar.

Existe ao contrário um excesso de meios e de ações autônomas para embaraçar o exercício judicial da execução alimentícia, em que muitas dessas criativas e mirabolantes fórmulas de defesa são criadas apenas para afastar a plena satisfação do crédito executivo do dependente alimentar.

Verifica-se o abuso do direito de defesa quando o executado opõe resistência injustificada ou maliciosa ao andamento da execução, deduzindo pretensão com a qual ataca a causa que enseja a execução, "sem qualquer consistência fática ou jurídica, ou sugerindo tese absolutamente insustentável",[40] visando exclusivamente ao retardamento da prestação jurisdicional.

E reduzir a prestação jurisdicional em sede de alimentos atrasados é ferir de morte órgão vital do exeqüente que luta com total desespero contra a insuportável e nefasta demora no pagamento de sua pensão alimentar. Basta considerar serem estritamente essenciais os alimentos, para viabilizar a mínima e digna sobrevivência do alimentário, e não fica difícil dimensionar os gravíssimos danos causados pelo propositado retardamento na quitação da obrigação alimentar vencida e impaga, obrigando à tomada de constrangedores e onerosos empréstimos, com financeiras, parentes, amigos, ou profissionais da usura, isto quando o agravo moral não decorre dos constantes atrasos e da reiterada inadimplência surgida das despesas ordinárias e dos credores mais próximos. É o caso daquelas dívidas relacionadas com a escola dos filhos, com o condomínio da moradia do alimentário, do fornecedor habitual do alimento de consumo diário que precisa ir à mesa, a conta de luz, do gás, do remédio, do vestuário, do médico ou do dentista e de cada um dos intermináveis vínculos de comércio, serviços e fornecimento de bens e serviços tão indispensáveis ao corriqueiro estilo de vida e modelo de viver, dentro de uma certa padronagem social a que o alimentário foi habituado.

Não resta dificuldade alguma em constatar que o exercício abusivo do direito de defesa na área de circulação do direito alimentar, quando o crédito é deliberadamente posto em atraso, e deliberadamente procrastinado com defesas bisonhas, e claramente protelatórias, leva o credor a um estado de inquestionável prejuízo moral e material.

Sofre moralmente o credor de alimentos que se viu condicionado a aguardar pacientemente todo o moroso desdobramento da ardilosa e inconsistente defesa formulada pelo devedor, só para ganhar tempo e para causar com o seu atraso, e com o seu abuso, um inquestionável dano moral e material ao credor.

Alerta *Rui Stoco* sobre o fértil campo do abuso do direito na processualística brasileira, cujas normas cogentes e impositivas foram escritas para que as partes atuassem em juízo com lisura e lealdade, e uma vez deixando de cumprir tais ditames, fazem induzir a má-fé, "que se subsume no conceito de abuso do direito e do ato ilícito que, por sua vez, integra o campo maior da responsabilidade civil".[41]

E a responsabilidade civil também gera o dever de ressarcir as feridas imateriais causadas pelo doloso agravo moral.

---

[40] MARTINS, Sandro Gilbert. *A defesa do executado por meio de ações autônomas*. São Paulo: RT, 2002, p. 251.
[41] STOCO, Rui. *Abuso do direito e má-fé processual*. São Paulo: RT, 2002, p. 76.

10.6.1. O dano moral na execução de alimentos pelo abuso do direito de defesa

O dano moral é uma das formas de ressarcimento pelo agravo causado pela autor do ilícito civil, cujo dever de reparação encontra escora numa defesa processual pontuada exatamente pelo uso abusivo de mecanismos de defesa totalmente vazios e espúrios, prenhes de argumentos aberrantes e meramente protelatórios, cuja única finalidade foi justamente a de prorrogar infinitamente no tempo a satisfação executiva da prestação alimentar.

Segundo Sandro Gilbert Martins:[42] "abusando o executado do seu direito de defesa, está sujeito às sanções processuais aplicáveis ao correspondente abuso, que é considerado *ato atentatório à dignidade da justiça*." Tal qual se constitui em ato que, extrapolando a esfera da defesa e frustrando por um bom e precioso tempo a execução que então se mostra ineficiente e morosa, deste malicioso embargo resulta uma gama de agravos morais sofridos pelo credor no amplo espectro de suas relações sociais, pessoais e comerciais, passando por inenarráveis constrangimentos e ofensas que atacam e ferem de morte o sagrado valor moral da pessoa. Sofre duro golpe a honra e a dignidade da pessoa humana, quando severamente atingida pela vergonha da perda de seu direito, causada pela voluntária impontualidade de seu crédito alimentar, a resultar correlatamente no atraso de seus compromissos financeiros, com o maldoso inadimplemento de sua pensão.

Cabe indenizar sempre que claramente afetada a própria dignidade da justiça pelo desmedido abuso do direito de defesa, e isso serve tanto para a execução de alimentos esticada propositadamente no tempo, como para o elenco das demandas de exoneração e de redução de alimentos, por meio das quais o destinatário da pensão exoneratória também estende no tempo o seu fictício direito alimentar, valendo-se do artifício da procrastinação processual ao colacionar teses esdrúxulas e defesas vazias, a fim de exaurir todo o repertório de recursos igualmente infundado, estrategicamente esgrimido em juízo apenas para estender no tempo o pagamento de uma pensão alimentar, que se constitui, sim, num inaceitável e indevido enriquecimento ilícito, apenas escorado numa primitiva vinculação alimentar.

Para esses casos, o direito processual brasileiro prevê a responsabilidade das partes pelo dano processual causado pelo abuso da defesa, e viabiliza pelo artigo 16 do Código de Processo Civil a declaração judicial

---

[42] MARTINS, Sandro Gilbert, ob. cit., p. 254.

que autoriza impor pena financeira pela má-fé processual, no ventre do próprio processo em que se verificou o abuso.

Abuso que não se limita às perdas e danos da litigância de má-fé, mas que vai além desta punição de gênese processual. Desde o advento da Constituição Federal de 1988, o resguardo integral da personalidade é assegurado pela reparação do dano moral, que poderá ser buscada através das vias próprias ou na própria ação em andamento, "com o resguardo do contraditório e da ampla defesa, pois apenas a reparação do dano material, nas margens e limites estabelecidos no § 2º do art. 18 do CPC, decorrente da má-fé processual, é que poderá ser estabelecida de ofício".[43]

Assim visto, permite a execução pela via da dignidade da pessoa humana estabelecer uma fértil composição de expeditos e pontuais procedimentos processuais, todos eles ensaiados para conferir, mesmo de ofício, dignidade à Justiça e ao credor da prestação alimentar, valendo-se da possibilidade de ser moralmente ressarcido pela procrastinação maliciosa de seu inquestionável crédito alimentar, pois importa, acima de tudo, devolver ao processo de execução alimentar a velha crença de que pensão em atraso *dá cadeia e gera outras eficazes soluções jurídicas de rápida satisfação processual.*

---

[43] STOCO, Rui, ob. cit., p. 100.

11. A exceção de pré-executividade no Direito de Família

11.1. Efetividade processual

Conta-se como ideal do processo judicial em qualquer foro nacional ou internacional a rápida prestação da justiça, pois a justiça lenta e, portanto, que tarda, não é real sinônimo de verdadeira justiça, antes disso, presta um desserviço ao jurisdicionado que não conta com todo o tempo do mundo para que lhe reconheçam ou não o direito decorrente de fato jurídico que há certo tempo transcorreu pela vida de uma pessoa. Por princípio da efetividade deve ser entendida a consagração do resultado processual, realizado em tempo razoável, e assegurados todos os princípios de defesa inerentes ao direito de quem recorreu ao Judiciário. Delosmar Mendonça Junior atribui à efetividade processual a condição de ferramenta fundamental na realização dos direitos pleiteados.[1]

Especialmente na esfera do direito de família, mostram-se sobremaneira sensíveis as vindicações judiciais que precisam responder às angústias pessoais, tão abaladas pelo influxo do tempo. Procurando sempre conciliar a rápida prestação jurisdicional com a segurança da mais irrestrita defesa, deve o direito aperfeiçoar-se na busca do exato ponto de equilíbrio em que a celeridade processual não prejudique o fundamental direito de poder exaurir os meios de defesa previstos pela lei.

De qualquer forma, o excessivo tempo de demora de um processo, assim como indevidas dilações provocadas pelo uso excessivo de desmesurados atalhos, e de inconsistentes defesas, são mecanismos que acabam conspirando contra a democrática ordem jurídica, e comprometendo a paz social, esta tantas vezes creditada apenas na esperança de uma eficiente tutela jurisdicional.

---

[1] MENDONÇA JUNIOR, Delosmar. *Princípios da ampla defesa e da efetividade no processo civil brasileiro*, São Paulo: Malheiros, 2001, p. 70-71.

Em nada contribui, portanto, para a credibilidade e confiança no direito e na justiça, um processo moroso, com resultado tardio, vazio de propósitos ou já de todo ineficiente por sua demora.

Processo efetivo é obter, em prazo razoável, uma decisão de igual razoabilidade, suficientemente justa e suficientemente eficaz no plano dos fatos, garantindo a utilidade da sentença que representa, ao final de todo o processo, a pretendida prestação jurisdicional, que deve ser indiferente ao resultado, mas que deve fornecer um rápido e eficiente resultado.

Incontroverso o empenho do legislador, e na mesma extensão o esforço do Judiciário em eliminar a inefetividade do processo através do corte de pontos de travamento de notória lentidão do processo, com medidas realmente dirigidas à satisfação da efetividade processual.

11.2. A efetividade na execução

A ação de execução tem como escopo proporcionar ao titular da demanda o resultado prático extraído de seu título de crédito judicial, ou extrajudicial, independentemente da vontade concreta do devedor da relação de obrigação. Mas como adverte Zaiden Geraige Neto,[2] o processo executivo está muito aquém do seu objetivo, pois encontra-se maculado de vícios que dificultam e até impedem seu verdadeiro desenvolvimento, e estes entraves do processo estimulam a inadimplência e instigam os pensadores jurídicos para a busca de outras soluções capazes de conferir a efetividade executiva, vista pelo olhar do credor exeqüente.

Mas, alerta Olavo de Oliveira Neto[3] que não existirá efetividade processual se a preocupação com a prestação jurisdicional for dirigida apenas para os interesses da parte ativa da demanda, esquecendo que a postulação tem duas vias, e que também o agente passivo do litígio está protegido pelo manto da efetividade, eis que a ele deve interessar em certas condições, a agilidade e a sumarização do rito, especialmente quando a execução viola a olhos vistos os seus direitos, desejando ver aplicada a mais pronta e menos traumática prestação jurisdicional. É que os embargos nem sempre podem ser o único, moroso e dispendioso caminho para a defesa do executado, particularmente quando salta aos olhos a injustiça da execução empreendida, não sendo justo permitir a invasão ao patrimô-

---

[2] GERAIGE NETO, Zaiden. *O processo de execução no Brasil e alguns tópicos polêmicos*, In Processo de execução, Coord. SHIMURA, Sérgio e WAMBIER, Teresa Arruda Alvim, v. 2, São Paulo: RT, 2001, p. 751.

[3] OLIVEIRA NETO, Olavo de. *A defesa do executado e dos terceiros na execução forçada*, São Paulo: RT, 2000, p. 103.

nio do devedor, para somente depois abrir-se o direito ao contraditório e à defesa do executado.[4]

Era preciso também encontrar um rápido acesso à tutela do executado, que à vista de uma ação completamente infundada, sustentada em título nulo, e inexigível, pudesse valer-se dos práticos instrumentos de resolução processual, para demonstrar em instantânea cognição, a evidência de seu direito, e o flagrante abuso da execução.

11.3. A exceção de pré-executividade

Fruto de criação pretoriana e da doutrina, a exceção ou objeção de pré-executividade surgiu como um meio de defesa do devedor no processo de execução, independentemente da oposição de embargos. Para Galeno Lacerda, que priorizou a discussão do tema, seria de uma "violência inominável impor-se ao injustamente executado o dano, às vezes irreparável, da penhora prévia, ou, o que é pior, denegar-lhe qualquer possibilidade de defesa, se, acaso, não possuir ele bens penhoráveis suficientes".[5]

A exceção de pré-executividade objetiva eliminar a oposição do executado pela penosa via dos embargos do devedor, admitindo a sua defesa nos autos da execução, e sem a necessidade de interposição de embargos. Para um segmento da doutrina, a exceção de pré-executividade só terá trânsito quando ficar evidenciado que a execução se ressente dos requisitos formais de um título executivo judicial ou extrajudicial, faltando ao título a sua certeza, liquidez e exigibilidade, como expressamente quer o artigo 586 do CPC.

Nenhum título executivo judicial ou extrajudicial pode ser considerado completo e apto ao processo de execução se não contiver representação documental de obrigação líquida, certa e exigível, adiciona Teori Albino Zavascki,[6] pois só será líquido o crédito que dispensa apurar o seu importe final, ainda que dependente de alguns ajustes de correção ou de amortização do seu valor, sendo exigível porque ausente qualquer condição suspensiva ou termo outro que não o do seu concreto vencimento, sendo certo quem deve, a quem deve e quanto deve.

---

[4] SHIMURA, Sérgio apud Araken de Assis. *Título executivo*, Saraiva: São Paulo, 1997, p. 72, citado por SPENGLER, Fabiana Marion e SPENGLER NETO, Theobaldo, "Inovações em direito e processo de família". Porto Alegre: Livraria do Advogado, 2004, p. 110 – *Exceção de pré-executividade no débito alimentar*.

[5] LACERDA, Galeno. *Execução de título extrajudicial e segurança do juízo*, Ajuris, 23, p. 12.

[6] ZAVASCKI, Teori Albino. *Comentários ao Código de Processo Civil*, vol. 8, São Paulo: RT, 2000, p. 242.

Marcos Valls Feu Rosa destaca tais pressupostos de regular desenvolvimento do processo executivo, aduzindo ser preciso para "dar início à execução, o juiz verificar, antes de mais nada, se há título executivo judicial ou extrajudicial, o que nos termos do art. 583 do Código de Processo Civil, é a base de toda execução. Se há nulidade, vício pré-processual ou processual que torna ineficaz o título apresentado pelo autor, não há por via de conseqüência título exeqüível e, nestas condições, deve a inicial ser indeferida".[7]

Logo, ausentes os requisitos formais da execução, mostra-se patente a ineficácia executiva do título e se afigura claramente dispensável a prévia penhora para garantir o juízo executório, que só agravaria as relações sociais e econômico-financeiras do executado, diante de indevida restrição de seu patrimônio, e de seus direitos, com repercussão negativa, e totalmente desnecessária em sua esfera econômica, frente à nulidade do título posto em execução.

11.4. O conteúdo da exceção de pré-executividade

Em um exame mais detalhado, conclui-se que o manejo da exceção de pré-executividade tem atuação mais elástica e que não se restringe tão-somente aos aspectos de liquidez do título, também merecendo curso quando ficar evidenciada a completa desnecessidade de qualquer dilação probatória. Assim, à vista de qualquer exame dependente de prova processual que não permitisse ao juiz conhecer de imediato a matéria sustentada pelo executado na sua exceção, direcionaria a demanda para a obrigatória oposição dos embargos do devedor.

A despeito da ampliação do raio de ação da exceção de pré-executividade, Alberto Camiña Moreira[8] ressalta justamente ser a maior dificuldade do instituto separar as matérias que podem ser alegadas pelo ingresso de simples petição ensartada no corpo da ação executiva, e quais os temas dependentes da oposição de embargos.

E ele responde, em complemento, que a doutrina tem se inclinado em admitir o processamento da exceção de pré-executividade quando a matéria examinada for de ordem pública, e a execução se ressentir dos pressupostos processuais de constituição e de desenvolvimento válido e regular do processo. É quando houver a alegação de perempção, de litispendência, de coisa julgada, ou quando não concorrer qualquer das condições da ação,

---

[7] ROSA, Marcos Valls Feu. *Exceção de pré-executividade*, Porto Alegre: Sergio Fabris, 1996, p. 53.
[8] MOREIRA, Alberto Camiña. *Defesa sem embargos do executado, exceção de pré-executividade*, São Paulo: Saraiva, 1998, p. 28.

como estampado pelo artigo 267, § 3º, do CPC,[9] tudo podendo ser decidido à vista do título, e até de ofício pelo decisor.[10]

Fabiana Marion Spengler e Theobaldo Spengler Neto[11] lembram que o art. 618 do CPC[12] também regulamenta as condições de admissibilidade da execução, permitindo igualmente o julgamento antecipado da execução sem exame do seu mérito.

Desse modo, antes de agredir o patrimônio do executado com a penhora de uma execução carente dos pressupostos regulares de validade e de desenvolvimento da ação, e que poderiam até ser declarados pelo juiz sem provocação da parte, admissível que a execução seja abortada sem maiores e desnecessários sacrifícios processuais.

Portanto, o processamento da exceção de pré-executividade pressupõe mais de um caminho ao aceitar matéria ligada à admissibilidade da execução, quando ausentes os pressupostos processuais de regular desenvolvimento do processo, naquelas situações todas em que o juiz as puder conhecer de ofício, e também quando o título executivo se ressinta da certeza, de liquidez e de exigibilidade, comprometendo a higidez do título executado.

Induvidoso assim, que o raio de atuação da exceção de pré-executividade abrange os pressupostos processuais dos arts. 267, § 3º, incisos IV, V e VI, e da nulidade do título executivo, conforme arts 586 e 618 do CPC, mas sempre que possam ser alegadas por simples petição de objeção à execução, dispensando qualquer ilação probatória, porque, pendente discussão dependente de instrução para convencimento do juiz, reclama a inevitável oposição dos competentes embargos do executado, pois como mostra Cândido Rangel Dinamarco, "tudo que o juiz pode e deve decidir espontaneamente ele pode decidir quando provocado pela parte".[13]

Igual conclusão pode ser conferida na preciosa lição de Sandro Gilbert Martins quando afirma importar reconhecer que "o conteúdo da

---

[9] Art. 267, § 3º O juiz conhecerá de ofício, em qualquer grau de jurisdição, enquanto não proferida a sentença de mérito, da matéria constante dos nºˢ IV, V, VI; todavia, o réu que a não alegar, na primeira oportunidade em que lhe caiba nos autos, responderá pelas custas de retardamento.
Art. 267, incisos: IV – quando se verificar a ausência de pressupostos de constituição e de desenvolvimento válido e regular do processo; V – quando o juiz acolher a alegação de peremção, litispendência ou de coisa julgada; VI – quando não concorrer qualquer das condições da ação, como a possibilidade jurídica, a legitimidade das partes e o interesse processual.

[10] Idem, ob. p. cit.

[11] SPENGLER, Fabiana Marion; SPENGLER NETO, Theobaldo, ob. cit., p. 115.

[12] Art. 618. É nula a execução: I – se o título executivo não for líquido, certo e exigível (art. 586); II – se o devedor não for regularmente citado; III – se instaurada antes de se verificar a condição ou de ocorrido o termo, nos casos do art. 572.

[13] DINAMARCO, Cândido Rangel. *Instituições de direito processual civil*, vol. IV, São Paulo: Malheiros, 2004, p. 716.

exceção, seja defesa processual, seja defesa de mérito, possa ser provado de plano pelo executado, sem a necessidade de produção de qualquer tipo de prova, a não ser a que estiver instruindo o pedido ou puder ser de pronto requisitada pelo juízo da execução".[14]

Calha para melhor compreensão transcrever a explanação de Olavo de Oliveira Neto, quando observa existir trânsito processual para a exceção de pré-executividade, sempre que for possível ao juiz conhecer, de imediato, a matéria trazida pelo executado, quer no referente ao juízo de admissibilidade, como em respeito ao mérito da execução, levando à precedente extinção do processo, sem nenhuma necessidade de produção de provas, pois os elementos trazidos com solar clareza dispensam, por sua evidência, qualquer prova que propicie o julgamento, e arremata:

> "Não há viabilidade, pois, de instrução probatória alargada no âmbito destas defesas. Esta é situação que deve ser relegada à seara dos embargos do devedor, onde poderá o executado valer-se de todos os meios de prova para comprovar suas alegações".[15]

Desse modo, a utilização da objeção de pré-executividade destaca-se em dois tópicos: quando envolver matéria de ordem pública, que pode ser conhecida de ofício pelo juiz, relativa às condições da ação, e aos pressupostos processuais da demanda; e quando a matéria de fundo está vinculada ao conteúdo da execução e não do seu juízo de admissibilidade,[16] como por exemplo o pagamento do título.

11.5. Momento de apresentação da objeção

A exceção de pré-executividade, que alguns autores preferem chamar de objeção de pré-executividade, pode ser apresentada a qualquer tempo, e sem estar seguro o juízo, pois o seu acolhimento pelos pretórios brasileiros foi para evitar os desnecessários desgastes de uma inútil constrição judicial e a oposição de embargos naquelas situações já antes ventiladas.

Nada impede que a exceção seja ofertada depois de opostos os embargos, mas por evidente que não poderá reprisar a matéria já desenvolvida nos embargos, ainda que pendente de julgamento.

A exceção não suspende a execução, pois ausente sua previsão legal, ao mesmo tempo este efeito não lhe é inerente como em regra, é propícia

---

[14] MARTINS, Sandro Gilbert. *A defesa do executado por meio de ações autônomas*, São Paulo: RT, 2002, p. 89.

[15] OLIVEIRA NETO, Olavo de, ob. cit., p. 117.

[16] Idem, ob. cit., p. 113.

à suspensão da execução a oposição dos embargos, portanto, a constrição de bens do devedor e o trâmite dos demais atos processuais devem ter normal andamento. Mas a rigor, o incidente existe para conferir praticidade ao feito executivo carente de real exeqüibilidade, e se busca diminuir a relação de prejudicialidade se a demanda seguir com o iníquo processamento, por bom-senso justifica-se a suspensão da execução com o imediato exame judicial do incidente. Agora, se presente qualquer incerteza acerca do provimento do incidente, realmente não faz sentido suspender a execução para protrair no tempo a sua efetividade com o sobressalto adicional dos inevitáveis embargos, ficando evidenciado o propósito meramente protelatório da objeção. Entretanto, não só em casos excepcionais e de gravidade, sujeitos apenas à absoluta discricionariedade do juiz, mas quando, ao contrário, existir forte probabilidade de acolhimento da exceção, é de bom tom o provimento da suspensão da execução, tomando em conta que a alegação objetada detém suficiente consistência e extraordinária verossimilhança para justificar a paralisação do processo executivo até ser decidida a exceção.[17]

Uma vez acolhida a exceção com o incidente formulado por simples petição no corpo da ação executiva e despido dos pressupostos de uma típica petição inicial sujeita ao clamor da inépcia, cabe ao decisor verificar de plano a procedência ou não da objeção. Acolhendo o incidente, tranca o processamento da execução, e se ao revés rejeita a objeção, determina o normal desenvolvimento da execução.

Merecendo procedência a exceção é extinta a execução, cometendo ao exeqüente interpor, querendo, recurso de apelação, porque encerrada a demanda sem julgamento do mérito ou com o seu mérito apreciado naquelas situações de evidente nulidade do título executivo, sempre o recurso será o de apelação. Ao contrário, acaso rejeitada a exceção, desta decisão meramente interlocutória cabe o agravo de instrumento como adequada via recursal para buscar modificar o despacho interlocutório.

11.6. A exceção de pré-executividade no Direito de Família

O direito de família movimenta um dos ramos mais sensíveis do Direito Civil, por atuar com sentimentos, com os vínculos de parentesco e com os laços de afeto, multiplicando expectativas quando transpostas para o conflito judicial, sempre no afã de seus protagonistas alcançarem o mais rápido possível, e na sua maior extensão, a derradeira tutela jurisdicional.

[17] DINAMARCO, Cândido Rangel, ob. cit., p. 717.

A execução de verba alimentar pela expropriação de bens ou pela constrição pessoal são prerrogativas processuais de largo uso na busca do pronto pagamento da verba alimentar.

O sacrossanto direito alimentar é fundamental para a subsistência do alimentário, como direito prioritário, essencialmente ligado à vida, sem qualquer espaço para divagações probatórias. Disse noutra passagem, que desespera ao alimentando deparar com a sua mesa vazia, onde o seu alimento cede lugar à sua descrença nos tradicionais meios executivos, cada vez mais voltados em garantir a ampla e irrestrita defesa do relapso devedor, todos preocupados em preservar a sua sagrada liberdade, e inspirados por princípios jurídicos de prevalência do uso do meio executório mais idôneo, e sempre menos gravoso para o réu,[18] como se a fome sempre pudesse esperar.

Assim visto, torna-se tema delicado defender o uso da exceção de pré-executividade na execução de título executivo originário de relação familiar, com maior incidência no campo da execução de alimentos, quer tenha sido adotado o rito da penhora, quer tenha sido eleita a restrição corporal, porquanto o uso desmedido e inconsistente da objeção de pré-executividade servirá apenas como mais um instrumento posto a serviço do renitente devedor.

11.7. A exceção na execução de alimentos

Como ferramenta indispensável para o credor se empreender pelo natural caminho da execução de alimentos, há de valer-se do título judicial formatado pelo acordo de alimentos, de separação ou de divórcio e guarda, com vinculação alimentar, ou do arbitramento litigioso da verba alimentícia, decretada numa destas ações de família que, como qualquer outra execução, a de alimentos depende de título líquido, certo e exigível, secundado pela inequívoca inadimplência do devedor, viabilizando dessarte a ação executiva.[19]

Presentes estes pressupostos, ilustram os mais festejados autores[20] a hipótese de aplicação da exceção de pré-executividade em penhora da residência de suposto alimentante, sujeito portanto a perder a sua moradia, e, no entanto, se apresenta evidente a nulidade da execução, porque posterior sentença passada em julgado exonerou o primitivo débito alimentar, alvejado em execução. Qual seria a real necessidade dos onerosos embar-

---

[18] MADALENO, Rolf. *O calvário da execução de alimentos*, Revista Brasileira de Direito de Família, Síntese – IBDFAM, vol. 1, 1999, p. 39.

[19] SPENGLER, Fabiana Marion; SPENGLER NETO, Theobaldo, ob. cit., p. 122.

[20] Idem.

gos à vista de uma sentença transitada em julgado, da posterior exoneração dos alimentos, e que estão sendo executados com apoio na primitiva separação judicial, ou em um acordo de alimentos já ultrapassado pela decisão exoneratória? Em verdade o decantado devedor alimentar estaria sendo processado por título nulo, ineficaz, sem força executiva, porque, suplantado por outra sentença que extinguiu o primitivo crédito alimentício.

É seguro aduzir que *a contrario senso*, existindo Recurso Especial ou Extraordinário, ou até uma prosaica Apelação Cível, conferindo efeito meramente devolutivo aos alimentos sentenciados, tal circunstância não servirá como argumento capaz de suspender o processo de execução, sob a alegação de que se trata de uma execução provisória. E assim deve ser visto, porque execução de alimentos em realidade nunca é provisória, mas sempre definitiva, como é da essência do irrepetível crédito de natureza alimentar. É como também ilustra Ricardo Hoffmann,[21] de que a execução de alimentos na pendência de recurso nada tem de provisória, é sim, definitiva, bastando cotejar o art. 520, inciso II, com o art. 587, segunda parte, ambos do CPC, pois não há repetição de alimentos.

De outra banda, não pode ser olvidado o enfoque do enriquecimento injustificado do credor alimentar, próprio daquelas situações de alimentos marcadamente indevidos, pagos como vínculo de obrigação, e não como de dever alimentar, e por isto mesmo, passíveis de restituição, conforme já defendido em outra articulação doutrinária.[22]

Nestas situações próprias de alimentos claramente exoneráveis, porque cedidos por obra de relações fáticas a serem inevitavelmente alteradas por demandas judiciais que irão reduzir ou extinguir o vínculo alimentar que ainda sustenta a execução alimentícia em trâmite, mostra-se ponderável considerar que não se tratam de alimentos definitivos, e portanto, provisoriamente exeqüíveis ainda que pendente Recurso Especial. Assim deve ser visto, porque este inconsistente direito alimentar daria margem ao enriquecimento ilícito de pensionar, por exemplo, a ex-esposa que já vive em nova união, de fato ou de direito, e ainda assim, demanda por alimentos provenientes da sua primitiva separação judicial, não expondo ao julgador o seu novo relacionamento, mas, antes, valendo-se da circunstância de não ter sido proposta pelo executado a procedente ação de exoneração de alimentos.

Qual a máxima que deveria prevalecer, de serem devidos alimentos até a final exoneração, ou ainda se fará necessário que o executado pro-

---

[21] HOFFMANN, Ricardo. *Execução provisória*, São Paulo: Saraiva, 2004, p. 131.

[22] Ver, a este respeito, o artigo intitulado, "Alimentos e sua restituição judicial", inserto na obra de MADALENO, Rolf. *Direito de Família, aspectos polêmicos*, 2ª ed. Porto Alegre: Livraria do Advogado, 1999, p. 47 e segs. E também o artigo *Obrigação, dever de assistência e alimentos transitórios*, MADALENO, Rolf. Anais do IV Congresso Brasileiro de Direito de Família do IBDFAM e ainda, na p. 195 deste livro.

mova ação cautelar, ou ação ordinária de exoneração, com tutela antecipada, provando e pedindo em preceito liminar a imediata cassação do crédito de alimentos que apenas e em por que circunstância apenas enriquece indevidamente a sua ex-mulher.

E, no entanto, todas as prestações alimentícias não atingidas pelo deferimento da posterior da tutela antecipada, ou da medida cautelar preparatória da ação ordinária de exoneração de alimentos, seguirão fomentando o provimento da execução, forçando o pagamento e consolidando o indevido enriquecimento? Pagará o executado alimentos para o seu ex-cônjuge já recasado, por que não promoveu sua coincidente exoneração, prevalecendo a injustiça de uma ameaça de prisão, ou da penhora por alimentos já extintos, no pleno fático da ex-esposa que recasou?

Poderia ser ponderado que apenas a exoneração de alimentos daria margem à extinção do débito, e mesmo assim, daquelas prestações por vencerem depois do trânsito em julgado da sentença exoneratória, ou da liminar que antecipou o rompimento do primitivo vínculo de obrigação alimentar. Mas aqueles que responderem afirmativamente a tal indagação raciocinam com excessivo rigor técnico, na interpretação sistemática de um direito de flagrante injustiça, bem próprio dos tempos em que era sempre presumida a necessidade alimentar da mulher, e os casamentos eram vitalícios, não existindo o divórcio, e quando sequer podia ser pensado a respeito da igualdade dos gêneros sexuais.

Para os dias atuais de célere avanço da ciência e com a nova dinâmica das relações pessoais, em que prevalece o salutar afrouxamento dos costumes sociais, o cidadão almeja um Judiciário rápido, barato, justo e eficiente. Não deve outro propósito a adoção pretoriana do rápido expediente processual da exceção de pré-executividade, prescindindo dos embargos do devedor, que sempre dão tráfego mais lento, oneroso, e excepcionalmente burocrático ao processo de execução. Por que então, à vista da prova plena, e de plano do novo casamento da exeqüente dos alimentos, não pode o magistrado encerrar a execução alimentar em incidental petição de objeção à execução?

Em tendo os alimentos judicialmente cobrados pela ex-mulher uma clara conotação de ilícita obrigação alimentar, que de igual seria cassada se o executado tivesse ofertado em tempo ação ordinária de exoneração de alimentos, não há real sentido em postergar no tempo uma evidente injustiça, e perpetuá-la num tormentoso processo executivo.

Quem, afinal de contas, deve ser punido: o executado, que por um lapso, ou até por desconhecimento anterior, não promoveu a ação exoneratória dos alimentos de sua ex-mulher, que recasou, ou ela, que executa pensões vencidas durante o seu remaridamento, acobertada numa clara mostra de má-fé processual, de ilícito enriquecimento, favorecida apenas pela ausência de precedente direito de exoneração, e assim embolsando prestações vencidas, enquanto num pólo é ferida no Judiciário, a evidente e morosa exoneração alimentar, em contraponto no outro extremo, desponta a execução pela grave coação pessoal, moldada por ilícitos alimentos? Não seria simplesmente mais justo que em exceção de pré-executividade o julgador extinguisse a execução alimentar, com a concomitante extinção do crédito alimentar de uma credora que recasou? Será preciso propor primeiro a exoneração e permitir o prosseguimento da execução, com a oposição de embargos do devedor, que ainda seriam improvidas por não ter sido antes atendida a dita adequada via da exoneração, premiando com toda esta lentidão e burocracia processual a ilícita credora alimentar? Não há como olvidar, à luz da nova codificação civil, que dentre as suas principais inovações, está a expressa proibição do enriquecimento sem causa, incorporado ao atual texto civil como instituto autônomo, enquanto o executado empobrece porque não foi rápido em promover a sua precedente exoneração alimentar? Será punido apenas em nome do formalismo processual, permitindo o indevido êxodo de recursos que já perderam a sua função alimentar. Merece ser destacada passagem doutrinária de Mônica Yoshizato Bierwagen,[23] quando obtempera que com a edição do novo Código Civil brasileiro:

> "A boa-fé pode exercer uma função controladora no exercício dos direitos dos contratantes, quando o seu ilimitado e irrestrito exercício possa negligenciar os deveres de lealdade e honestidade."

E de fato, não há sentido em dar vazão à extensa discussão de uma execução de alimentos vencidos após o recasamento da exeqüente, provocando longa, interminável e onerosa execução adicionada de embargos do devedor, e de correlata ação ordinária de exoneração, quando apenas a apresentação da certidão das novas núpcias seria capaz de terminar com a mera e indevida obrigação alimentar, podendo isto ser dito e provado de modo singelo, pelo juiz prevento para todas as demandas familistas, conferindo dos mesmos litigantes, pragmática resposta processual através da objeção de pré-executividade.

11.8. Objeção de pré-executividade e o *habeas corpus* na execução alimentar

É regra do artigo 733 do CPC restringir a defesa do executado por alimentos sob coação pessoal, para comprovar o pagamento ou justificar

---

[23] BIERWAGEN, Mônica Yoshizato. *Princípios e regras de interpretação dos contratos no novo Código Civil*. São Paulo: Saraiva, 2002, p. 53.

a sua impossibilidade no prazo de três dias. Toda a extensa gama de articulações, como o desemprego e a doença do executado para justificar a impossibilidade de quitação dos alimentos, importa em passar pela obrigatória instrução processual, ficando à mercê da relevância dos fatos, e da sensibilidade do juiz, decidir pela acolhida da justificativa, ou por afastá-la, e decretar a prisão civil do devedor alimentar.

Logo, é de ver que o temário não é próprio para a argüição da exceção de pré-executividade na execução sob coação pessoal, pois geralmente importa em prova, e prova sempre remete para o caminho dos embargos do devedor, ou da justificativa do artigo 733 do CPC.

Atentos a tais preceitos, e com primazia doutrinária ao tema enfocado, Fabiana Spengler e Theobaldo Spengler Neto[24] amparam em sua singular doutrina a argüição da exceção de pré-executividade na execução por coação prisional, mas sempre que for nula a execução, e cuja apreciação poderia ter sido sustentada de ofício pelo juiz. Os festejados autores declinam o exemplo de uma sentença judicial já transitada em julgado e que revisou para a metade do valor a verba alimentar, mas aventam a possibilidade de o credor executar os alimentos com o seu primitivo título, sonegando a decisão revisional. A toda evidência é nulo o título executivo já revogado pela revisão alimentar transitada em julgado, sendo até difícil crer que à vista da simples demonstração por petição de objeção à execução, formatada em qualquer tempo processual, não tratasse o decisor de extinguir de plano a execução, independentemente da apreciação, e da apresentação da justificativa judicial do art. 733 do CPC.

É certo que o devedor não pagou e nem justificou a impossibilidade do pagamento, mas demonstrou com provas claras, imediatas e irrefutáveis, que a execução estava escorada em título ostensivamente nulo. Também é certo aduzir que o executado teria a via do *habeas corpus* para interromper o curso da execução lastreada em título nulo, acaso não tivesse sido bem sucedido com a exceção de pré-executividade e até se o decisor não lhe desse tratos, na regular justificativa judicial.

Contudo, ilustra os fatos, recente decisão do Tribunal de Justiça de Minas Gerais,[25] que concedeu *habeas corpus* por irregularidade processual

---

[24] Ob. cit., p. 135.

[25] Acórdão inserto na Revista Brasileira de Direito de Família, vol. 21, Porto Alegre: Síntese-IBDFAM, p. 44-54: "*Habeas Corpus*. Prisão Civil. Alimentos. Regularidade Processual. Cognoscibilidade. Garantias Constitucionais do Processo. O *habeas corpus* é um instrumento do processo constitucional que se instrumentaliza, especialmente, através do Código de Processo Penal (arts. 647 e 648), onde encontra respaldo normativo ordinário para sua propositura e tramitação perante os órgãos competentes do Poder Judiciário. Sujeita-se o *writ* às diretrizes de observância obrigatória ao manejo de um *actio*, que aqui se reportam aos pressupostos constitucionais de impetração, quais sejam, a violência ou coação à liberdade de locomoção e a ilegalidade ou abuso de poder. A análise, ainda que de estreita cognoscibilidade, limitada ao exame da legalidade da medida constritiva, à sua fundamentação, bem

em execução de alimentos, pois o juiz singular havia negado ao executado pelo débito alimentar o devido processo legal, aceitando em nulo decreto de revelia, firmado no corpo da ação de conhecimento, em arbitrar alimentos que depois foram executados sob coação pessoal. Todo o processo de conhecimento era nulo, e a execução sob coação pessoal estava sustentada em decisão totalmente ineficaz.

Manifestas ilegalidades processuais autorizam a impetração do *habeas corpus*, e igual motivação autoriza a defesa do executado pela curta via da exceção de pré-executividade, sempre que se apresentar nulo o título ilustrativo da execução alimentar por coação pessoal.

Fabiana e Theobaldo Spengler aduzem que embora o *habeas corpus* sirva como meio próprio para suspender a execução, ele não se presta para o reconhecimento da nulidade da execução, cujo decreto só poderá ser alcançado pela exceção de pré-executividade, pois a impetração não encerra a execução, embora esvazie a pretensão executiva pela eleição judicialmente frustrada da coação pessoal. Realmente afigura-se mais sólido e abrangente o uso da objeção de pré-executividade para encerrar de uma vez por todas qualquer tentativa de executar alimentos com título judicial inequivocamente nulo.

11.9. Execução por acordo alimentar condicional

Hipótese adicional de nulidade de execução de alimentos, tanto pela ensaiada via da constrição patrimonial, quanto pela eleição do constrangimento pessoal, está relacionada com a pensão alimentícia acordada judicialmente, na modalidade condicional, como por exemplo, na ação de investigação de paternidade cumulada com pedido de alimentos.Neste caso, convidados os protagonistas da demanda investigatória para prévia audiência de tentativa de conciliação, nada impede entabulem preliminar acordo judicial, condicionando a pensão já estabelecida em seu valor ao resultado positivo da perícia genética em DNA, para só depois desencadear o dever alimentar condicionado ao resultado pericial afirmativo. Contudo, valendo-se deste acordo, o investigante promove a execução dos alimentos homologados, que foram condicionados ao exame pericial ainda

---

como à obediência do devido processo legal, conduz ao conhecimento da impetração, eis que tais considerações são posteriores ao juízo de admissibilidade, limitando-se este ao cabimento e adequação do *writ*. Há que ser considerada constrangimento sanável por *habeas corpus*, a decisão que determina ao réu o pagamento de rpestações alimentícias, sob pena de prisão, em ação de execução de débito alimentar, no curso da qual lhe foi subtraído o direito ao devido processo legal, em razão de equívoco da secretaria do juízo, o qual não pode ser debitado ao paciente. Ordem de *habeas corpus* que se concede." *Habeas Corpus* nº 00.303.588-8/00, Relator Des. Tibagy Salles.

em andamento, e não se dando conta da irregularidade, o juiz ordena a citação do executado para pagar a dívida posta em execução, sob pena de penhora ou de prisão, conforme pedido na nula inicial. Seria extrema demasia requisitar a formatação processual de embargos, ou de mais elaborada justificativa judicial, apenas para demonstrar o óbvio, de que a execução é visivelmente nula, sustentada em acordo alimentar condicionado ao resultado afirmativo do exame de DNA, para engatilhar com a prova da paternidade o dever alimentar.

11.10. Execução de alimentos formulados em acordo extrajudicial

Os alimentos pertencem ao ramo processual dos direitos de origem familiar e indisponíveis, cometendo sua passagem sempre, e em todas as situações, ao inevitável crivo do Judiciário. Significa afirmar, ser descabida a formulação de qualquer acordo de alimentos que não passe necessariamente pela homologação judicial. Não está sendo afirmado que toda a ação de alimentos é uma ação de estado, pois esta premissa não é verdadeira, bastando levar em consideração que em muitas demandas sobre fixação ou revisão de alimentos o estado das pessoas envolvidas no litígio não é objeto de controvérsia, como acontece na revisão de alimentos entre ex-cônjuges, propondo aumentar, reduzir ou exonerar os alimentos arbitrados em outro momento processual. Inexiste, neste caso, qualquer controvérsia sobre o estado civil dos litigantes, mas a discussão somente cinge-se acerca do numerário pago, para saber se a obrigação deve ser extinta, majorada ou reduzida. O mesmo pode ser aferido em uma ação de alimentos travada entre ex-conviventes, porque, apesar de ser necessário comprovar a existência da informal união afetiva dos contraditores, é fato incontroverso que o direito brasileiro, e de recente modificação legislativa, não contemplou os casamentos de fato com o estado civil de conviventes, não havendo como afirmar que os alimentos entre conviventes decorrem do seu estado.

Mas uma coisa é certa e precisa ser levada em absoluta linha de consideração, pois consta dos textos jurídicos, e é exigência indissociável para a viabilidade executiva do crédito alimentar, de que se faz obrigatória a intervenção de um Juiz de Direito tanto nas ações contenciosas, como para a homologação de acordos extrajudiciais sobre alimentos, em cujos procedimentos também será obrigatória, e sob igual pena de nulidade, a intervenção do Ministério Público.

O artigo 82, incisos I e II, do CPC, e os artigos 9º e 11 da Lei nº 5.478/68 (Lei de Alimentos) impõem a presença do Ministério Público nas causas em que há interesses de incapazes, e naquelas concernentes ao estado da pessoa. Já o artigo 92 do CPC confere competência exclusiva ao Juiz de Direito para processar e julgar as ações concernentes ao estado das pessoas, enquanto o artigo 100, inciso II, atribui ao juízo do domicílio ou da residência do alimentando a competência de foro para as ações em que se pedem alimentos. E por sua vez, execuções de alimentos para serem manejadas pelo artigo 732 ou 733 do CPC reclamam a preexistência de sentença ou de decisão judicial, com título executivo emanado da indissociável intervenção do Juiz de Direito e do Ministério Público nas demandas litigiosas ou amistosas que trataram de conferir previamente, qualquer direito alimentar.

A ação alimentária não precisava ser necessariamente contenciosa, tanto que pode ser convertida em acordo, assim como pode ser apresentada na feição amistosa, em ato de jurisdição voluntária, mas sempre passando pelo crivo da homologação judicial que lhe imprime força executiva.

Considere-se, à vista disso, a execução de um mero contrato particular de alimentos, ou de um acordo de alimentos perfectibilizado apenas pela outorga de uma escritura pública firmada entre alimentante e alimentário, sem a intervenção do Ministério Público, e sem a correlata homologação judicial. Como aceitar a estabilidade deste acordo extrajudicial que não recebeu a chancela da obrigatória homologação em juízo. Trata-se, indiscutivelmente, de título executivo nulo, carente de comando executivo, exigido pelos artigos 732 e seguintes do CPC, e do art. 16 da Lei n° 5.478/68, merecendo plena acolhida da objeção de pré-executividade..

Tome-se noutro exemplo, um acordo de alimentos homologado pelos Juizados Especiais Cíveis e Criminais, que são, sim, órgãos da Justiça Ordinária, instituídos e regulados pela Lei n° 9.099, de 26 de setembro de 1995, nos quais atuam juizes de direito, conciliadores e juízes leigos. Qualquer acordo alimentar homologado com a chancela do juiz togado, e com assento nos Juizados Especiais, ou pelos conciliadores e juízes leigos, poderá ser considerado como título executivo judicial, até porque o § 2° do art. 3° da Lei n° 9.099/95 exclui expressamente as causas de natureza alimentar da competência dos Juizados Especiais. Deste modo será nulo o acordo de alimentos homologado pelo Juizado Especial,[26] e sem eficácia executória alguma o título porventura apresentado para instruir a executiva alimentar, demanda a ser extinta de plano, pela via expedita da exceção de pré-executividade, dispensando longas dissensões doutrinárias em sede

---

[26] "Vedada a jurisdição conciliatória às custas de natureza alimentar (Lei 7.244/84, art. 3°, § 1°), o acordo das partes, homologada em sede do Juizado Informal, não tem eficácia para a compulsão executória da prisão civil do devedor, à míngua do devido processo legal (03.06.1992, rel. José Dantas)" RT 686/187 e na obra de CAHALI. Yussef Said. *Dos alimentos*, 3ª ed., São Paulo: RT, 1999, p. 876, nota de rodapé 287.

de dispendiosos embargos e conformidade aos feitos, a dupla via da efetividade processual.

11.11. Execução de sentença falsa

A objeção executiva visa a fazer cumprir a lei e impedir o início ou o prosseguimento de uma execução que não atende aos pressupostos exigidos pelo ordenamento jurídico, coibindo de maneira simples, barata e expedita, porque dispensa prévia penhora ou depósito de garantia da dívida, que tramitem ações executivas eivadas de nulidade, pois como já disse Luiz Edmundo Appel Bonjunga:

"O Direito não pode conduzir a situações desarrazoadas ou ilógicas, ao contrário, deve pautar-se por ocorrência, no bom senso e sentimento de justiça".[27]

Falsa sentença, forjada maliciosa e criminosamente pelo exeqüente para executar partilha, alimentos e outros efeitos supostamente emanados do título executivo judicial, também deve ser passível de objeção executiva, quando ficar demonstrado por certidão, ou outra irrefutável prova judicial, a falsidade do título de que se serve o exeqüente para instrumentalizar a sua nula execução, talvez imaginando contar com a involuntária revelia do executado, de quem indicou falso endereço para frustrar a sua citação, ou cujo chamamento processual promoveu para edital, buscando evitar a denúncia da fraude pelo executado, com quem sabe jamais haver travado qualquer demanda que tivesse resultado no título usado como precedente decisão judicial.

Também nessa hipótese ficam plenamente dispensados os tradicionais meios de defesa do executado, que dá em rápida reposição da verdade vida curta à fraude e verdadeira efetividade processual.

---

[27] BOJUNGA, Luiz Edmundo Appel. *A exceção de pré-executividade,* Porto Alegre, Revista Ajuris, nº 45, p. 162.

12. Obrigação, dever de assistência e alimentos transitórios

12.1. A função e extensão dos alimentos

Restritamente de seu conceito jurídico, os alimentos não são apenas aqueles necessários à nutrição da pessoa, porquanto a expressão designa as despesas do alimentando para com o seu sustento, a sua habitação, vestuário, assistência médica, e demais gastos destinados ao lazer. Ainda comportam os dispêndios com a instrução e educação do alimentário, mesmo quando já fora do poder parental, conquanto se destinem à continuação dos estudos que conduzam à formação profissional do credor da pensão alimentar.

Cada indivíduo deve buscar por si mesmo a sua própria sobrevivência, embora por certo tempo, no processo de desenvolvimento de sua existência a pessoa dependa e seja carente da assistência alheia, até que atinja a sua idade adulta, e desde que fatores transitórios, excepcionais ou até permanentes não estendam a inabilitação para o trabalho ou a incapacidade da pessoa em granjear os meios de que necessita para a sua subsistência.[1] Ainda, aquele que, por enfermidade grave apresenta intransponível obstáculo e absoluta impossibilidade de prover sua mantença com o resultado financeiro de seu trabalho, segue sendo potencial credor de alimentos que não tem origem exclusiva no parentesco, podendo surgir o direito alimentar do casamento, da união estável, por disposição testamentária, por contrato, e indenização por ato ilícito, embora estatisticamente a obrigação alimentar encontre maior incidência nas relações familiares oriundas dos vínculos de parentesco e da entidade familiar surgida do casamento ou da estável convivência.

O direito alimentar é de ordem pública, por prevalecer o interesse social na proteção e na preservação da vida, e da família, cometendo

---

[1] CAHALI, Yussef Said. *Dos alimentos*, 3ª ed. São Paulo: RT, 1998, p. 31.

associar sua ordem pública com o princípio constitucional do artigo 3°, inciso I, da Carta Federal de 1988, quando aponta ser objetivo fundamental da República Federativa do Brasil construir uma sociedade livre, justa e solidária. Já no âmbito do relacionamento familiar, havido pela mesma Carta Política brasileira como sendo a base da sociedade, a merecer especial proteção do Estado (art.226), os integrantes de cada entidade familiar carregam por seu vínculo de parentesco, ou pelo liame do seu estável afeto, o compromisso moral e humanitário da solidariedade alimentar.

Destaca o artigo 264 do Código Civil em vigor existir solidariedade quando na mesma obrigação concorre mais de um credor, ou mais de um devedor, cada um com direito, ou obrigado à dívida toda. Por sua vez, o artigo 265 do mesmo Diploma Substantivo Civil mostra que a solidariedade não se presume, porque resulta da lei ou da vontade das partes. Essa solidariedade pode ser encontrada no direito familista brasileiro, tanto no instituto do matrimônio, quando considera no inciso III, do seu artigo 1.566 o dever de mútua assistência entre os cônjuges, e acrescenta no artigo 1.694, que os parentes, cônjuges ou companheiros podem pedir uns aos outros os alimentos de que necessitem para viver.

12.2. Dever genérico de sustento

O atual Código Civil renovou a disposição do direito alimentar ao englobar num único dispositivo o dever de prestar alimentos, quer entre parentes, cônjuges ou companheiros, pretendendo sempre com esses alimentos, para usar a linguagem colhida do artigo 1.694, que todos possam viver de modo compatível com a sua condição social.

Discorrem com sobradas razões os mais festejados comentaristas ser diretriz para a fixação dos alimentos a condição socioeconômica do prestador da verba pensional, pois a sua estratificação social interfere na quantificação dos alimentos, existindo indissociável correlação na pesquisa do direito alimentar com a riqueza apresentada ao tempo do casamento, ou da estável convivência, não importando decorra do vínculo do parentesco, ou da união marital. A proposta legislativa está em assegurar à mulher uma pensão para a sua mantença, o mais próximo possível, das condições em que ela vivia quando coabitava com o parceiro alimentante. Assim, para mensurar a contribuição alimentar, serão considerados o patrimônio e os recursos do casal ao tempo da sua coabitação, pois são marcos que exteriorizam a padronagem social e econômica do casal, permitindo aferir com boa margem de segurança a gradação financeira da pensão que deverá ser prestada com a ruptura da união. Deve ficar sempre claro que o ex-cônjuge, ou o ex-convivente, não merece ver reforçado o seu crédito alimentar se o alimentante só prosperou financeiramente depois da separação, vencendo nos negócios, ou na profissão sem qualquer auxílio da ex-mulher, e por vezes, até porque liberto das barreiras de uma relação tumultuária, e por isso mesmo materialmente improdutiva.

12.3. Conceito de obrigação alimentar[2]

Os ascendentes e os colaterais, e bem assim os descendentes maiores e capazes, que já se encontram fora do poder parental, mantêm entre si e por seus laços de parentesco um dever de solidariedade alimentar. Entre estes incide uma obrigação alimentar instituída por lei sem impor maiores sacrifícios, pois é direito alimentar atrelado à assistência que respeita os limites das forças dos recursos do alimentante.[3] É que tocante aos filhos destituídos do poder familiar porque alcançaram com os dezoito anos a plena capacidade civil, desaparece a presunção da sua necessidade alimentícia, assim como entre os demais parentes ascendentes ou colaterais, também não há presunção automática da dependência alimentar, que precisa ser demonstrada. Acaso presente, irá emanar um direito limitado de alimentos, observado pelo artigo 1.697 do Código Civil brasileiro, seguindo em parte os princípios do direito sucessório, mas iniciando pelos ascendentes, descendentes, e faltando estes repassa a obrigação alimentícia para os irmãos germanos ou unilaterais.

Conforme Denise Damo Comel:[4] "a obrigação de alimentos resultante do parentesco terá como pressuposto o estado de necessidade do alimentário e a correlata possibilidade do alimentante de ministrá-lo, sem com isso desatender-lhe as próprias necessidades e da família, sendo recíproca e vitalícia entre os parentes."

Também pela relação conjugal e pela união estável existe a obrigação alimentar decorrente da mútua assistência preconizada pelo artigo 1.566, inciso III, do Código Civil. Ostenta por seu turno o parágrafo único do artigo 1.704, com as ressalvas adiante apontadas, que o consorte responsável pela separação deve ao outro, se deles necessitar, alimentos necessários para a sua subsistência.

---

[2] A doutrina ora usa a expressão *obrigação* para designar os alimentos devidos aos filhos menores; ora utiliza o termo *dever*. Entendi, neste texto, de seguir a orientação preconizada, entre outros, também por Yussef Said Cahali, designando a obrigação alimentar como limitada, e o dever alimentar destinado aos filhos ainda sob o poder familiar.

[3] MADALENO, Rolf. *Direito de Família, aspectos polêmicos*, Porto Alegre: Livraria do Advogado, 1998, p. 50.

[4] COMEL, Denise Damo. *Do poder familiar*, São Paulo: RT, 2003, p. 101.

Lembram todos, com efeito, quando ainda vigia outra realidade social da mulher brasileira, que a legislação lhe assegurava alimentos em qualquer circunstância, salvo se por expresso consignasse não precisar exercer este seu direito preexistente por presunção geral. A pensão alimentar despontava obrigatoriamente, nos antigos processos de desquite, depois transformados em separações judiciais com o advento da lei divorcista de dezembro de 1977.

Já naquela época Domingos Sávio Brandão Lima sinalizava justamente na direção oposta ao dessincronizado direito alimentar da mulher separada, observando que a separação conjugal não poderia ser transformada em um processo de viver à custa alheia, devendo ser evitada a incrementação e a proliferação dos parasitas do vínculo matrimonial.[5]

Pouco tempo adiante, e coincidindo com a promulgação constitucional da plena igualdade dos gêneros sexuais, iniciou-se intenso movimento na defesa da gradativa independência financeira da mulher, sendo incitada a buscar no trabalho externo, e remunerado, a retribuição financeira capaz de lhe garantir a sua subsistência pessoal. A mulher passou também a contribuir na manutenção da casa e dos filhos conjugais. Com o passar do tempo, deixa o homem pouco a pouco de ser considerado como único provedor do lar, exigindo a sociedade a paritária contribuição da mulher no orçamento doméstico, sem esperar do trabalho feminino a mesma renda do homem. Qual seja, passam os pais a sustentar e prover as necessidades dos filhos, reduzindo o dever alimentar entre cônjuges e companheiros para situações de verdadeira exceção, uma vez configurada a total dependência econômica do cônjuge mulher.

12.4. A pesquisa causal da separação

O Direito de Família do Código Civil de 2002 caminha por novas diretrizes no campo dos alimentos, consideradas não apenas inovadoras, mas construídas pelo legislador que agora estréia como o único caminho capaz de conferir dignidade à mulher casada, atributo nato de sua plena cidadania, especialmente quando o legislador parece querer amenizar os drásticos efeitos da antiga estrutura processual que ainda considera relevante a pesquisa judicial da culpa conjugal. Pelo menos agora o legislador contemporâneo não desterra com a impiedosa crueldade do passado, o cônjuge alimentário declarado judicialmente responsável pela derrocada do casamento.

---

[5] LIMA, Domingos Sávio Brandão. *A nova Lei do Divórcio comentada*, São Paulo: Ed. DIP, 1978, p. 377.

É que o parágrafo único do artigo 1.704 do novo Código Civil assegura, sob certas condições e circunstâncias, o provimento alimentar do consorte considerado culpado pela separação. Pela atual sistemática do direito alimentar, mesmo sendo o cônjuge culpado pela separação poderá ser credor de alimentos a serem pagos pelo consorte considerado judicialmente inocente na ação de separação judicial. Assim, ao contrário da lei civil revogada e da cultura alimentar do passado, a nova legislação permite que o esposo culpado pela separação, por não ter outra fonte de sustento e nem aptidão para o trabalho, continue recebendo assistência material do cônjuge considerado inocente na separação. Como claramente visto, os alimentos pagos ao consorte denunciado na sentença judicial como culpado pelo término das núpcias, não são concedidos de maneira incondicional, e a culpa ainda reflete negativamente na decisão alimentar, porque a pensão alimentícia não será paga ao esposo culpado, como se a sua responsabilidade separatória não mais tivesse qualquer importância processual.

Começa, e assim pode ser observado pelo parágrafo único do artigo 1.704 do Código Civil que os alimentos deferidos pelo juiz para o cônjuge culpado pela separação serão fixados apenas no montante estritamente indispensável à subsistência do alimentando Mas ainda assim, desde que o consorte culpado não tenha parentes em condições de lhe prestar alimentos, e se superado este obstáculo, o destinatário dos alimentos também deve ser destituído de qualquer aptidão para o trabalho, pois sua potencial habilidade laboral retira o direito alimentar do cônjuge responsável pela separação.

Esse novo enfoque dado ao instituto alimentar com o advento do atual Código Civil responde às vozes que ecoam pelo País e pelo exterior, defendendo a total abstração do exame judicial da causa separatória na separação judicial. Para muitos interessa somente a ruptura pela causa objetiva, e não subjetiva do casamento, e assim é visto porque o parágrafo único do artigo 1.704 do Código Civil de 2002 informa que a pensão alimentícia pode ser imposta ao cônjuge inocente na separação judicial como obrigação remanescente da solidariedade conjugal, mesmo com a culpa processual do parceiro nupcial.

O montante dos alimentos será fixado pelo juiz em valor estritamente indispensável à sobrevivência do cônjuge culpado, não comportando verbas maiores, para o mero desfrute de uma vida mais folgada, não mais preservando a condição social de origem do alimentando culpado pela separação.

Logo, embora o novo direito releve a culpa no dever alimentar entre cônjuges e conviventes, a legislação não referenda um crédito alimentar ilimitado e incondicional, como se a culpa deixasse de interferir completamente no direito alimentar. O novo direito alimentar prevê alguns importantes e inafastáveis pressupostos que devem doravante ser apresentados pelo cônjuge alimentando que foi declarado culpado pela separação. Deste modo, leitura mais atenta aos atuais dispositivos legais encaminha para conclusão diversa, pois como já visto, para receber alimentos estritamente indispensáveis à sua subsistência, aduz o parágrafo único do artigo 1.704 do Código Civil que o cônjuge declarado culpado precisa provar a necessidade da pensão e demonstrar que não tem parentes que substituam na ordem legal o cônjuge provedor declarado inocente. Transposta esta barreira, toca ao alimentário culpado superar um segundo obstáculo, contido no mesmo parágrafo único do artigo 1.704, pois está encarregado de provar que, embora ausentes parentes que lhe supram a dependência alimentar, também não desfruta de qualquer aptidão para o trabalho. Não se trata da preexistência de algum vínculo de emprego, mas cuida, sim, que o cônjuge seja totalmente destituído de qualquer habilidade para exercer algum trabalho remunerado. Assim não basta apenas a ausência de parentes, pois a pensão só será destinada ao cônjuge culpado se ele, além de ser sozinho, carente de parentes capazes de auxiliá-lo financeiramente, por precedente convocação judicial extraída da conjunção dos artigos 1.694 e 1.704, parágrafo único, do Código Civil, este consorte culpado também não pode ser portador de alguma aptidão para o trabalho remunerado, capaz de lhe conferir oportunidades pessoais de labor e salário.

Para Jussara Ferreira, citando Belmiro Pedro Welter:[6] "o critério da aferição da culpa, para concessão ou não de alimentos, vai cedendo espaço para a não-culpa ou, conforme a dicção legal, necessidade de alimentos (...). A prestação alimentícia tem por fundamento a necessidade do alimentando, escudada no mútuo dever de assistência entre cônjuges, não devendo ser alcançada pelo cego talante da lei."

O temário já faz tempo que transita por textos de doutrina visionária de eméritos juristas, como dessa plêiade destaca-se Luiz Alberto D'Azevedo Aurvalle, ao prescrever ser tendência moderna do "Direito de Família expungir da análise judicial as causas subjetivas das desavenças interpessoais de cunho familiar".[7]

Rodrigo da Cunha Pereira merece igual referência quando questiona o sistema legal do passado, vinculando o dever de assistência à ausência de culpa, "numa reação punitiva, ou como uma condenação a morrer de fome o cônjuge considerado culpado. É como se dissesse: já que você não me ama mais, terá que pagar por isto".[8]

---

[6] WELTER, Belmiro Pedro. *Alimentos no Código Civil*, Porto Alegre: Síntese, 2003, p. 155.

[7] AURVALLE, Luiz Alberto D'Azevedo. *Alimentos e culpa na união estável*, Revista da Ajuris, Porto Alegre, vol. 68, p. 170, novembro-1996.

[8] PEREIRA, Rodrigo da Cunha. *In Repertório de doutrina sobre Direito de Família, aspectos constitucionais, civis e processuais*, (Coord. WAMBIER,Teresa Arruda Alvim e LEITE, Eduardo de Oliveira) A culpa no desenlace conjugal. vol. 4. São Paulo: RT, 1999, p. 333.

É fato que o desamor já não mais autoriza a insensata pesquisa da culpa na seara de uma separação judicial litigiosa, evoluindo a ciência jurídica para a coleta exclusiva da mera necessidade de alimentos e a ausência de outros parentes que atendam a pretensão alimentar.

Já foi possível observar, através de atento olhar, que os alimentos, uma vez confrontada a culpa do cônjuge alimentário, só serão devidos em caráter solidário e incondicional quando o alimentante realmente não dispuser de qualquer outra opção familiar capaz de suprir sua subsistência, fazendo perceber que a culpa pela separação judicial continua gerando drásticos efeitos sobre o cônjuge alimentário julgado responsável pela separação.

Isso demonstra que o esforço do legislador não foi capaz de demover inteiramente a razão causal, persistindo forte grau de punição ao cônjuge culpado pela separação, pois ainda repugna ao consenso geral que, por exemplo, consorte adúltero receba alimentos do esposo traído.

12.5. Outros obstáculos à obrigação alimentar

De acordo com o artigo 1.695 do vigente Código Civil, só serão devidos os alimentos quando quem os pretende não tenha bens suficientes, e nem puder prover com o seu trabalho a sua mantença. Uma vez superados estes pré-requisitos, autoriza o artigo 1.694 do Código Civil possam então os parentes, cônjuges ou companheiros pedir uns aos outros os alimentos de que necessitem para viver de modo compatível com a sua condição social.

Calha observar, no entanto, como ao seu tempo e modo já foi visto linhas atrás, que o cônjuge credor de alimentos tem um dever natural de respeito para com o seu consorte, retratando a codificação civil, no artigo 1.566, ser dever de ambos os cônjuges: observarem a fidelidade recíproca; a vida em comum no domicílio conjugal; a mútua assistência; o sustento, guarda e educação dos filhos; o recíproco respeito e consideração.

Surgindo a impossibilidade da comunhão de vida pela ocorrência da quebra dos deveres conjugais ou pela conduta desonrosa, importa reconhecer a causa separatória, e ao juiz comete, quando provocado, imputar em sentença a autoria culposa que a prova processual apontou recair sobre um dos cônjuges, quando não contempla ambos os consortes.

Adverte Atahualpa Fernandez[9] não ser suficiente qualquer infração, qualquer defeito, para a decretação da separação pela culpa que há de ser

---

[9] FERNANDEZ, Atahualpa. *A suportabilidade da vida em comum, a dissolução da sociedade conjugal e o novo Código Civil*. Porto Alegre: Sergio Antonio Fabris Editor, 2003, p. 55.

grave, atentando contra os padrões medianos de valoração da conduta dos cônjuges e ferindo de morte a plena comunhão de vida que embala e motiva a união afetiva.

Presente a ofensa conjugal, e por sua conseqüência exsurgindo o decreto judicial de separação, ainda assim admite o novo legislador o direto alimentar, mesmo em favor do cônjuge ofensor, vencidos, contudo, os obstáculos elencados no artigo 1.695 do Código Civil. Para fazer valer seu direito alimentar oriundo do cônjuge inocente, é preciso que o credor não possua bens suficientes para deles extrair o seu sustento; como também precisará demonstrar ser incapaz de prover pelo seu trabalho a própria mantença. Diga-se então, e já de antemão, que as barreiras do artigo 1.695 do Código Civil realmente ignoram a culpa separatória, porque impõem obstáculos válidos para qualquer relação alimentar, quer entre cônjuges, quer entre companheiros.

A nota adicional endereçada exclusivamente ao cônjuge alimentário julgado culpado pela separação advém do parágrafo único, do artigo 1.704, que como já referido linhas precedentes, só considera a obrigação alimentar do cônjuge inocente, e provedor, na hipótese de o seu parceiro culpado pela separação não possuir bens, não trabalhar, não possuir parentes na linha ascendente, como prevê o artigo 1.696, ou descendentes, como reza o artigo 1.697, e faltando estes, também não existam irmãos, tanto germanos como unilaterais, que pudessem lhe prestar a subsistência alimentar.

Observe-se, portanto, que o cônjuge inocente só deverá prestar alimentos para o seu consorte ofensor se este for destituído de bens, de trabalho, de parentes em todas as direções, e que sequer tenha aptidão para o trabalho.

Logo, a culpa segue gerando efeitos no direito alimentar, só sendo paga a pensão se forem superados todos os obstáculos previstos pela legislação em vigor, para depois sim, ainda ser verificado se os alimentos serão devidos em caráter transitório ou permanente.

Essa sim a nova formulação fática e jurídica do atual direito alimentar, que nem de longe lembra o artigo 4º da Lei de Alimentos,[10] quando estabelecia que a esposa só não receberia pensão alimentícia do marido se por expresso dissesse não necessitá-los, mas ainda assim poderia reivindicá-la noutra ocasião processual.

---

[10] Lei nº 5.478, de 25 de julho de 1968, artigo 4º: "Ao despachar o pedido, o juiz fixará desde logo alimentos provisórios a serem pagos pelo devedor, salvo se o credor expressamente declarar que deles não necessita."

12.6. O dever alimentar

O dever alimentar tem origem distinta da obrigação de sustento, pois se vincula ao poder familiar, ao parentesco das pessoas menores e incapazes. Conforme referi noutro trabalho,[11] há distinção entre obrigação e dever alimentar. É preciso ter presente a noção de família nuclear formada pelo par andrógino e seus filhos, quando existente, e a este núcleo familiar toca um dever de alimentos escorado no vínculo de solidariedade que se mostra muito mais intenso e significativo.[12] No respeitante à obrigação pensional têm-se em mente os parentes de graus mais distantes, como são os avós e irmãos, aqui também enquadrados os filhos que não mais estão sob o abrigo do poder familiar, porque maiores e capazes. Por fim, também entre cônjuges e conviventes pesa igual obrigação de solidariedade alimentar, sem a imposição de sacrifícios, pois sempre limitados às forças dos recursos de que dispõe o convocado alimentar.

Já na solidariedade familiar entre pais e filhos menores de dezoito anos e, portanto, ainda sob o poder familiar, vige um dever alimentar ilimitado, que vai ao extremo até de exigir a venda de bens pessoais dos pais para assegurar por todas as formas o constitucional direito à vida, onde todos os esforços devem ser envidados pelos genitores para atender toda a sorte de necessidades dos filhos ainda menores e incapazes.

Denise Damo Comel:[13] "(...) o dever dos pais é prestar os alimentos *in natura*, quer dizer, é prover em espécie os alimentos ao filho, ao passo que a obrigação alimentar se cumpre, de regra, mediante prestações periódicas geralmente em dinheiro."

No entanto, a maioridade civil não obsta que os filhos prossigam como credores de alimentos, agora não mais por vínculo do poder familiar e da presunção absoluta de necessidade, mas gerando, doravante, uma obrigação condicional de alimentos decorrente da relação de parentesco, e da permanência de sua necessidade alimentar, provavelmente, porque prosseguem seus estudos para o seu completo preparo profissional.

12.7. Dever, obrigação alimentar e renúncia

A clássica distinção doutrinária entre dever e obrigação alimentar poderia estar perdendo sentido com o advento da nova codificação civil,

---

[11] MADALENO, Rolf. *Direito de Família, aspectos polêmicos*, ob. cit., p. 49.
[12] VIANA. Marco Aurélio S. *Dos alimentos*, Belo Horizonte: Del Rey, 1994, p. 22.
[13] COMEL, Denise Damo, ob. cit., p. 101.

que resgata o caráter irrenunciável dos alimentos, também consagrado pela Súmula nº 379 do STF,[14] e que já fora relativizado pelos pretório brasileiro. Prescrevia o revogado artigo 404 do Código Civil de 1916, que os alimentos até podiam deixar de ser exercidos, mas eram irrenunciáveis.[15] No entanto, embora fossem claros, tanto o enunciado nº 379 do Excelso Pretório, quanto o artigo 404 do Código Civil de 1916, estava sobranceiramente pacificado na jurisprudência brasileira, e referendado pela mais destacada doutrina, a inequívoca possibilidade de renúncia dos alimentos entre cônjuges, e depois também entre os companheiros ou conviventes, só sendo realmente considerados irrenunciáveis os alimentos oriundos do poder familiar existente entre os pais e seus filhos ainda menores de dezoito anos, e incapazes.

O dever alimentar dos pais em relação aos filhos enquanto menores ou incapazes é incondicional e irrestrito, não o sendo no vínculo conjugal, na convivência e no parentesco ao desabrigo do poder familiar.[16] Logo, não existiria nesta faixa de vinculação alimentar qualquer possibilidade de renúncia dos alimentos devidos aos filhos menores e incapazes. Considere-se que, atualmente, a menoridade civil cessa aos dezoito anos,[17] sucede que os alimentos entre pais e filhos dimanam do poder familiar, sobre eles recaindo presunção absoluta de necessidade. Já com relação à pensão devida aos filhos adultos, maiores de dezoito anos, e aos demais parentes, ou entre cônjuges e companheiros, todos declinados no artigo 1.694 do Código Civil de 2002, não mais milita esta presunção de necessidade, que precisa ser demonstrada.

Portanto, ela é absoluta entre os filhos sob o poder familiar, e relativa em relação aos filhos maiores e capazes. Também é relativa entres os demais parentes, e entre os cônjuges ou companheiros, e sobretudo para com estes, há singular diferença entre alimentos renunciáveis e irrenunciáveis, entre alimentos restituíveis e irrestituíveis, porque relativizada a necessidade, quando ausente e comprovado o enriquecimento ilícito, permite reivindicar em juízo a sua repetição.[18]

---

[14] Súmula 379 do STF: "No acordo de desquite não se admite renúncia aos alimentos, que poderão ser pleiteados ulteriormente, verificados os pressupostos legais."

[15] Artigo 404 do CC de 1916: "Pode-se deixar de exercer, mas não se pode renunciar o direito a alimentos."

[16] MADALENO, Rolf. *Direito de Família, aspectos polêmicos*, Porto Alegre: Livraria do Advogado, 1998, p. 50, "Alimentos e sua restituição judicial".

[17] Art. 5º do Código Civil de 2002.

[18] Art. 884 do CC. "Aquele que, sem justa causa, se enriquecer à custa de outrem, será obrigado a restituir o indevidamente auferido, feita a atualização dos valores monetários."
Art. 885. "A restituição é devida, não só quando não tenha havido causa que justifique o enriquecimento, mas também se esta deixou de existir."

Entretanto, para surpresa geral, o novo Código Civil dá as costas para toda essa consolidada construção doutrinária e jurisprudencial e retoma a velha e surrada linha de os alimentos serem irrenunciáveis em qualquer circunstância, ao reeditar integralmente o artigo 404 do Código Civil de 1916, ressuscitando a Súmula 379 do STF. É que o artigo 1.707 do Código Civil de 2002 reescreve a irrenunciabilidade dos alimentos, dizendo que o credor tem a faculdade de não exercê-los, porém lhe é vedado renunciar o direito a alimentos.[19]

Francisco Cahali[20] demonstra toda a sua indignação com o renascimento da renúncia à pensão alimentícia no atual Código Civil, afirmando, com sobradas razões, que o legislador agiu na contramão da doutrina e jurisprudência, quando: "o novo Código registra ser irrenunciável o direito a alimentos, sem excepcionar a origem da obrigação, fazendo incidir, pois, esta limitação à pensão decorrente também da dissolução da sociedade conjugal. E vai além: confirmando ser esta a sua intenção, estabelece expressamente a possibilidade do cônjuge separado judicialmente vir a pleitear alimentos do outro, diante de necessidade superveniente."

Reinstala-se no direito brasileiro a completa insegurança jurídica, pois tornando a ser irrenunciáveis os alimentos entre cônjuges e companheiros no processo de separação judicial amistoso, certamente servirá de desestímulo para qualquer acordo consensual de separação judicial, onde deveria ser consignada a renúncia alimentar de um dos consortes, porquanto será tida como cláusula não-escrita, e interpretada como mera desistência alimentar temporal e passageira, ameaçando o inseguro ex-cônjuge com a possibilidade de ser acionado no futuro com uma demanda alimentar fundada justamente na irrenunciabilidade do direito a alimentos.

Fica evidente que a jurisprudência deverá reconstruir rapidamente a estrada que diferencia o dever alimentar da obrigação de pagar alimentos, para retomar a renúncia pura e simples dos alimentos entre cônjuges e companheiros, que ao contrário dos filhos ainda sob o poder familiar podem lançar mão do eventual direito aos alimentos, dizendo e prescrevendo em seu processo separatório que deles não necessitam e que renunciam em definitivo, pois capacitados a prover a sua própria subsistência, cientes dos naturais percalços da vida profissional. É que em sede de direito alimentar mantém-se, portanto, hígida e pertinente a diferença entre dever e obrigação alimentar, cujos traços de distinção, ao contrário dos alimentos como dever, tornam-se renunciáveis e repetíveis, sob a rubrica da obrigação alimentar.

---

[19] Art. 1.707 do Código Civil de 2002: "Pode o credor não exercer, porém lhe é vedado renunciar o direito a alimentos, sendo o respectivo crédito insusceptível de cessão, compensação ou penhora."

[20] CAHALI, Francisco José. *Direito de Família e o novo Código Civil*, "Dos alimentos", 3ª ed. Coord. Maria Berenice Dias e Rodrigo da Cunha Pereira, Belo Horizonte: Del Rey, 2003, p. 232-233.

12.8. Novas figuras jurídicas no campo alimentar

O novo Código Civil abre caminho para a reflexão, permitindo verificar que desde a Carta Política de 1988, novos valores transitam na seara do direito alimentar, descabendo arraigar-se em conceitos claramente superados, como disso é exemplo frisante o rarefeito princípio da irrepetibilidade do crédito alimentar.

Alimentos em plena era da paridade dos sexos precisam ser reescritos na esteira das mudanças socioculturais que ainda não suficientemente absorvidos pelo legislador da nova codificação que revisitou o passado, ressuscitou figuras e preceitos de há muito sepultados, mas que foi incapaz de absorver a verdadeira mudança do axiológico direito alimentar.

12.8.1. Os alimentos transitórios

Como sabido, a Constituição Federal de 1988 trouxe uma nova concepção dos direitos e dos deveres do homem e da mulher, dentro e fora do casamento, sendo certo afirmar que uma das mudanças mais significativas no Direito de Família brasileiro foi a emancipação da mulher ao conquistar tratamento jurídico paritário e acesso ao mercado de trabalho, como antes jamais acenado, fazendo sentido a leitura protecionista da lei alimentar de poucas décadas passadas, assegurando integral crédito alimentício à esposa separada do marido, pensão que só não receberia se firmasse por expresso a absoluta desnecessidade do seu crédito alimentar que ficava em suspenso.

Por tais razões, diz Marco Aurélio Gastaldi Buzzi[21] só serem fornecidos alimentos em determinados casos, e com duração certa, apenas para que o alimentário tenha tempo para tomar providências que o levem a adquirir a sua independência financeira, emancipando-se da tutela do provedor e liberando-o do encargo alimentar.

Claro que a noção de culpa também não tem relação direta com o direito aos alimentos transitórios ou passageiros, deferidos por tempo certo, pois já visto antes que os alimentos sustentados na prova da culpa só serão devidos como regra se superados os obstáculos opostos pelo próprio parágrafo único do artigo 1.704 do Código Civil.

Salvo as clássicas exceções de um ou dois anos de ininterrupta separação fatual, permissionário da separação judicial no primeiro caso e do

---

[21] BUZZI, Marco Aurélio Gastaldi. *Alimentos transitórios, uma obrigação por tempo certo*, Curitiba: Juruá, 2003, p. 114.

divórcio na segunda hipótese, não há no vigente direito familista brasileiro a separação objetiva que isente da razão causal.

Deste modo a culpa continua a castigar o cônjuge responsável pela separação a padecer nos meandros da indigência material, conferindo alimentos excepcionais a serem pagos pelo cônjuge inocente e provedor em circunstâncias especialíssimas, suficientes apenas para permitir a sobrevivência do consorte alimentando.

Já os alimentos transitórios ressalvam a culpa para garantir ao cônjuge inocente e dependente a pensão proporcional ao binômio da necessidade e da capacidade, apenas limitando este crédito no tempo, com identidade própria e inquestionável limite temporal, sem qualquer semelhança com a pensão compensatória.

Melhor seria os tribunais relevaram a culpa para concederem alimentos transitórios ao cônjuge responsável pela ruptura do casamento, aí sim pouco importando pesquisar a razão causal, pois prevalecerá no espírito do julgador a percepção única de os alimentos transitórios sofrerem limitação temporal entre cônjuges e companheiros que desfazem a sua relação afetiva, como assinala Marco Aurélio Gastaldi Buzzi:[22] "vazado no fato de que, atualmente, não mais se justifica impor a uma das partes integrantes da comunhão desfeita a obrigação de sustentar a outra, de modo vitalício, quando aquela reúne condições para prover a sua própria manutenção."

12.8.1.1. A duração dos alimentos transitórios

Os alimentos transitórios projetam num certo tempo ou condicionam à certa circunstância o direito alimentar. Usualmente os tribunais têm fixado os alimentos transitórios até a partilha final dos bens conjugais, ou até que o credor alimentário conclua os seus estudos de formação secundária, ou a sua graduação universitária.

Noutra hipótese, a pensão transitória pode levar em consideração a idade dos filhos e ordenar que os alimentos também sejam pagos ao cônjuge guardião até a maioridade civil da prole.

O termo final da pensão alimentícia também pode coincidir com a conquista de um emprego, ou com o início de uma atividade liberal remunerada, isso quando os juízes não estabelecem a contagem do tempo por certo número de meses, ou de alguns anos, julgados suficientes para o alimentário superar os usuais percalços verificados na transição sempre penosa da separação judicial.

---

[22] BUZZI, Marco Aurélio Gastaldi, ob. cit., p. 123.

Alcançada a condição projetada na sentença, extingue-se automaticamente e de plano o direito alimentar, independentemente do ingresso de qualquer ação de exoneração ou de revisão, podendo o interessado pedir que por ofício judicial expedido na primitiva ação de arbitramento alimentar cesse eventual desconto dos alimentos que ainda perdurem, apenas pela falta de oficial comunicação que o tempo ou o fato ajustado acabaram de atingir.

Não se confundem os alimentos transitórios com os provisórios oriundos especificamente da Lei de Alimentos n° 5.478/68, e nem com os alimentos cautelares, denominados de provisionais, pois estes adiantam no tempo o deferimento liminar dos alimentos, com vigência oficial até a sua quantificação em sentença terminativa. Por seu turno, a pensão transitória já é conseqüência da sentença judicial ou do acordo alimentar transitado em julgado, onde foi estabelecido o tempo certo para o vínculo alimentar que se extinguirá quando alcançado o fato jurídico projetado pelo decisor, ou programado pelos acordantes, para extinção automática. Já a pensão alimentícia provisória ou provisional considera tão-somente que a fome não espera a morosa tramitação do processo, tratando o julgador de antecipar alimentos em decisão perfunctória, até que se processe à exaustão, a fase probatória da demanda alimentar, permitindo apurar com maior fidelidade o verdadeiro potencial material de quem deve os alimentos. e a real necessidade do destinatário destes alimentos. Com a sentença transitada em julgado, os alimentos provisórios transformam-se em definitivos, mas serão transitórios se a sentença fixar tempo certo para a sua concessão. Não sendo estabelecido termo final para a sua concessão, a sua revisão estará sempre condicionanda à ocorrência de algum fato novo, futuro e incerto, capaz de justificar o reexame processual da obrigação alimentar.

12.8.2. Alimentos compensatórios

Jorge O. Azpiri[23] define a pensão compensatória no direito espanhol como uma prestação periódica em dinheiro, efetuada por um cônjuge em favor do outro esposo, por ocasião da separação ou do divórcio vincular, em que se produza desequilíbrio econômico em comparação com o estilo de vida experimentado durante a convivência matrimonial, compensando, deste modo, a sensível disparidade que o separando alimentário irá deparar com a separação em sua padronagem social e econômica, comprometendo,

---

[23] AZPIRI, Jorge O. *Régimen de bienes en el matrimonio*, Hammurabi, Buenos Aires: Jose Luis Depalma Editor, 2002, p. 28.

com a ruptura das núpcias, os seus compromissos materiais, seu estilo de vida e a sua própria subsistência.

Há algumas situações de separação judicial em que um dos cônjuges não agrega nenhum bem em sua meação, e isso ocorre muitas vezes, porque não houve nenhuma aquisição patrimonial na constância da união, ou porque o regime matrimonial livremente adotado em pacto antenupcial de separação convencional afasta a comunicação final de bens. Também em tantas outras ocasiões, é a lei que impõe a adoção do regime legal da total separação de bens, como pode ser conferido nas hipóteses previstas nos três incisos do artigo 1.641 do Código Civil.[24]

Especialmente nestas casos de separação de bens, advindos da lei ou da livre expressão de vontade do casal, em que o regime de separação não confere nenhuma retribuição patrimonial para o outro cônjuge ao final do casamento, a legislação comparada tem outorgado o direito de este cônjuge receber uma compensação econômica, sempre quando o regime pactuado gerar alguma situação de desigualdade patrimonial entre o casal.

O propósito da pensão compensatória está em indenizar por algum tempo ou não o desequilíbrio econômico causado pela brusca perda da padronagem socioeconômica do cônjuge desprovido de maiores riquezas materiais, sem que se busque igualar economicamente aqueles que foram casados, mas justamente em sentido contrário, a pensão compensatória procura reduzir os efeitos deletérios causados pela repentina indigência social causada pela ausência de recursos e de ingressos até então mantidos pelo parceiro conjugal, e que deixariam de aportar com a separação ou com o divórcio judicial.

Para o direito francês, a pensão compensatória poderá ser creditada num valor único, com a entrega em moeda ou de bens, também pelo usufruto de determinada propriedade, ou mediante a cessão de créditos.

Jorge O. Azpiri[25] esclarece ainda que um dos cônjuges pode ser obrigado a abonar o outro com uma prestação destinada a compensar até onde for possível a disparidade que a ruptura do casamento cria nas condições de vida dos ex-cônjuges.

Difere com sensível sutileza da pensão transitória, com larga utilização nos pretórios brasileiros, mesmo sem previsão legal, pois considera a necessidade passageira do alimentando. Outro o propósito da pensão compensatória que equilibra o padrão econômico-financeiro, como que a in-

---

[24] Art. 1.641. É obrigatório o regime da separação de bens no casamento:
I – das pessoas que o contraírem com inobservância das causas suspensivas da celebração do casamento;
II – da pessoa maior de 60 (sessenta) anos;
III – de todos os que dependerem, para casar, de suprimento judicial.
[25] AZPIRI, Jorge O, ob. cit., p. 28.

denizar a perda do padrão social causada pela separação judicial. Objetiva tão-somente equilibrar a disparidade verificada nas condições de vida de um cônjuge em relação ao outro, sobrevindo a sua separação judicial, não se configurando, para muitos, numa pensão alimentar. A pensão compensatória permite retomar o equilíbrio material ao amenizar os nefastos efeitos de uma brusca *queda livre* no padrão socieconômico do ex-cônjuge, que não tem preparo financeiro para sustentar a antiga estratificação social.

Conforme Teresa Marín García de Leonardo,[26] os tribunais espanhóis, inspirados na solidariedade familiar, buscaram com a pensão alimentar compensar a perda do dever conjugal de socorro. Também no direito brasileiro os cônjuges assumem com o casamento a condição de consortes, companheiros e responsáveis pelos encargos da família (art. 1.565); estabelecendo entre eles um dever de mútua assistência (art. 1.566, inciso III), verdadeiro vínculo de solidariedade resultante da lei, como reza o artigo 265 do Código Civil. Para outros, a pensão compensatória deve ter duração limitada no tempo, não devendo ser imposto ao cônjuge melhor afortunado a tarefa de manter o seu ex-consorte por toda a sua existência, especialmente porque não parece ser sua função equilibrar riquezas, mas reduzir, na medida do possível, os visíveis desequilíbrios econômicos resultantes da separação.[27]

Já os alimentos chamados de compensatórios não desfrutam da exoneração automática, pois não há condição previamente projetada, funcionando como gatilho para cessação mecânica do direito alimentar.

Nos alimentos compensatórios, o decreto separatório tratará de dissolver a relação conjugal e assegurar ao cônjuge destituído de meação e de valores amealhados no curso do casamento uma pensão proporcional aos bens e às rendas que conformaram o patrimônio particular e incomunicável, construído durante o matrimônio.

Há de ser visto, entretanto, que a pensão compensatória terá trânsito judicial somente quando ausentes quaisquer dos pressupostos que desautorizam a concessão de alimentos para o cônjuge plenamente habilitado a prover sua pessoal subsistência, seja porque tem renda própria, em relação paradigmática de seu parceiro conjugal, seja porque possui bens próprios, ou mesmo porque reúne boas condições de acesso a um emprego, considerando sua qualificação e aptidão profissional.

---

[26] LEONARDO. Teresa Marín García de. *El derecho de familia y los nuevos paradigmas*, Coordenação de CARLUCCI, Aída Kemelmajer, Soluciones económica en las situaciones de crisis matrimonial: La temporalidad de la pensión compensatoria en España, Tomo II, Buenos Aires: Rubinzal-Culzoni Editores, 2000, p. 88.
[27] LEONARDO. Teresa Marín García de. Idem, ob. cit., p. 90.

Deve ser considerado que, ao contrário dos alimentos transitórios, a pensão compensatória é ordenada para restabelecer o desequilíbrio produzido pela ruptura matrimonial, embora não contenha realmente um propósito indenizatório. Como mostra Jorge O. Azpiri, no direito espanhol não é considerada a culpa ou a inocência do cônjuge alimentário para lhe conceder os alimentos compensatórios. A pensão compensatória avalia pura e simplesmente uma pauta eminentemente objetiva, que procura ajustar o desequilíbrio econômico produzido entre os esposos,[28] e busca reequilibrar as condições sociais afetadas com a crise conjugal, e possibilita a readaptação material do esposo em situação econômica e financeira mais desfavorável.

No direito brasileiro, de acordo com o parágrafo único do artigo 1.704 do Código Civil, claro que será preciso separar a eventual culpa separatória causada pelo cônjuge alimentário, pois, do contrário, não terá lugar a pensão compensatória exatamente porque o artigo 1.704, em seu parágrafo único, quando outorga alimentos apesar da culpa conjugal, pesquisa antes a existência de outros parentes que devem ser inicialmente procurados para suprirem as necessidades de sobrevivência do consorte responsabilizado pela separação conjugal. E ainda quando ausentes parentes solidários para a obrigação alimentar, o cônjuge culpado também não pode ser dotado de aptidão para atuar no mercado de trabalho.

É que a culpa dá direito à pensão apenas necessária à subsistência, enquanto os alimentos compensatórios buscam justamente o equilíbrio da estratificação social e econômica experimentada no casamento pelos cônjuges.

Entre nós, a pensão compensatória só tem lugar processual quando inocente o cônjuge alimentando, pois busca compensar justamente o desequilíbrio econômico verificado entre a vida de casado e a certa penitência que passará a enfrentar por não ter haurido maiores bens e rendas durante o casamento, capazes de formarem um significativo lastro econômico para gerar folgada e estável subsistência no ardores da separação judicial. Pela redação legal em vigor, a pensão compensatória é incompatível com os alimentos do cônjuge culpado, cujo valor, como reza o parágrafo único do artigo 1.704 do Código Civil, será meramente o indispensável à sobrevivência do alimentando.

É como mais uma vez esclarece Jorge O. Azpiri:[29] "O que se procura com a pensão compensatória é que o nível de vida dos esposos não se veja alterado com relação ao que mantinham durante a convivência, porém, não porque devam seguir vivendo da mesma maneira, mas sim porque um dos

---

[28] AZPIRI, Jorge O, ob. cit., p. 29.
[29] Idem, p. 30.

cônjuges não pode descer em sua condição econômica enquanto o outro mantém idêntica situação já existente antes da separação."

Permite a pensão compensatória portanto, possa o cônjuge alimentando transitar com certa segurança pelo inevitável percurso de transição que fará com algum vagar para atingir a sua nova padronagem social, desincumbindo-se de privilégios e mordomias que só lhe eram alcançadas por conseqüência da maior riqueza experimentada pelo esposo de quem se separou. A pensão que corrige o desequilíbrio confrontado pelo cônjuge destituído de recursos materiais será fixada em quantidade suficiente para atender os gastos e alimentos a que o consorte destinatário foi acostumado a vivenciar, mas que certamente não atingiria com o resultado de sua atividade ou labor profissional, pressupondo entre nós sempre a sua inocência no processo de separação.

Restaurado o desequilíbrio através de uma segura transição, permitindo com sua concessão que o cônjuge alimentário reorganize e reeduque seu padrão socioeconômico, adaptando seus gastos e suas expectativas ao orçamento doméstico que deverá construir na transição de sua nova condição social, finda a pensão compensatória.

A pensão compensatória não tem o caráter alimentício de manutenção permanente do cônjuge, mas carrega uma função de inquestionável natureza indenizatória, para reequilibrar a alteração econômica do cônjuge financeiramente abalado pela separação judicial ou pelo divórcio, até que esta disparidade reencontre o seu ponto de equilíbrio, desfazendo as desvantagens sociais causadas pela separação.

12.8.2.1. A duração da pensão compensatória

Embora em muitos casos a pensão compensatória possa ser vista como uma obrigação vitalícia, há de ter o julgador os mais extremados cuidados ao fixá-la, de modo a evitar convertam-se em alimentos infindos, por absoluta impossibilidade de estabelecer no tempo quando exatamente teria desaparecido o desequilíbrio econômico que desencadeou o direito alimentar compensatório. Existirão situações próprias de alimentos compensatórios por tempo indeterminado, muito propício àquelas uniões de longa duração, por conta da qual a mulher sempre esteve dedicada à casa e aos filhos, e jamais buscou qualquer forma de trabalho ou de aprimoramento profissional, contando já com avançada idade por ocasião da sua separação judicial. Neste cenário existem separandos com uma longa vinculação conjugal, afastada a mulher do mercado de trabalho por arranjo realizado para atender aos interesses dos cônjuges.

Há o risco de eternizar a pensão alimentar pela conveniente passividade do credor dos alimentos, que se esquiva de buscar com o seu esforço os recursos de sua pessoal subsistência.

Os alimentos compensatórios, ao contrário dos alimentos transitórios, não devem dispor de um tempo certo de vigência ou de estipulação judicial, diante da sua peculiar característica de evitar o desequilíbrio econômico dos cônjuges que se separaram, compensando o prejuízo sofrido pelo parceiro em desvantagem financeira, por conta da dissolução da sua relação conjugal.

Não obstante o principal argumento da pensão compensatória resida na transitoriedade da sua fixação, pois busca suprir durante certo tempo a queda do nível social, fica extremamente difícil estabelecer um tempo certo de vida útil da pensão, exatamente porque a razão do vínculo figura no desequilíbrio material que precisaria ser corrigido em tempo imprevisível.

Nisto radica a principal diferença entre os alimentos transitórios e compensatórios, porquanto nestes últimos a sentença ou mesmo a homologação judicial não determina tempo para a sua revisão ou extinção, dependendo de ação revisional, para apurar se ainda persistem as causas do desequilíbrio econômico, permitindo revisitar o direito alimentar entre a sua permanência, redução e exoneração, ao passo que nos alimentos transitórios o termo final disposto na sentença ou no acordo judicial produz a extinção automática da pensão, independentemente de qualquer procedimento judicial de exoneração.

12.9. A restituição dos alimentos

Como visto, o direito brasileiro testemunha profundas alterações no instituto alimentar. Melhor movimenta-se o decisor quando acata novas figuras processuais e afasta conceitos estanques, a rezar que os alimentos são irrepetíveis, não obstante abundem evidências de exoneração da pensão, como no caso do alimentário que passou a exercer atividade rentável. Deve ser admitida a possibilidade de restituição judicial da obrigação alimentícia da ex-mulher que já tem renda própria; do filho que já casou e já não mais está estudando, mas que segue recebendo indevidamente os alimentos, em afrontoso enriquecimento ilícito, regulado pelos artigos 884 a 886 do Código Civil brasileiro em vigor.

De acordo com estes dispositivos, será obrigado a restituir o que foi indevidamente auferido, aquele que sem justa causa, enriquecer à custa de outrem. E ordenam que a restituição também será devida se deixou de existir a causa justificadora do enriquecimento. Transportando a disposição legal para o direito familista, afigura-se incontroverso o enriquecimento imotivado naquelas prestações alimentícias destinadas aos filhos já maiores e capazes, que trabalham, têm renda própria ou que deixaram de estudar, mesmo em curso superior, mas seguem recebendo a pensão alimentícia, e postergando no tempo, com malícia, a demanda de exoneração, para assim acumular riqueza por causa alimentar que deixou de existir, apenas porque em tese, o crédito alimentar seria irrestituível.

O mesmo pode acontecer nas relações afetivas reconstruídas, quando o alimentando já mantém uma nova relação e não ressalva nem em juízo o seu crédito alimentar, recebendo a pensão por conta da morosidade da exoneração alimentar. O credor de alimentos arbitrados na separação da relação afetiva conjugal, continua recebendo mensalmente a sua pensão que ainda é alvo de uma morosa ação de exoneração que atinge todos os estágios processuais, apenas com o propósito de amealhar prestações consideradas irrestituíveis, porque venceram no curso da lenta ação de exoneração.

Há situações de notório e aberrante enriquecimento sem causa, que deveriam motivar até mesmo o mais formal dos julgadores, a deferir a exoneração alimentar em sede de tutela antecipada, mas cujo crédito continua ingressando indevidamente no ativo do alimentário que se favorece do processo, e da ausência do trânsito em julgado da sentença de exoneração. Animado, porque os alimentos são devidos até o fim da ação, para agravar mais ainda a frágil posição processual do devedor alimentar que não dispõe de qualquer mecanismo de contrapressão, toda vez que indignado, deixa de pagar os alimentos de que ainda é formalmente devedor, vendo-se coagido com execuções propostas por a coação física para pagar alimentos que deixaram de existir.

Deve o julgador deferir a repetição do indébito, pois a morosidade processual não pode servir de motivação ao credor que a toda evidência está enriquecendo à custa alheia, sabendo não ser merecedor dos alimentos, seja porque experimente o ingresso dos recursos financeiros provenientes de seu emprego, seja porque o alimentando refez a sua vida sentimental e passou a viver com uma outra pessoa.

Por isso deve ser relativizada a não-compensação judicial dos alimentos, quando o seu pagamento resulta num enriquecimento sem causa do alimentando, sempre que a pensão alimentícia apenas se constitui numa mera e relativa obrigação alimentar.

Nesta direção faz pouco andou a 8ª Câmara Cível do Tribunal de Justiça do Rio Grande do Sul alinhando-se à lição de Yussef Said Cahali,[30] no AI nº 70005536040 julgado em 10 de abril de 2003 e assim ementado: "Agravo de instrumento. Renumeração do processo. Compensação de alimentos. Cumpre ser realizada a renumeração do processo, uma vez que a partir da fl.125, consta, novamente, o número 122. Mostra-se, no caso dos

---

[30] CAHALI, Yussef Said. *Dos alimentos*, 2ª ed., São Paulo: RT:, p. 89.

autos, possível a compensação pretendida pelo agravante, até mesmo porque o princípio da não-compensação da dívida alimentar dever ser aplicado ponderadamente, para que dele não resulte eventual enriquecimento sem causa da parte do beneficiário. Agravo provido".

Afrontaria a moral jurídica permitir, mesmo diante da expressa proibição do enriquecimento sem causa do artigo 884 do Código Civil, que o alimentário siga sendo dispensado de restituir os alimentos que só deteve favorecido pela morosidade da ação exoneratória, quando o que realmente conta para efeitos de irrepetibilidade é a efetiva necessidade, e nunca servir como suporte para um injustificado e desleal enriquecimento daquele que faz muito tempo deixou de ser dependente alimentar.

12.10. O princípio da boa-fé no novo Código Civil

O novo Código Civil[31] consagra o princípio da boa-fé nos atos e nos negócios jurídicos, como com clareza retrata o artigo 113, reprimindo o abuso de qualquer direito.[32]

Portanto, é da essência de qualquer acordo de alimentos, ou de sua fixação judicial, que o credor realmente careça da pensão alimentar, como real necessitado, não dispondo de qualquer renda pelo resultado de seu próprio trabalho. Ausente a dependência, por óbvio que não mais se prorroga o direito ao crédito alimentar, pois o destinatário da pensão guarda por conduta moral e por princípio de direito, o dever de lealdade e da boa-fé, não apenas quando recolhe a fixação judicial dos alimentos, mas também durante a prestação dos alimentos.[33]

Para Humberto Theodoro Júnior,[34] o princípio da boa-fé tem como exigência um padrão de conduta, sendo aferida a licitude de um agir permanente nas suas relações sociais e comerciais, e completa: "o princípio da boa-fé despreza a malícia da parte que se valeu de evasivas para criar convenções obscuras ou duvidosas e posteriormente procurar, de forma maliciosa, obter vantagens incomuns em negócios da espécie. Esse tipo de manobra é inócuo, porque o juiz, frente ao contrato, somente aceitará uma interpretação que seja harmônica com as intenções de uma

---

[31] Art. 113. Os negócios jurídicos devem ser interpretados conforme a boa-fé e os usos do lugar de sua celebração.

[32] Art. 187. Também comete ato ilícito o titular de um direito que, ao exercê-lo, excede manifestamente os limites impostos pelo seu fim econômico ou social, pela boa-fé ou pelos bons costumes.

[33] Art. 422. Os contratantes são obrigados a guardar, assim na conclusão do contrato, como em sua execução, os princípios de probidade e boa-fé.

[34] THEODORO JÚNIOR, Humberto. *O contrato e sua função social*, Rio de Janeiro: Forense, 2003, p. 17.

pessoa correta e honesta. O juiz não dará cobertura à astúcia ou à má-fé e interpretará o negócio de modo com que se cumpram "as intenções das pessoas corretas".[35]

Como visto, boa-fé, conduta processual inimaculada e real dependência são os verdadeiros alicerces do direito alimentar do século que avança e deixa para trás velhas crenças e costumes que escravizavam os gêneros sexuais.

12.11. Conclusão

Parece, portanto, que o novo direito alimentar deve se desgarrar rapidamente deste vínculo de atraso, com princípios soterrados, e de direitos duvidosos, cuja lógica do bom-senso não se cansa de contrapor a tontos pedidos ilustrando alimentos de processos judiciais com alimentos de ilícito enriquecimento.

Alimentos têm de ser ajustados no rastro da realidade social, e não mais atrelados a esta viagem ao passado, sem nenhuma conexão com o presente, e sem perspectiva para com o futuro. Modernos conceitos dão nova estrutura ao direito alimentar, mostrando caminhos trilhando pela via dos alimentos transitórios e das pensões compensatórias, como excelentes alternativas para uma realista expectativa alimentar, isenta de preconceitos e protecionismos, mas impregnada de um sólido propósito eminentemente alimentar.

Já foi dito que o direito despreza a malícia, as evasivas exacerbadas e a má-fé, empreendidas para postergar a exoneração alimentar e assim perpetuar o ilícito crédito alimentar. A tutela antecipada é instrumento processual de consagrada eficácia para secionar o abuso de direito[36] e o enriquecimento sem causa.

Está em tempo de os tribunais revisarem os seus estanques valores jurídicos no campo do direito alimentar e aceitarem sua repetição judicial, mormente quando o dia-a-dia processual desmascara fileiras incontáveis de falsos credores de alimentos, que não se vexam de tirar proveito da demora processual.

---

[35] Idem, ob. cit., p. 25.

[36] Art. 273, II do CPC: O juiz poderá, a requerimento da parte, antecipar, total ou parcialmente, os efeitos da tutela pretendida no pedido inicial, desde que, existindo prova inequívoca, se convença da verossimilhança da alegação e:
I – (.....)
II – fique caracterizado o abuso de direito de defesa ou o manifesto propósito protelatório do réu.

13. A Inelegibilidade eleitoral na união estável

13.1. Condições de elegibilidade

Estréia na Carta Política de 1988, pelo acesso do seu décimo quarto artigo, constando, a partir do terceiro parágrafo, como condição de elegibilidade de uma pessoa que queira se candidatar a um mandato eletivo, que tenha a nacionalidade brasileira, podendo ser naturalizado se a sua pretensão política não for endereçada aos cargos de Presidente ou de Vice-Presidente da República Federativa do Brasil. Para não fugir ao completo esclarecimento desta primeira condição de elegibilidade, dentre as diversas outras que se adicionam para conferir ao candidato a sua capacidade eleitoral passiva, a Constituição Federal expõe, no seu artigo 12, quem são os brasileiros natos e como são identificados os brasileiros naturalizados.

Como conseqüências complementares de elegibilidade a mandato eletivo, o candidato precisa estar no pleno gozo de seus direitos políticos; estar alistado como eleitor no domicílio eleitoral de sua circunscrição; ter filiação partidária em alguma agremiação política e contar com determinada idade, que varia dos 18 aos 35 anos, conforme o cargo executivo almejado.

Como indica Joel J. Cândido:

"Para que uma pessoa possa se candidatar a um mandato eletivo, exercendo sua capacidade eleitoral passiva, não basta que ela esteja no pleno gozo de seus direitos políticos, ou usufruindo o direito de ser votado (ius honorum). É preciso que ela implemente uma série de outros requisitos, indicados pela lei, e que são uniformes para todos os candidatos. Mais do que isso é preciso que o cabal atendimento a esses requisitos se dê dentro dos prazos fixados também pela lei, ou por resoluções do Tribunal Superior Eleitoral. A esse conjunto de exigências a serem satisfeitas pelos candidatos denominamos "condições de elegibilidade".[1]

---

[1] CÂNDIDO, Joel J. *Inelegibilidades no Direito Brasileiro*, São Paulo: Edipro, 1999, p. 81.

Portanto, não é a Constituição Federal que esgota as condições de elegibilidade, pois leis complementares e somente estas, prescreve o artigo 14, § 9º, da Carta Política de 1988, podem prever e acrescentar um elenco suplementar de causas de inelegibilidade, indiferente de sua precedente previsão na Carta Maior. Como faz ver Pedro Roberto Decomain, "a própria Constituição Federal elenca diversas condições de elegibilidade, e também algumas causas de inelegibilidade. Remete para a Lei Complementar a tarefa de definir outras causas de inelegibilidade".[2]

Uma vez preenchidas as condições de elegibilidade, dá-se o deferimento do pedido de registro do candidato, merecendo destaque a referência feita por Joel Cândido, de que as *inelegibilidades não se confundem com as condições de elegibilidade*,[3] tendo em conta que determinada pessoa pode preencher as condições de elegibilidade, mas talvez não possa concorrer em determinado pleito, por lhe faltar alguma condição circunstancial de acesso ao cargo executivo.

Mais uma vez com o pontual socorro da doutrina de Joel Cândido, a inelegibilidade seria uma circunstância negativa na vida do candidato, que estaria restringindo em parte os seus direitos políticos de concorrer e de ser votado em cargo eletivo.

Circunstâncias taxativamente previstas em lei definem quem pode ser candidato, enquanto outras representam obstáculo para alguém concorrer a mandato eletivo, são as chamadas causas de inelegibilidade.

É como em arremate colaciona Adriano Soares da Costa citando Pedro Henrique Távora Niess, que:

"A inelegibilidade consiste no obstáculo posto pela Constituição ou por lei complementar ao exercício da cidadania passiva, por certas pessoas, em razão de sua condição ou em face de certas circunstâncias. (...) se a elegibilidade é pressuposto do exercício regular do mandato político, a inelegibilidade é a barreira intransponível que desautoriza essa prática, com relação a um, alguns, ou todos os cargos cujos preenchimentos dependam de eleição".[4]

Embora possa ser elegível por preencher todos os pressupostos constitucionais próprios de candidatar-se e ser votado, exercendo regular direito eletivo passivo, cônjuge, parente consangüíneo, ou afim até o segundo grau é circunstancialmente inelegível no território de jurisdição do titular de cargo eletivo do Poder Executivo.

---

[2] DECOMAIN, Pedro Roberto. *Elegibilidade e inelegibilidades*, 2ª ed., São Paulo: Dialética, 2004, p. 10.

[3] Idem, ob e p., cit.

[4] COSTA, Adriano Soares da. *Teoria da inelegibilidade e o direito processual eleitoral*, Belo Horizonte: Del Rey, 1998, p. 38.

13.2. Da inelegibilidade do cônjuge e dos parentes

As inelegibilidades têm inspiração de natureza ética e buscam afastar as influências perniciosas, capazes de comprometer a lisura e transparência do pleito eleitoral. Elas estão previstas no campo constitucional nos §§ 4º, 7º e 9º do artigo 14 da Constituição Federal e na Lei Complementar nº 64, de 18 de maio de 1990, a chamada *Lei das Inelegibilidades*, sendo de considerar aético, e, portanto, inelegível para o mesmo cargo no território de jurisdição do titular o seu cônjuge, tal qual retrata o § 7º, do artigo 14 da Constituição Federal.

A Constituição Federal faz referência exclusiva ao cônjuge, aos parentes e afins advindos do casamento, sem estender a causa de inelegibilidade aos conviventes, permitindo entender, deste modo, que o impedimento de ser votado se esgota apenas na figura do cônjuge, vale dizer, nas relações jurídicas do matrimônio civil, porquanto a descrição das inelegibilidades traduz situações objetivas e taxativas, identificadas na Carta Maior e em lei complementar que não se reportam à união estável.

A inelegibilidade decorre da falta circunstancial de aptidão para o exercício da cidadania ativa.[5] As causas de inelegibilidade são em realidade impedimentos que obstam a eleição de certa pessoa, ainda que preencham os pressupostos de elegibilidade, gozando de seus direitos políticos, sendo alistados como eleitores, estarem filiados a partido político e domiciliados na sua circunscrição, podendo até, já terem sido escolhidos como candidatos do seu partido, mas ainda assim, podem ter vetado o registro de sua candidatura acaso esbarrem em alguma causa temporária ou permanente de inelegibilidade.

Visando a defender a moralidade do pleito e impedir a consolidação do poder político em mãos de oligarquias, quis a norma constitucional evitar a eleição de parentes ou do consorte do detentor de mandato, prescrevendo serem inelegíveis, no território de jurisdição do titular, o cônjuge e os parentes consangüíneos ou afins, até o segundo grau ou por adoção, do Presidente da República, de Governador de Estado ou Território, do Distrito Federal, de Prefeito ou de quem os haja substituído dentro dos seis meses anteriores ao pleito, salvo se já titular de mandato eletivo e candidato à reeleição. (art. 14, § 7º, da CF).

Sucede que para o páreo eleitoral a Emenda Constitucional nº 16, de 4 de junho de 1997, introduziu no ordenamento jurídico eleitoral a possibilidade de os Chefes do Executivo, ou seus substitutos, serem reeleitos

---

[5] Expressão cunhada por JARDIM, Torquato. *Direito Eleitoral positivo*, Brasília: Brasília Jurídica, 1996, p. 67.

para um único período subseqüente, ajustando assim a permissão de ser dada continuidade na administração do governante.[6]

É evidente que feriria de morte o princípio da moralidade para o exercício do mandato, permitir que cônjuge, convivente ou parentes de administrador já reeleito, viessem disputar a sua sucessão, perpetuando infinitamente o poder literalmente "familiar" na administração pública, e em disputa ao mesmo cargo, no âmbito da jurisdição eleitoral do titular do cargo disputado.

O tema vem renovado no artigo 1°, § 3°, da Lei Complementar n° 64 de 1990, cujos comentários formulados por Joel J. Cândido[7] asseguram a intenção do legislador em pretender neutralizar a influência e o prestígio que os parentes mais próximos do titular de um mandato eletivo executivo, ou seu substituto, pudesse trazer junto ao eleitorado, estabelecendo uma inconcebível desvantagem em relação aos outros candidatos.

Objetiva minimizar o familismo na administração pública e sua propensão à continuidade administrativa, vetando que o cônjuge e os parentes consangüíneos e afins, até o segundo grau ou por adoção, do Presidente da República, dos Governadores e dos Prefeitos, ou de quem os haja substituído dentro dos seis meses anteriores ao pleito, salvo se já titular de mandato eletivo e candidato à reeleição, como expressa o § 7° do artigo 14 da CF e também assim o faz o § 3° do artigo 1° da Lei Complementar n° 64/90, elejam-se no território do já detentor do cargo eletivo.

A inelegibilidade tem o propósito de impedir a perpetuação no poder através do parentesco, explicando Celso Ribeiro Bastos[8] que a proximidade na vinculação do parentesco "propicia a possibilidade de o inelegível pretender utilizar os recursos de que dispõe em favor de um familiar".

Contudo, deve ficar plenamente esclarecido que a inelegibilidade do cônjuge ou dos parentes do detentor do mandato executivo não existe se ele ainda estiver no exercício de seu primeiro mandato, contanto que nesta hipótese ele renuncie ao seu cargo pelo menos seis meses antes das eleições.

Parentes por consangüinidade na linha reta são aquelas pessoas que descendem de um tronco comum. Esse parentesco em linha reta ocorre na linha ascendente (pais, avós, bisavós, etc.) ou na linha descendente (filhos, netos, bisnetos, etc.). O parentesco por consangüinidade na linha colateral se estabelece quando existe entre duas pessoas um ascendente comum, mas

---

[6] TELES, Ney Moura. *Novo Direito Eleitoral, teoria e prática*, Brasília: LGE Editora, 2002, p. 59.

[7] CÂNDIDO, Joel J., ob. cit., p. 247.

[8] BASTOS. Celso Ribeiro. *Comentários à Constituição do Brasil*, v. 2, São Paulo: Saraiva, 1989, p. 587.

uma não descende da outra. É o parentesco entre irmãos, tios, sobrinhos e primos.

Já os parentes por afinidade de um dos cônjuges são os parentes por consangüinidade do outro. Por fim, o grau de parentesco deve ser contado pelo número de gerações.

O impedimento ocorre de igual no parentesco oriundo da adoção, fazendo ver Pedro Roberto Decomain[9] que o artigo 227, § 6º, da Constituição Federal assegura os mesmos direitos aos filhos havidos ou não da relação do casamento, ou da adoção, ficando proibidas quaisquer designações discriminatórias. Tanto que o próprio Estatuto da Criança e do Adolescente, em seu § 3º do art. 47, proíbe que conste qualquer referência à adoção na certidão do registro de nascimento.

Os cônjuges, por seu turno, são pessoas ligadas entre si pelo vínculo do casamento ordenado pela legislação civil, e sua inelegibilidade desaparece com a dissolução do casamento pela morte, pela anulação ou nulidade do matrimônio, pelo divórcio e pela separação judicial, desde que o óbito tenha ocorrido há mais de seis meses das eleições.

Entretanto, retomada a convivência conjugal, retorna a inelegibilidade, ainda que os cônjuges só tenham voltado a coabitar no plano fático, deixando de comunicar ao juiz da separação a sua reconciliação, ainda assim persiste a inelegibilidade, o que permite reforçar a idéia de que a inelegibilidade também deve ocorrer no âmbito da união estável, embora o Supremo Tribunal Federal tenha afastado a inelegibilidade em sede de Recurso Extraordinário, provocando a revisão das decisões que eram proferidas pelo Tribunal Superior Eleitoral, que acabou, inclusive, cancelando o enunciado da sua Súmula nº 7.

13.3. Inelegibilidade que se estende aos conviventes

Como antes dito, embora não seja orientação pacificada nos pretórios eleitorais brasileiros, deve estender-se a regra de inelegibilidade dos cônjuges aos conviventes do artigo 226, § 3º, da Carta Federal, que regula a união estável entre um homem e uma mulher, entendida como legítima entidade familiar. A este par, que mantém acasalamento e coabitação, se amplia o impedimento moral da inelegibilidade eletiva passiva, não obstante, vozes contrárias afirmem que "as restrições só devem prevalecer enquanto claramente fixadas no Texto Constitucional".[10]

---

[9] DECOMAIN, Pedro Roberto. *Elegibilidade.*, ob. cit., p. 58.
[10] BASTOS, Celso Ribeiro, ob. cit., p. 586.

Contrário à inelegibilidade do convivente de uma união estável apresentou-se o aresto nº 12.848, relatado pelo então Ministro Francisco Rezek, datado de 16 de setembro de 1996, com esta ementa: "Recurso Especial. Inelegibilidade. Art. 14, § 7º. Lei nº 9.278/96. Parentesco por afinidade. Inexistência. A Lei 9.278/96 não tem o condão de criar relação de parentesco por afinidade que enseje inelegibilidade. Recurso provido."

No corpo deste voto majoritário prescreveu seu relator, o Ministro Rezek, que:

"configurando exceção à regra da capacidade eleitoral passiva do cidadão, as inelegibilidades previstas na Constituição Federal hão de ser interpretadas restritivamente, não se podendo aditar aos casos ali enumerados para incluir aqueles que, nos termos da lei civil, não possuem relação de afinidade com o titular do mandato (...) A Lei de 1996 (refere-se à Lei 9.278/96), por tudo quanto nela se escreveu, não diz algo potencialmente modificativo da jurisprudência do Supremo, e a verdade é que não poderia dizer no que concerne às inelegibilidades, porque não foi para esse fim, mas para o efeito apenas da proteção do Estado, que o constituinte autorizou o legislador ordinário a facilitar arranjos resultantes da situação concubinária".

Portanto, limitando-se a restrição de inelegibilidade ao cônjuge, seus parentes e afins, dizia o TSE não guardar a legislação da união estável editada em 94 e depois complementada em 96, a adição de outra hipótese de inelegibilidade reservada aos unidos estavelmente e seus parentes, mesmo porque a Carta Política previu somente no § 3º do art. 226 a possibilidade e facilidade na conversão da união estável em casamento.

Neste mesmo julgamento pediu vista o Ministro Eduardo Ribeiro, oferecendo voto vencido, que merece ser transcrito em pequeno trecho, que bem reflete o sentimento atual:

"Considero que, antes de enfrentá-lo diretamente, se recomenda o exame de relevante questão. Constitui argumento muitas vezes repetido, seja em doutrina, seja em julgados, o de que as causas de inelegibilidade, traduzindo restrições ao exercício da cidadania, hão de interpretar-se estritamente, não ensejando sejam aplicadas as respectivas normas à situações outras, que não aquelas resultantes do que se acha expresso no texto. Adotado esse entendimento de modo rigoroso, aqui se encerraria a discussão da matéria, já que por certo não há, na Constituição, como razão de inelegibilidade, referência a vínculo resultante de parentesco que ligue candidato a concubina, ou concubino, de quem exerça mandato eletivo. Ocorre, porém, que a jurisprudência do Supremo Tribunal assim não tem interpretado aquelas disposições, como se pode verificar de dois exemplos. (...) Outro caso merece ser lembrado, e muito mais relevante, por se aproximar do ora em exame. Decidindo os Recursos Especiais 98.935 (RTJ 103/1321) e 98.968 (RTJ 105/443), teve como certo o Supremo Tribunal Federal que a vedação estabelecida para o cônjuge, de quem exerça a chefia do Executivo, haveria de aplicar-se à concubina."

É que segundo a preciosa lição de Pedro Henrique Távora Niess,[11] embora, modernamente tenha sido insinuado de não proceder à inclusão do convivente na vedação constitucional da inelegibilidade, pois que a união estável só seria reconhecida para efeitos de proteção estatal, sendo ainda o preceito constitucional de interpretação restritiva, o fato é que em nada diverge o relacionamento entre os conviventes e os cônjuges, revelando a união estável uma ligação fática completamente comparável ao casamento, tanto que Fávila Ribeiro[12] argumenta não se afigurar lícito aceitar que a ausência de ato formal de casamento sirva de pretexto para burlar o espírito que domina o sistema da inelegibilidade consagrado pelo artigo 14, § 7º, da Carta Federal.

O vínculo afetivo foi a mola propulsora que consagrou a inelegibilidade do cônjuge e este mesmo vínculo de afeto subsiste sem qualquer outra diferença na convivência estável, configurando qualquer uma das eleições afetivas uma nítida e protegida entidade familiar, não havendo como supor que o risco do abuso das funções de detentor de cargo, que assim inibe moral e legalmente o seu cônjuge de concorrer as eleições, pudesse desaparecer tal temor apenas porque falta ao conjunto afetivo a precedente certidão civil de casamento. Basta lembrar que o casal judicialmente separado que retoma a vida conjugal sem prévio comunicado ao juiz que homologou a sua primitiva separação judicial, ainda assim reacende a causa de inelegibilidade, e isto que uma vez separados, sua reconciliação passou a ser vista como uma relação de união estável, dado que o casamento foi rompido pela separação judicial que segue intacta.

É meridiana a incompatibilidade material entre a candidatura a cargo público na condição de cônjuge, de convivente ou de parente do titular do cargo executivo posto em disputa, mesmo porque, visando a inibir o tráfico de influência e o continuísmo eleitoral, não se apresenta afastada a transferência do prestígio eleitoral ao convivente do administrador a ser sucedido, apenas porque não envolto com o seu parceiro, agora candidato, pelas lícitas núpcias do matrimônio formal. Não há como pensar de outro modo quando esta mesma influência decorre exatamente da afetividade que os uniu pelo casamento formal ou mesmo informal, mas sempre pela

---

[11] NIESS, Pedro Henrique Távora. *Condutas vedadas aos agentes públicos em campanhas eleitorais e Reeleição*, São Paulo: Edipro, 1998, p. 101.
[12] RIBEIRO, Fávila. *Direito Eleitoral*, 4ª ed., Rio de Janeiro: Forense, 1996, p. 246.

vinculação afetiva que permitiu unir seus corpos e seus sentimentos numa união semelhante à de marido e de mulher, conformada aos olhos de todos em uma nítida e incontestável entidade familiar, como aliás, já há bastante tempo havia decidido o TSE via da Resolução nº 18.086, de 23.4.92, sendo Relator o Ministro Américo Luz, com a seguinte ementa:

> "A Constituição atual estende o conceito de entidade familiar quando expressa no seu art. 226, § 3º: 'Para efeito de proteção do Estado é reconhecida a união estável entre homem e mulher como entidade familiar, devendo a Lei facilitar sua conversão em casamento.' Diante, portanto, desse império constitucional, esta Corte considera que a união gera inelegibilidade, diante do art. 14, § 7º, da CF."

Em suma, busca a regra da inelegibilidade eliminar o tráfico de influência do aspirante a cargo executivo dentro do mesmo grupo familiar, quer se apresente como cônjuge de justas núpcias, ou como convivente da união estável, que nada mais representa do que uma alternativa de conformação constitucional de uma informal entidade familiar, quer ela advenha de seus parentes.

Não há como afastar os conviventes deste espaço de restrição moral, e o assunto merece novas reflexões, como com muita felicidade faz ver Pedro Roberto Decomain, afirmando que: "as causas de inelegibilidade não devem receber interpretação extensiva e nem admitem analogia, na medida em que restringem capacidade eleitoral passiva".[13]

Mas mesmo assim, permitir o concurso eletivo da companheira de mandatário que exerce cargo eleitoral, apenas pelo frágil pretexto de que sua condição jurídica não seria equivalente à de cônjuge, embora apresente tempo longo de união, e até filhos desta relação, significaria desabrigar da proteção estatal a moralidade das eleições, despertando "graves suspeitas sobre a seriedade do legislador e do julgador em admitir a candidatura da companheira de um Prefeito, por exemplo, que com ele por trinta anos, dividisse a mesa e o leito, as alegrias e as tristezas da vida em comum," como arremata Pedro Henrique Távora Niess.[14]

Indiferente ao impedimento da inelegibilidade, a circunstância de existir ou não certidão civil de casamento, quando importa ao conceito de entidade familiar preencher os pressupostos previstos na regra recolhida do artigo 1.728 do atual Código Civil, para a união estável entre o homem e a mulher, configurada na convivência pública, contínua, duradoura e estabelecida com o objetivo de constituição de família.

---

[13] DECOMAIN, Pedro Roberto, ob. cit., p. 62.
[14] NIESS, Pedro Henrique Távora. *Condutas vedadas...*, ob. cit., p. 103.

E se houver casamento religioso seguramente irá conferir dispensável, mas relevante reforço ao casamento informal, como já vem sendo maciçamente consagrado pela jurisprudência familista da união estável.

Falta, é verdade, estabelecer maior consistência ao temário da incompatibilidade eleitoral no contexto da união estável, vista pelo prisma do Direito Eleitoral, posto que, na seara do Direito de Família, dúvidas não remanescem acerca da completa emancipação da união estável como legítimo núcleo familiar a gerar direitos e deveres. Importa para efeitos da restrição de inelegibilidade, considerar que a existência da convivência oriunda da livre relação é por si só capaz de capitalizar prestígio para o candidato convivente, merecendo registro final a lição colacionada por Roberto Amaral e Sérgio Sérvulo da Cunha,[15] quando explicam que:

> "O legislador eleitoral não está preocupado com a existência formal de relação conjugal ou de parentesco, mas com o risco de distorção do processo eleitoral que podem gerar situações de fato semelhantes à do casamento (casamento de fato). Situações informais ou relativamente informais como o casamento meramente religioso, o concubinato, a união livre ou a união estável, podem gerar, pelas mesmas razões, inelegibilidade para os parceiros ou seus parentes. Nem poderia ser de outro modo, se essas relações do ponto de vista do próprio Direito de Família, passam a ser encaradas sob o aspecto da sua realidade, e não de sua formalidade. A dificuldade, aqui, está na prova da situação de fato, e na demonstração de que ela apresenta os mesmos riscos de influência nociva, justificadores do impedimento. Especificamente quanto à união estável, anote-se que passou a ser reconhecida pela Constituição como entidade familiar, para efeito de proteção do Estado, em dispositivo (art. 226, § 3º) que veio a ser desdobrado pela Lei nº 9.278, de 10 de maio de 1996."

Muito mais agora, consagrada a união afetiva do par andrógeno pela convivência estável que foi acolhida no texto da nova codificação civil, aproximando mais ainda o instituto da união estável ao do casamento, e vertendo adiante disto, também relação de parentesco oriundo da redação do artigo 1.595 do vigente Código Civil.

13.4. Da inelegibilidade pelas relações de parentesco na união estável

Conforme Jarbas Ferreira Pires, citando Estevão de Almeida: "parentesco é o nexo entre pessoas unidas realmente pelo mesmo sangue ou pelo

---

[15] AMARAL, Roberto; CUNHA, Sérgio Sérvulo da. *Manual das eleições*, Rio de Janeiro: Forense, 1998, p. 299.

do consorte, ou apenas artificialmente por uma ficção de consangüinidade".[16] Mas também existe o parentesco por afinidade e o parentesco civil, explicando Silvio Rodrigues que o parentesco por afinidade liga uma pessoa aos parentes de seu cônjuge ou companheiro, ao passo que o parentesco civil decorre do vínculo de adoção.[17]

O parentesco por afinidade limita seu vínculo aos ascendentes, aos descendentes e aos irmãos, sendo que a afinidade na linha reta, que prende o genro à sogra, ou o sogro à nora, encerra Silvio Rodrigues,[18] não desaparece com a dissolução do casamento ou da união estável que o gerou.

A grande novidade trazida pelo atual texto civil codificado resulta justamente da inovação que estende expressamente o vínculo de afinidade também aos parentes do companheiro, como afigura claro da redação do *caput* do art. 1.595 do Código Civil de 2002.[19]

O Código Civil de 1916 previa apenas os laços de afinidade entre os parentes de cada cônjuge, não assim entre os unidos estavelmente, tanto que neste aspecto andou certo o aresto oriundo do Recurso Especial nº 12.848-Alagoas, do TSE, julgado em 16 de setembro de 1996, quando ementou que:

> "Recurso especial. Inelegibilidade. Art. 14, § 7º CF. Lei nº 9278/96. Parentesco por afinidade. Inexistência. A Lei 9278/96 não tem o condão de criar relação de parentesco por afinidade que enseje inelegibilidade. Recurso provido."

Sequer as chamadas leis concubinárias de 1994 (Lei nº 8.971) e de 1996 (Lei nº 9.278) estatuíram o parentesco por afinidade na união estável, só vindo a se modificar este quadro com a promulgação do Código Civil de 2002 (Lei nº 10.406, de 10 de janeiro de 2002).

Paulo Luiz Netto Lôbo[20] escreve que por decorrência da Carta Política de 1988, por seu artigo 226, ao companheiro de união estável passou a ser instituído o parentesco por afinidade na vigente codificação civil brasileira, sempre, é claro, que restar demonstrada a existência antes da própria união estável, considerando que, ao contrário do casamento, certificado pelo Oficial do Registro Civil, a convivência estável depende de

---

[16] PIRES, Jarbas Ferreira. *Das relações de parentesco*, 2ª ed., Rio de Janeiro: Forense, 1994, p. 5.
[17] RODRIGUES, Silvio. *Direito Civil, Direito de Família*, 6º v., 28ª ed., São Paulo: Saraiva, 2004, p. 290.
[18] Idem, ob. e p. cit.
[19] Art. 1.595. Cada cônjuge ou companheiro é aliado aos parentes do outro pelo vínculo da afinidade. § 1º O parentesco por afinidade limita-se aos ascendentes, aos descendentes e aos irmãos do cônjuge ou companheiro. § 2º Na linha reta, a afinidade não se extingue com a dissolução do casamento ou da união estável.
[20] LÔBO, Paulo Luiz Netto. *Código Civil comentado*, vol. XVI, Coord. AZEVEDO, Álvaro Villaça. São Paulo: Atlas, 2.003, p. 36.

um relacionamento público entre o homem e a mulher, estabelecido com o objetivo de constituir família.

Já de acordo com Regina Beatriz Tavares da Silva, a união estável passou a gerar vínculos de afinidade em sintonia com os princípios morais inspiradores desta legítima entidade familiar, impedindo no âmbito do direito familiar que sejam celebrados casamentos entre parentes afins e em linha reta na união estável, como o sogro e a nora, a sogra e o genro, o padrasto e a enteada, a madrasta e enteado, mesmo diante da extinção das relações que lhes deram origem, como já acontecia no instituto do matrimônio.[21]

Lembra por seu turno Valdemar P. da Luz,[22] que a afinidade também produz efeitos jurídicos no Direito Processual, quando fica vedada a audiência de testemunha afim de qualquer uma das partes litigantes (§ 2º, inciso I, do art. 405 do CPC).

E sob o ângulo do Direito Eleitoral, se os tribunais eleitorais já vinham considerando causa de inelegibilidade do convivente que ao lado do cônjuge gerava a inelegibilidade das hipóteses elencadas no § 7º do artigo 14 da Carta Constitucional de 1988, com o advento do Código Civil de 2002, por expressa conseqüência do seu artigo 1.595, doravante também os parentes afins da união estável são de igual sujeitados à inelegibilidade, como nesta direção foi firmada a Consulta nº 845, Classe 5ª, do TSE, datada de 1º de abril de 2003, sendo relator o Ministro Luiz Carlos Madeira, com a seguinte ementa:

"Consulta. Elegibilidade. Parentesco. Respondida nos seguintes termos: 1. Os casos de inelegibilidade estão previstos na Constituição Federal e na LC nº 64/90. 2. É inelegível o irmão ou irmã daquele ou daquela que mantém união estável com o prefeito ou prefeita."

O Tribunal Eleitoral do Paraná também pronunciou-se com igual dicção no RE 468, de Pitanga, sendo Relator o Juiz Valter Ressel, julgado em 14.8.2000, nos seguintes termos:

"Registro de candidato. Impugnação. Inelegibilidade. parentesco por afinidade: sogro e genro (art. 14, § 7º, da CF). União estável. A união estável entre homem e mulher, porque elevada à condição de entidade familiar (art. 226, § 3º da CF), gera a causa de inelegibilidade de parentesco por afinidade, prevista no art. 14, § 7º da Constituição Federal, e no art. 1º, § 3º, da Lei Complementar nº 64/90, máxime no

---

[21] SILVA, Regina Beatriz Tavares da. *Novo Código Civil comentado*, Coord. FIUZA, Ricardo. São Paulo: Saraiva, 2002, p. 1405.
[22] LUZ, Valdemar P. da. *Comentários ao Código Civil, Direito de Família*, Florianópolis: Editora OAB/SC, 2004, p. 121.

caso presente em que essa união está consolidada em casamento celebrado perante a igreja há quase uma década e geração de vários filhos. Recurso improvido."

À vista destes elementos, parece consolidado no âmbito do Direito Eleitoral a inelegibilidade pelo motivo de parentesco, no território de jurisdição do titular, tanto do cônjuge, como do convivente que vive em união estável e bem assim de seus respectivos parentes, ou afins, até o segundo grau ou por adoção, do Presidente da República, de Governador de Estado, ou de Território, do Distrito Federal e de Prefeito, ou de quem os haja substituído dentro dos seis meses anteriores ao pleito, salvo se já titular de mandato eletivo e candidato à reeleição, como já prescrevia Pedro Henrique Távora Niess ao dizer que:

> "Além do cônjuge, ou do concubino (a expressão foi substituída pela de companheiros, conforme arts. 1.724 e segs do atual Código Civil), prende-se à inelegibilidade do chefe do Executivo, ou de quem lhe tenha feito as vezes, nas condições ditadas pelo § 7º do art. 14 da Constituição, a inelegibilidade dos seus parentes consangüíneos ou afins, até o 2º grau ou por adoção".[23]

---

[23] NIESS, Pedro Henrique Távora. *Direitos políticos condições de elegibilidade e inelegibilidades*, São Paulo: Saraiva, 1994, p. 55.

14. Declaração judicial de incidência do regime legal de separação de bens e divisão dos aqüestos pela Súmula 377 do STF no Código Civil de 2002

14.1. Limites ao pacto antenupcial

Não ficam dúvidas de ser o pacto antenupcial um negócio jurídico que depende, para a sua formação, da inequívoca e livre manifestação de vontade dos nubentes, mas é claro, desde que possam expor sua vontade por inexistir qualquer impedimento legal ao exercício do seu espontâneo e incondicional querer, formulado com os olhos ajustados para regularem os aspectos econômicos do futuro consórcio conjugal.

Inexistindo qualquer entrave ou empecilho que outorgue a livre manifestação do consenso pactício aos futuros cônjuges, como prescreve o parágrafo único do art. 1.640 do Código Civil, lhes é dado o direito de optarem pela escolha de qualquer um dos regimes de bens, dentre aqueles previstos na atual legislação civil, podendo os contratantes mesclar disposições dos diferentes regimes matrimoniais, que entendam melhor adaptem a condução econômica que desejam empreender à sua sociedade conjugal, sempre que não atentem contra direitos indisponíveis e nem ao direito hereditário.

Contudo, a livre opção pelo pacto antenupcial de bens só está ao alcance daqueles que não se encaixam nas vedações do art. 1.641 do Código Civil, compelidos ao casamento obrigatório da total separação, por terem casado com a inobservância das causas suspensivas da celebração (inciso I, art. 1.641 c/c art. 1.523); por casarem já com mais de sessenta anos (inciso I, art. 1.641), ou daqueles que dependerem para casar, de suprimento judicial (inciso III, art. 1.641 c/c art.1.517), visto tratar-se de causas adversas aos cônjuges, e intransponíveis, pois fazem incidir a adoção obrigatória de um regime legal de completa separação de bens.

Também não pode ser olvidada a existência de dupla espécie de regime da separação de bens, existindo a separação convencional, oriunda do livre acordo dos nubentes e aquela ajustada por pacto antenupcial, em escritura a ser lavrada sempre antes do casamento, e só valendo com a realização das núpcias; e a separação obrigatória, que não dá qualquer margem de escolha aos nubentes, retirando-lhes a autonomia de vontade, impondo o regime legal da separação patrimonial.

A celebração do pacto antenupcial é negócio jurídico aventado aos nubentes, para que, de livre consenso estipulem da forma que melhor lhes aprouver quanto ao regime patrimonial que querem passe a vigorar na mesma data do casamento. Contudo, para total validade e eficácia irrestrita do pacto antenupcial, ele não pode ser contrário à lei, mas antes, deve estar conforme com o ordenamento jurídico vigente no País, pois se existe alguma proibição legal, determinando a legislação de modo imperativo qualquer restrição ou proibição à livre escolha do regime conjugal, fica incontroversamente esclarecido, que estas proibições limitam a vontade das partes, provocando inconciliáveis restrições no âmbito de sua autonomia privada.

Como aponta Karl Larenz, citado por Débora Gozzo,[1] uma proibição jurídica pode ser respeitante ao seu conteúdo ou ao seu resultado, que foi desaprovado pelo ordenamento jurídico, sendo costume dos Códigos desenvolverem os limites da autonomia de vontade, como fez o Código Civil brasileiro de 1916, ao impor o regime legal da separação de bens nos casos dos artigos 258, parágrafo único, incisos I, II, III e IV, combinados com os artigos 183, incisos XI a XVI, e ainda os artigos 225 e 226.

14.2. O recasamento do viúvo sem o precedente inventário

Pelo Código Civil de 1916, o viúvo que não promovesse o inventário dos bens de seu obituado cônjuge (arts. 258, IV, e 183, XIII), era obrigado a recasar pelo regime legal da total separação de bens, perdendo também o direito ao usufruto dos bens dos filhos (art. 225).

Com a legislação vigente, passa a ser causa suspensiva de casamento do viúvo ou da viúva que tiver filho do cônjuge falecido, e enquanto não fizer inventário dos bens do casal e der partilha aos herdeiros (art.1.523, inciso I). Entretanto, reza o parágrafo único do art. 1.523 do Código Civil de 2002, que o juiz pode deixar de aplicar as causas suspensivas previstas nos seus incisos I, III e IV, uma vez provada a inexistência de prejuízo

---
[1] GOZZO, Débora. *Pacto antenupcial*, São Paulo: Saraiva, 1992, p. 60.

aos herdeiros, e, especialmente, no caso do inciso I, porque ausente o inventário e a partilha dos bens.

As causas impedientes tornaram-se suspensivas ao casamento no Código de 2002, e, portanto, pelo sistema revogado, casar sem promover o inventário dos bens deixados pelo ex-cônjuge, impinge a adoção compulsória do regime legal de completa separação de bens.

Esposos mais desavisados eram constantemente levados ao casamento convencionado através de pacto antenupcial da separação de bens, convencidos por seus pares de que simplesmente estariam agindo no comando da lei, informando ser inarredável a adoção do regime separatório, imposto pela lei, e fazendo completo segredo de que o regime da separação de bens se bifurca em separação legal e separação convencional, e que guardam entre si abismais diferenças, notadamente diante da Súmula 377 do STF.

É que com este estratagema, cônjuges viúvos, animados a não mais repartirem seu patrimônio, convenciam o seu novo parceiro a casar pela separação convencional de bens, fugindo dos efeitos decorrentes da Súmula 377 do Supremo Tribunal Federal, que reconhecia a comunicação dos bens aqüestos no regime obrigatório da separação de bens. Apontando a vedação do casamento de viúvo, sem precedente inventário do esposo morto, logravam convencer a nova pretendente a firmar escritura pública de pacto antenupcial, adotando o regime convencional da separação de bens, quando o impedimento da ausência de inventário e de partilha dos bens aos herdeiros do sucedido encaminhava para o casamento do regime legal de separação de bens, e sobre cujo matrimônio passou a incidir a Súmula 377 do STF.[2]

Merece registro passagem doutrinária de Regina Beatriz Tavares da Silva,[3] ao sinalar que na separação obrigatória de bens não há possibilidade de os nubentes realizarem pacto antenupcial, porque advém de expressa proibição da lei (art. 1.641, incs. I, II e III, do CC atual) e conclui:

> "Assim, o regime da separação obrigatória de bens é imposto por lei com finalidades diversas, a depender da hipótese retratada, tendo a finalidade protetiva a terceiros, em certos casos, como do viúvo que sem fazer a partilha de bens de casamento anterior, tendo filhos, case-se novamente, e, em outros, a finalidade protetiva do cônjuge, que está presente no casamento celebrado com suprimento judicial, bem como naquele realizado além do limite legal de idade."

---

[2] Súmula 377 do STF: "No regime da separação legal de bens comunicam-se os adquiridos na constância do casamento."

[3] SILVA, Regina Beatriz Tavares da. Regime da separação de bens convencional e obrigatória, In *Questões controvertidas no novo Código Civil*, Coord. Mário Luiz Delgado e Jones Figueiredo Alves, São Paulo: Método, 2004, p. 335.

14.3. A Súmula 377 do STF

Convém, também, reproduzir neste interregno uma pertinente passagem da obra de Débora Gozzo,[4] quando lembra que:

" Os nubentes, na sua grande maioria, se sentem constrangidos para discutir questões de cunho patrimonial antes do casamento. É uma inibição natural, que pode levar a escolhas erradas quanto ao regime, além de ser instalado um clima mais propício para os casamentos por interesse."

Situações fáticas surgem rotineiramente nos anais forenses, conduzindo para o decreto judicial de conversão da convenção pactícia de separação de bens em regime legal de separação de bens, com a correlata adoção da Súmula 377, sempre que pertinente a matrimônio convolado ainda sob a égide do Código Civil de 1916.

Deve-se ter presente a regra constante do art. 2.039 do novo CC, dizendo que "o regime de bens nos casamentos celebrados na vigência do Código Civil anterior, Lei 3.071, de 1º de janeiro de 1916, é o por ele estabelecido."

Assim visto, embora a partilha até se dê por fato superveniente ao Código Civil de 2002 (separação, divórcio, nulidade ou anulação do casamento, estando pelo menos um dos cônjuges de boa-fé, e pelo próprio decesso), prevalecem os direitos e as especificidades próprias do regime anterior de 1916.

É que nos casos onde o cônjuge foi induzido a firmar um pacto antenupcial, mesmo diante da clara incidência do regime legal de separação de bens, por ter sido desatendida alguma vedação da lei, e não prevalecesse a livre convenção eleita por indução, sempre seria possível partilhar os bens adquiridos onerosamente durante o casamento por ocasião de sua dissolução, reconhecendo a adoção obrigatória do regime legal de separação de bens e a comunicação dos aqüestos por sentença declaratória judicial fazendo incidir a Súmula 377 do STF.

Deve ser tida como não-escrita cláusula pactícia que induvidosamente infringiu normas cogentes, como acima identificadas, não permitindo, destarte, tenha qualquer eficácia o negócio jurídico formatado através de pacto antenupcial da convencional separação de bens, pois que, ferindo norma de direito, não tem como se consubstanciar esse instrumento pactício em um documento capaz de regular o regime econômico do casamento dos noivos que estavam obrigados ao regime legal de separação de bens.

---

[4] GOZZO, Débora, ob. cit., p. 126.

Como antes exposto, os cônjuges têm, em princípio, a liberdade para a escolha do regime matrimonial de bens, salvo as limitações motivadas pela ordem pública, sancionando, na sua inobservância, o casamento pelo regime legal da separação de bens, dizendo o artigo 183, *caput*, do CC de 1916, que não podiam casar, conforme inciso XIII, o viúvo que tivesse filhos do cônjuge falecido, enquanto não fizesse o inventário dos bens do casal e desse partilha aos herdeiros.

E complementava o artigo 225 do Diploma Substantivo Civil de 1916, ainda aplicável na atualidade, por força do art. 2.039 do CC de 2002, que:

"O viúvo, ou a viúva, com filhos do cônjuge falecido, que se casar antes de fazer inventário do casal e dar partilha aos herdeiros, perderá o direito ao usufruto dos bens dos mesmos filhos."

Ao passo que o artigo 226 do CC de 1916, arrematava que:

"No casamento com infração do art. 183, XI a XVI, é obrigatório o regime da separação de bens, não podendo o cônjuge infrator fazer doações ao outro."

Na seqüência, o artigo 258, parágrafo único, ainda do Código Civil de 1916, no seu inciso I, renovam a mesma sanção de adoção obrigatória do regime da separação de bens do casamento, para quem celebrasse núpcias com infração do estatuído no art. 183, XI a XVI.

O Código de 1916 considerava como impedimento proibitivo a infração ao seu artigo 183, XII, que não levasse à anulação do casamento, mas que caracterizava induvidosa irregularidade na sua celebração, trazendo como conseqüência, as sanções dos artigo 225 e 258, I.

E a toda evidência, sendo o cônjuge viúvo de outras núpcias, tendo filhos do anterior casamento, e bens que não foram inventariados aos herdeiros, estava proibido de convolar novo casamento, resultando sua infração na imposição do regime legal e não-convencional da separação de bens.

Neste caso específico de casamento de viúvo com filhos do cônjuge falecido, sem ter ultimado o inventário dos bens do casal, não promovendo, por conseguinte, a partilha aos herdeiros, obrigava ao casamento pelo regime legal da separação de bens, sem a formulação de pacto antenupcial, posto que o regime era imposto pela lei e não escolhido livremente, como de regra pronunciava-se a jurisprudência brasileira:

"Celebrando-se o casamento de viúvo antes de realizado o inventário do cônjuge falecido, impõe-se a separação legal de bens, conforme dispõem os arts. 183, XIII, 226 e 258, parágrafo único, I, do Código

Civil, não restando aos contraentes disponibilidade para a escolha de outro regime".[5]

"Ocorrido o consórcio sem que o marido, bínubo e com filhos, houvesse dado a partilha os bens deixados com o óbito da primeira esposa, o regime será, obrigatoriamente, o da separação de bens".[6]

"Segundas núpcias sem inventário do cônjuge falecido – Separação obrigatória – Menção referente ao regime de comunhão, considerada não-escrita – Dispensa de retificação do assento para efeito de registro de escritura de compra e venda outorgada pela viúva já pela segunda vez – Improcedência de dúvida – Art. 258, parágrafo único, n. I, do Código Civil. Deve ser reputada não-escrita a menção ao regime da comunhão de bens, no casamento de viúva celebrado sem a realização do inventário do primeiro marido, não havendo necessidade de prévia retificação do assento para efeito de registro de escritura de compra e venda por ela outorgada após o falecimento do segundo esposo".[7]

Segundo a singular doutrina de Débora Gozzo:

"Aquele que está apto a se casar está apto a pactar. Assim, aquelas pessoas que não estiverem impedidas pelo ordenamento jurídico de contrair matrimônio podem celebrar o pacto antenupcial, uma vez que elas têm o 'assentimento' legal para deste modo atuarem. Elas podem, desde que não infrinjam qualquer dos incisos do art. 183 do Código Civil, casar e pactar livremente. Convém chamar a atenção, todavia, para as hipóteses normativas previstas nos incisos I a IV do parágrafo único do art. 258 da lei civil. Nelas se encontram arroladas as pessoas que não podem celebrar pacto antenupcial. A elas impõe-se necessária e obrigatoriamente o regime da separação de bens. Elas não têm legitimidade – embora possam ter a chamada capacidade de fato – para pactarem regime diverso daquele que por lei lhes é imposto. O objetivo desta proibição é simplesmente o de evitar que qualquer uma delas ali elencadas possa vir a ser vítima de pessoa inescrupulosa".[8]

Ora, em face do que dispunham os arts 183, XIII, e 258, parágrafo único, n° I, do CC de 1916, e por obra do art. 2.039 do CC de 2002, é obrigatório o regime da separação de bens, quando o viúvo convola novas

---

[5] Acórdão colhido da obra de MANFRÉ, José Antonio Encinas. *Regime matrimonial de bens no novo Código Civil*, São Paulo: Juarez de Oliveira, 2003, p. 113-114, do TJSP – Apelação Cível n. 30.749-1/Bauru, 4ª C., Rel. Des. Alves Barbosa, j. 8.6.1983.

[6] Idem, ob. cit., p. 114, TJSP – Apelação Cível n. 275.839, Caçapava, 3ª Câm., j. 5.3.1981, Rel. Des. Fonseca Tavares – RT 554/147.

[7] RT 450/121.

[8] GOZZO, Débora, ob. cit., p. 39.

núpcias, sem que tenha realizado o inventário dos bens do casamento anterior, e dado partilha aos herdeiros. Deste modo, qualquer outra convenção pactícia dos novos cônjuges pode vingar, pois esbarra em preceito de ordem pública, tornando inoperante o regime de separação de bens adotado por livre convenção, porque o pacto não era livre e nem a sua adoção era acessível aos nubentes.

E tal declaração pactícia se apresenta de todo inoperante, prevalecendo a regra cogente do Código Civil, dispensando inclusive, o reconhecimento da infração através de ação direta, pois que a proibição de pactar se opera de pleno direito, não se subordinando à intervenção das partes interessadas.

Dispensando procedimento judicial especial, faz-se suficiente a declaração incidente, formulada no ventre de uma separação judicial, ou no divórcio do casal em contradição processual, ficando ditado no corpo da sentença a ineficácia do pacto antenupcial convencionado por impraticável vontade dos cônjuges, tendo em vista que a causa impeditiva e hoje suspensiva do casamento impunha a adoção da separação legal de bens, e na esteira deste castigo da lei aos desobedientes, surgiu o lenitivo do Enunciado 377 do STF, permitindo dividir os bens aqüestos do casal.

É o que disse a justiça paulista no Ag nº 212.984, v. un. 24.11.72, sendo Relator o Des. Ferreira de Oliveira:

> "Deve ser reputada não escrita a menção ao regime da comunhão de bens, no casamento de viúva celebrado sem a realização do inventário do primeiro marido, não havendo necessidade de prévia retificação do assento para efeito de registro de escritura de compra e venda por ela outorgada após o falecimento do segundo esposo".[9]

14.4. A comunhão dos aqüestos na atual separação obrigatória de bens

Do regime imperativo da separação de bens que deve reger o casamento contraído diante da infração aos artigos 258, parágrafo único, inciso I, c/c 183, XIII e 225 e 226 do Código Civil de 1916, combinado ainda com o art. 2.039 do Código Civil de 2002, dado que tal infração retira em verdade, o direito dos noivos pactuarem no regime convencional da separação de bens, emanam dois inafastáveis resultados.

---

[9] Revista Forense, 245/162.

Como o regime é imposto na separação de bens, já por início de fundamentação, prevalecem os limites impostos pelo artigo 259 do Código Civil de 1916, a rezar que se comunicam os bens adquiridos na constância do casamento, haja vista a ausência de contrato antenupcial.

Por igual, não seria outra a ilação concernente à comunhão dos aqüestos, quer por causa do *caput* do art. 258 do CC de 1916 (conseqüência do art. 2.039 do CC de 2002) estabelecendo que: "Não havendo convenção, ou sendo nula, vigorará, quanto aos bens entre os cônjuges, o regime de comunhão parcial."; quer como decorrência do artigo 259 do mesmo Diploma Substantivo Civil; ou mesmo por ressonância indesviável da Súmula 377 do STF, eis que em qualquer uma destas três hipóteses sempre incidiria a comunhão dos aqüestos.

Como anota Zeno Veloso: "Trata-se de uma intervenção supletiva. Se os nubentes não fazem pacto, ou, se o pacto que fizeram é inválido, intervém o legislador e dispõe que o regime será o da comunhão parcial de bens, e estamos diante do regime legal supletivo".[10]

Numa destas hipóteses incide a separação limitada de bens, circunscrita apenas aos bens presentes até a data do matrimônio, comunicando-se, afora os frutos e rendimentos, também os bens futuros, como cristalinamente mostrou Washington de Barros Monteiro comentando o artigo 259 do CC de 1916:

"Divergem, porém, as opiniões sobre o alcance do citado dispositivo, questionando-se assim, sobre a sua aplicação ao regime da separação que não resulte do contrato, e sim de imperativo legal. De acordo com numerosos julgados, comuns serão, nessa hipótese, os bens adquiridos na constância do casamento, por seu mútuo esforço. (...) Segundo parece, o primeiro ponto de vista é o mais acertado, em virtude do estabelecimento de verdadeira sociedade de fato, ou comunhão de interesses entre os cônjuges. Não há razão para que os bens fiquem pertencendo exclusivamente a um deles, desde que representam trabalho e economia de ambos. É a conseqüência que se extrai do art. 1.376 do Código Civil, referente às sociedades civis e extensiva às sociedades de fato ou comunhão de interesses. Nesse sentido existe presentemente Súmula do Supremo Tribunal Federal (nº 377)".[11]

Assim conduzia-se a jurisprudência aplicada ao temário:

---

[10] VELOSO, Zeno. *Regimes matrimoniais de bens*, In Direito de Família contemporâneo, Coord. PEREIRA, Rodrigo da Cunha, Belo Horizonte: Del Rey, 1997, p. 111.

[11] MONTEIRO, Washington de Barros. *Curso de Direito Civil, Direito de Família*, 2º vol, São Paulo, 1971, p. 178.

"Casamento. Regime de bens. Separação absoluta. Medida imposta pelo art. 183, XIII, do Código Civil. Aqüestos que se comunicam não obstante. Art. 259 do citado Código Civil.[12]
No regime de separação obrigatória de bens entre cônjuges dá-se a comunhão dos adquiridos na vigência do casamento.[13]
Mesmo nos casos de separação de bens ex vi legis entram na comunhão do casal os bens adquiridos na constância do casamento.[14]
Casamento. Regime de bens. Separação legal. Comunhão dos aqüestos adquiridos após o matrimônio. Admissibilidade. Concorrência do casal para sua aquisição. Prevalência do art. 259 do Código Civil. Inteligência da Súmula 377 do Supremo Tribunal Federal. Recurso provido. O regime de separação obrigatória de bens só abrange os anteriores ao casamento, não se aplicando aos adquiridos na constância da sociedade conjugal.[15]
Casamento. Regime de bens. Separação obrigatória. Art. 258, parágrafo único do Código Civil. Bem adquirido na constância do casamento. Comunicabilidade. Ação procedente. Recurso não provido.[16]
Casamento. Regime de bens. Viúva casada sob separação legal. Art. 258, II, do Código Civil. Aplicação do art. 259 aos casos do art. 258, parágrafo único, do Código Civil. Propriedade cabível, em partes iguais e ideais, aos herdeiros e também à viúva. Ação procedente. Consoante orientação inscrita na Súmula 377 do Supremo Tribunal Federal, aplica-se o art. 259 do Código Civil aos casos do art. 258, parágrafo único, do Código Civil".[17]

Considerando que aos nubentes em infração às causas impeditivas, hoje chamadas de suspensivas do casamento, faltaria real instrumento para convencionarem livremente a não-comunicação dos aqüestos, por não terem, por exemplo, realizado o inventário do patrimônio oriundo do anterior matrimônio, deve ser considerado o regime matrimonial de bens, como sendo o da separação obrigatória, reconhecendo na conjugação de esforços uma *affectio societatis*, que ordena pela Súmula 377 do STF e partilha dos bens aqüestos, adquiridos com o labor e conviver comum, e evitar o enriquecimento indevido.

---

[12] RT 396/159 – 2ª Câm. do TJSP, apel. 163.494, rel. Des. Maércio Sampaio, também encontrável em BUSSADA, Wilson, *Código Civil brasileiro interpretado pelos tribunais*, vol. 2, Tomo IV, Rio de Janeiro: Liber Juris, 1981, p. 127.

[13] STF, 2ª Turma, RE nº 29.409-DF, RT 310/745.

[14] STF, 2ª Turma, RE nº 41.662, RT 297/841, in BUSSADA, Wilson, ob. cit., p. 148.

[15] TJSP – Ap. Cível 228.00795, Rel. Pires de Araújo, inserto na obra de VENOSA, Silvio de Salvo, *Direito de Família*, 3ª ed., São Paulo: Atlas, 2003, p. 177.

[16] TJSP, Ap. Cível 26965095, Rel. Toledo Silva, idem ob. cit.

[17] TJSP. Ação Rescisória 182.74593, Rel. Cezar Peluso, idem VENOSA, Silvio de Salvo, ob. cit., p. 177.

É como informa Silvio Rodrigues:

"Essa idéia vingou, também nos casos de separação de bens contemplados pelo art. 258, parágrafo único do Código Civil (....) E, mesmo entre os que aceitavam a tese, havia os mais liberais, acreditando que o mero fato de estarem casados, fazia presumir nos cônjuges a existência de um esforço comum para a aquisição dos bens futuros; e os menos liberais, condicionando o reconhecimento do esforço comum à prova de sua produção".[18]

A Súmula 377 do STF vinha sendo reiteradamente aplicada nos casamentos de regime obrigatório da separação de bens, como decidiu, por exemplo, a Terceira Turma do STJ, em dois julgamentos:

"Casamento. Regime de bens. Separação legal. Súmula 377 do STF. Quando a separação de bens resulta apenas de imposição legal, comunicam-se os aqüestos, não importando que hajam sido ou não adquiridos com o esforço comum." (DJ de 12.3.90, rel. Min. Eduardo Ribeiro)
"Civil. Casamento. Regime obrigatório de bens. Comunicabilidade dos aqüestos. Aplica-se o art. 259 do Código Civil quanto aos bens adquiridos na constância do casamento, inclusive nos casos de separação obrigatória." (DJ de 23.9.91, rel. Min. Dias Trindade)
"Casamento. Regime de bens. Separação legal. Aqüestos. Comunicação. Comunicam-se os aqüestos adquiridos na vigência do regime de separação legal." (STJ – REsp 442165 – RJ – 4ª Turma, Rel. Min. Ruy Rosado de Aguiar, j. 05.9.2002)
"Casamento. Regime de bens. Pacto antenupcial estabelecendo o regime da comunhão universal. Mulher com mais de cinqüenta anos. Inadmissibilidade. Arts. 257, II, e 258, parágrafo único, II, do Código Civil. A norma do art. 258, parágrafo único, II, do Código Civil possui caráter cogente. É nulo e ineficaz o pacto antenupcial firmado por mulher com mais de cinqüenta anos, estabelecendo como regime de bens o da comunhão universal." (STJ – REsp 102059 – SP – 4ª Turma, Rel. Ministro Barros Monteiro – j. 28.5.2002)

Portanto, incontroversa a comunicação dos bens, frutos e rendimentos hauridos durante o casamento que gerou o patrimônio nascido do comum esforço do casal.

É de conferir no histórico fático de um casamento e o seu crescimento patrimonial que evolui com a sociedade afetiva do par nupcial, como faz refletir José Antonio Encinas Manfré:[19]

---

[18] RODRIGUES, Silvio. *Direito Civil, Direito de Família*, 6º vol., 12ª ed., São Paulo: Saraiva: 1985, p. 181.
[19] MANFRÉ, José Antonio Encinas. *Regime matrimonial de bens*, ob. cit., p. 160.

"Com efeito, a maior parte dos matrimônios sob o regime de separação legal ou imperativa é constituída de jovens casais, os quais granjeiam patrimônio no curso da sociedade conjugal. Assim, injusto seria, em princípio, não se comunicarem os bens adquiridos mediante esforço comum. E é presente a idéia de que, mesmo sob o regime obrigatório de separação, durante o casamento se estabeleça sociedade de fato entre os consortes, com aquisição de bens por esforço comum. Aliás, a discussão dessa matéria nos tribunais contribuiu para a edição da Súmula nº 377 do Supremo Tribunal Federal."

Em realidade, tende mesmo sob a égide da nova codificação civil prevalecer a adoção da Súmula 377 do STF, como faz ver Silvio de Salvo Venosa ao argumentar que:

"Nova discussão sobre a matéria será aberta, doravante, com o novo Código. Acreditamos, embora seja um mero vaticínio, que mesmo perante o novo Código, será mantida a orientação sumulada, mormente porque, como vimos, o texto final do novo diploma suprimiu a disposição peremptória".[20]

Ainda que o regime de bens deva ser focado sob o abrigo da legislação codificada de 1916, nunca será demasia constatar que sequer a nova codificação admite ver revogada a Súmula 377 do STF, por enxergar presente e sempre, a comunicação dos aqüestos provenientes do esforço comum, em exegese que repudia o enriquecimento sem causa, mormente nos regimes de obrigatória impostação de separação de bens.

14.5. Conclusão

Já vinha sendo reiteradamente informado que por força do Código Civil de 2002 impõe-se a aplicação do regramento de bens, conforme ordena o seu artigo 2.039.[21]

Maria Helena Diniz,[22] comentando a eficácia residual disposta pelo artigo 2.039 do vigente Código Civil, aduz que:

"A eficácia do novo Código Civil está limitada pelo direito adquirido, ato jurídico perfeito e coisa julgada. Trata-se, como pondera Paulo de

---

[20] VENOSA, Silvio de Salvo. *Direito Civil, Direito de Família*, 3ª ed., São Paulo: Atlas, 2003, p. 177.

[21] Art. 2.039 do CC de 2002: O regime de bens nos casamentos celebrados na vigência do Código Civil anterior, Lei 3.071, de 1º de janeiro de 1916, é o por ele estabelecido.

[22] DINIZ, Maria Helena. *Comentários ao Código Civil*, Coord. AZEVEDO. Antônio Junqueira de, vol. 22, São Paulo: Saraiva, 2003, p. 360.

Lacerda, do efeito residual da lei revogada. Se assim é, em relação ao regime matrimonial de bens nos casamentos celebrados na vigência do Código Civil de 1916, aplicar-se-ão a ele o estabelecido nos seus arts. 256 a 314, pouco importando que venham a colidir com o disposto no novo Código Civil nos arts. 1.639 a 1.688. Os arts. 256 a 314 do Código Civil de 1916, não mais vigentes, continuam a ser vinculantes, tendo vigor para os casamentos anteriores à vigência do novo Código Civil, visto que o seu art. 2.039 dá-lhes aptidão para produzir efeitos jurídicos concretos, mesmo depois de revogados."

Impõe assim, ao cabo dos argumentos antes expendidos, levar em linha mestra de consideração que, em casamento celebrado sob o abrigo do Código Civil de 1916, e uma vez incidente de modo inquestionável o regime obrigatório da completa separação de bens, porque infracionadas as vedações da lei, e convocado o Judiciário para se pronunciar acerca da eventual validade de um regime convencionado pelos cônjuges na mesma ótica da separação de bens, toca ao decisor reconhecer a incidental ineficácia do pacto antenupcial, firmado pelo casal em contraditório processual, de modo a reconhecer como válido o regime legal, obrigatório da separação de bens e, via de conseqüência, ordenar a partilha dos bens aqüestos, adquiridos na constância da sociedade conjugal, como corolário natural da Súmula 377 do STF, tudo à luz do art 2.039 do Código Civil de 2002, que mantém inquestionavelmente insepulto o verbete do STF para os casamentos anteriores ao novo Código Civil de 2002.

Bibliografia

ABREU, José. *O divórcio no Direito Brasileiro*. 2ª ed. São Paulo: Saraiva, 1992.

ALMEIDA, Maria Christina de. *DNA e estado de filiação à luz da dignidade humana*. Porto Alegre: Livraria do Advogado, 2003.

——. *Investigação de paternidade e DNA, aspectos polêmicos*. Porto Alegre: Livraria do Advogado, 2001

ALONSO, Eduardo Estrada. *Las uniones extra-matrimoniales en el Derecho Civil español*. Madrid: Civitas, 1991.

ALVIM, J. E. Carreira. *Tutela específica das obrigações de fazer e não fazer na reforma processual*. Del Rey: Belo Horizonte, 1997.

ALVIM, Thereza. "Aplicabilidade da teoria da desconsideração da pessoa jurídica no processo falimentar". *In: Revista de Processo*, nº 83. São Paulo: RT, p. 212.

AMARAL, Roberto; CUNHA, Sérgio Sérvulo da. *Manual das eleições*. Rio de Janeiro: Forense, 1998.

AMORIM, Sebastião; OLIVEIRA, Euclides. *Inventários e partilhas, Direito das Sucessões*, São Paulo: Livraria e Editora Universitária de Direito, 2000.

ARENHART, Sérgio Cruz. *A tutela inibitória da vida privada*. São Paulo: RT, 2000.

ARRUDA. José Acácio; PARREIRA, Kleber Simônio. *A prova judicial de ADN*, Belo Horizonte: Del Rey, 2000.

ASSIS, Araken de. "Antecipação de tutela". *In Aspectos polêmicos da antecipação de tutela*, (Coord.) WAMBIER, Teresa Arruda Alvim, São Paulo: RT, 1997.

——. *Da execução de alimentos e prisão do devedor*. 4ª ed. São Paulo: RT, 1998.

AURVALLE, Luiz Alberto D'Azevedo. "Alimentos e culpa na união estável". *Revista da Ajuris*, Porto Alegre, vol. 68, novembro-1996.

AZEVEDO, Álvaro Villaça. *Estatuto da família de fato*. São Paulo: Jurídica Brasileira, 2001.

AZPIRI, Jorge O. *Régimen de bienes en el matrimonio*. Buenos Aires: Hammurabi, Depalma, 2002.

BARBOZA, Heloísa Helena. Novas tendências do Direito de Família, *In Revista da Faculdade de Direito da UERJ (2)*. Rio de Janeiro: Renovar, 1994, p. 228.

BARROS, Fernanda Otoni de. *Do direito ao pai*, Belo Horizonte: Del Rey, 2001.

BASSET, Lídia N. Makianich de. *Derecho de visitas*. Buenos Aires: Hammurabi Editor, 1993,.

BASTOS. Celso Ribeiro. *Comentários à Constituição do Brasil*. v.2, São Paulo: Saraiva, 1989.

BEBER, Jorge Luis Costa. Alimentos e desconsideração da pessoa jurídica. *Revista Ajuris* nº 76, Porto Alegre, vol. II, dezembro de 1999.

BIERWAGEN, Mônica Yoshizato. *Princípios e regras de interpretação dos contratos no novo Código Civil*. São Paulo: Saraiva, 2002.

BIRCHAL, Alice de Souza. *Tutelas urgentes de família no Código de Processo Civil, sistematização e exegese*, Belo Horizonte: Del Rey, 2000.

BITENCOURT, Cezar Roberto. *Novas penas alternativas, análise político-criminal das alterações da Lei n. 9.714/98*. São Paulo: Saraiva, 1999.

BOJUNGA, Luiz Edmundo Appel. A exceção de pré-executividade, *Revista Ajuris*: Porto Alegre, n° 45.

BONAVIDES, Paulo. *Curso de Direito Constitucional*. 6ª ed. São Paulo: Malheiros, 1996.

BORBA, José Edwaldo Tavares. *Direito societário*. 2ª ed. São Paulo: Freitas Bastos, 1995.

BOSCHI, José Antonio Paganella. *Das penas e seus critérios de aplicação*. 2ª ed, Porto Alegre: Livraria do Advogado, 2002.

BOSSERT, Gustavo A. *Régimen jurídico de los alimentos*. Buenos Aires: Astrea, 1993.

BRASA, Teresa M. Estevez. *Derecho civil musulmán*. Buenos Aires: Depalma, 1981.

BRITO, Leila Maria Torraca de. Impasses na condição da guarda e da visitação – o palco da discórdia In Família e cidadania, *o novo CCB e a "vacatio legis"*, Anais do III Congresso Brasileiro de Direito de Família. Belo Horizonte: Del Rey, IBDFAM, 2002.

BUSSADA, Wilson. *Código Civil brasileiro interpretado pelos tribunais*, vol. 2, Tomo IV. Rio de Janeiro: Liber Juris, 1981.

BUZZI, Marco Aurélio Gastaldi. *Alimentos transitórios, uma obrigação por tempo certo*. Curitiba: Juruá, 2003.

CAHALI, José Francisco. *Direito de Família e o novo Código Civil*, 3ª ed. "Dos alimentos", Coord. Maria Berenice Dias e Rodrigo da Cunha Pereira. Belo Horizonte: Del Rey, 2003.

——; HIRONAKA, Giselda Maria Fernandes Moraes. *Curso avançado de Direito Civil*, vol. 6, Direito das Sucessões. São Paulo: RT, 2000.

——. *Contrato de convivência na união estável*. São Paulo: Saraiva, 2002.

——. *União estável e alimentos entre companheiros*. São Paulo: Saraiva, 1999.

CAHALI, Yussef Said. *Divórcio e separação*, Tomo 1, 8ª ed. São Paulo: RT, 1995.

——. *Dos alimentos*. 4ª ed. São Paulo: RT, 2002.

CAIMMI, Luis Alberto; DESIMONE, Guillermo Pablo. *Los delitos de incumplimiento de los deberes de asistencia familiar e insolvencia alimentaria fraudulenta*. 2ª ed. Buenos Aires: Depalma, 1997.

CAMBIER, Everaldo. *Curso avançado de Direito Civil*, Direito das Obrigações, v.2. São Paulo: RT, 2001.

CÂNDIDO, Joel J. *Inelegibilidades no Direito Brasileiro*. São Paulo: Edipro, 1999.

CARBONERA, Silvana Maria. *Guarda de filhos na família constitucionalizada*. Porto Alegre: Sergio Fabris, 2000.

——. "O papel jurídico do afeto nas relações de família". *In*: FACHIN, Luiz Edson (Coord.) *Repensando fundamentos do direito civil brasileiro contemporâneo*. Rio de janeiro: Renovar, 1998.

CARCERERI, Pedro Augusto Lemos. *Aspectos destacados da guarda de filhos no Brasil*, disponível em Jus Navigandi, www.jusnavigandi.com.br/doutrina/texto.asp.

CARNEIRO, Athos Gusmão. *Da antecipação de tutela no processo civil*. Rio de Janeiro: Forense, 1998.

CARNEIRO, Athos Gusmão. *Das* astreintes *nas obrigações de fazer fungíveis*, AJURIS, n. 14.

CARNELUTTI, Francesco. *La prueba civil*. Buenos Aires: Depalma, 1982.

CARRIL, Julio J. Lopez del. *Derecho y obligacion alimentaria*. Buenos Aires: Abeledo-Perrot, 1981.

CAVALCANTI, Ana Elizabeth Lapa Wanderley. *Casamento e união estável, requisitos e efeitos pessoais*. São Paulo: Manole, 2004.

CAVALCANTI, Lourival Silva. *União estável*. São Paulo: Saraiva, 2003.

CHAMELETE NETO, Alberto. *Investigação de paternidade e DNA*. Curitiba: Juruá, 2002.

CHIERI, Primarosa; ZANNONI, Eduardo A. *Prueba del ADN*. 2ª ed. Buenos Aires: Astrea, 2001.

CIFUENTES, José Santos Luis. "Astreintes en el Derecho de Familia". *In*: *Enciclopedia de Derecho de Familia*. t. I, Buenos Aires: Editorial Universidad, 1991.

COELHO, Fábio Ulhoa. *Curso de Direito Comercial*. vol. 1. São Paulo: Saraiva, 1998.

——. *O empresário e os direitos do consumidor*. São Paulo: Saraiva, 1994.

COLOMBRES, Gervasio R. *Curso de Derecho Societario*. Abeledo-Perrot, 1972.

COMEL, Denise Damo. *Do poder familiar*, São Paulo: RT, 2003.

CORRÊA, Carlos Pinto. "A culpa original do Ser". *In Culpa, aspectos psicanalíticos, culturais & religiosos*. São Paulo: Iluminuras, 1998.

COSTA, Adriano Soares da. *Teoria da inelegibilidade e o direito processual eleitoral*. Belo Horizonte: Del Rey, 1998.

COSTA, Carlos Celso Orcesi da. *Tratado do casamento e do divórcio, constituição, invalidade, dissolução*. 2º vol. São Paulo: Saraiva, 1987.

COSTA, Gley P. *A cena conjugal*. Porto Alegre: Artmed, 2000.

CRUZ, José Claudino de Oliveira e. *Dos alimentos no Direito de Família*. 2ª ed. Rio de Janeiro: Forense, 1961.

DECOMAIN, Pedro Roberto. *Elegibilidade e inelegibilidades*. 2ª ed. São Paulo: Dialética, 2004.

DÍAZ, Julio Alberto. *Responsabilidade coletiva*. Belo Horizonte: Del Rey, 1998.

DIAZ-SANTOS, Maria del Rosario Diego. *Los delitos contra la familia*. Madrid: Editorial Montecorvo, 1973.

DIEZ-PICAZO, Luis; GUILLON, Antonio. *Sistema de Derecho Civil*, vol. IV, Editorial Tecnos, 1978.

DINAMARCO, Cândido Rangel. *A reforma do Código de Processo Civil*. São Paulo: Malheiros, 1995.

——. *Instituições de direito processual civil*, vol. IV, São Paulo: Malheiros, 2004.

DINIZ, Maria Helena. *Comentários ao Código Civil*. Coord. AZEVEDO. Antônio Junqueira de, vol. 22. São Paulo: Saraiva, 2.003.

DOTTI, René Ariel. *Bases e alternativas para o sistema de penas*. São Paulo: RT, 1998.

ELIAS, Roberto João.*Pátrio poder, guarda dos filhos e direito de visitas*. São Paulo: Saraiva, 1999.

FABRÍCIO, Adroaldo Furtado. "A coisa julgada nas ações de alimentos", *Revista Ajuris*, 52/28.

FACHIN, Luiz Edson. *Boletim IBDFAM,* nº 19, Ano 3, p. 3, março/abril, 2003.

FAÍLDE, Juan José García. *La nulidad matrimonial, hoy*. 2ª ed. Barcelona: Bosch, 1999.

FERNANDES, Iara de Toledo. *Alimentos provisionais*. São Paulo: Saraiva, 1994.

FERNANDEZ, Atahualpa. *A suportabilidade da vida em comum, a dissolução da sociedade conjugal e o novo Código Civil*. Porto Alegre: Sergio Fabris, 2003.

FERREIRA, Pinto. *Código de Processo Civil comentado*, 2.vol. São Paulo: Saraiva,1996.

FIGUEIREDO, Sálvio de. *apud* BENJÓ, Simão Isaac. "União estável e seus efeitos econômicos, em face da Constituição de 1988". *In Revista Brasileira de Direito Comparado*. Rio de Janeiro: Instituto de Direito Comparado Luso-Brasileiro, 1991.

FONSECA, Arnoldo Medeiros da. *Investigação de paternidade*, 3ª ed. Rio de Janeiro: Forense,1958.

FRIEDE, Reis. *Comentários à reforma do direito processual civil brasileiro*. Rio de Janeiro: Forense Universitária, 1995.

GAMA, Guilherme Calmon Nogueira da. *A nova filiação*. Rio de Janeiro: Renovar, 2003.

——. *O companheirismo, uma espécie de família*. São Paulo: RT, 1998.

GERAIGE NETO, Zaiden. "O processo de execução no Brasil e alguns tópicos polêmicos". *In Processo de execução*. Coord. SHIMURA, Sérgio e WAMBIER, Teresa Arruda Alvim, v. 2. São Paulo: RT, 2001.

GIORGIS, José Carlos. Disponível. http://www.espacovital.com.br/artigogiorgis5.htm..

GOMES, Gilberto. *Sucessão de empresa*. São Paulo: LTr, 1994.

GÓMEZ, José Antonio Cobacho. *La deuda alimenticia*. Editorial Montecorvo, 1990.

GOZZO, Débora. *Pacto antenupcial*. São Paulo: Saraiva, 1992.

GRISARD FILHO, Waldyr. *Guarda compartilhada: um novo modelo de responsabilidade parental*. São Paulo: RT, 2000.

GROMPONE, Romeo. *Reconocimiento tacito de hijos naturales*. Montevideo: Ediciones juridicas Amalio M. Fernandez, 1978.

GUERRA, Marcelo Lima. *Direitos fundamentais e a proteção do credor na execução civil*. São Paulo: RT, 2003.

——. *Execução indireta*. São Paulo: RT, 1998.
HENTZ, Luiz Antonio Soares. *Direito empresarial*. São Paulo: LED Editora de Direito, 1998.
HERNÁNDEZ, Lidia B.; UGARTE, Luis A. *Sucesión del cónjuge*. Buenos Aires: Editorial Universidad, 1996.
HOFFMANN, Ricardo. *Execução provisória*. São Paulo: Saraiva, 2004.
JARDIM, Torquato. *Direito Eleitoral positivo*. Brasília: Brasília Jurídica, 1996.
KOSOVSKI, Ester. *O crime de adultério*. Rio de Janeiro: Mauad, 1997.
LACERDA, Galeno. "Execução de título extrajudicial e segurança do juízo", *Ajuris*, 23.
LAGRASTA NETO, Caetano. *Direito de Família – A família brasileira no final do Século XX*. São Paulo: Malheiros, 2000.
LAURIA, Flávio Guimarães. *A regulamentação de visitas e o princípio do melhor interesse da criança*. Rio de Janeiro: Lumen Juris, 2002.
LEITE, Eduardo de Oliveira. *Famílias monoparentais*. São Paulo: RT, 1997.
——. "O direito (não sagrado) de visita". In *Direito de Família, aspectos constitucionais, civis e processuais*. Coord. Teresa Arruda Alvim Wambier e Alexandre Alves Lazzarini. v.3, São Paulo: RT, 1996.
LEONARDO. Teresa Marín García de. *El derecho de familia y los nuevos paradigmas*, Coord. CARLUCCI, Aída Kemelmajer, Soluciones económica en las situaciones de crisis matrimonial: La temporalidad de la pensión compensatoria en España. Tomo II. Buenos Aires: Rubinzal-Culzoni Editores, 2000.
LIMA, Domingos Sávio Brandão. *A nova Lei do Divórcio comentada*. São Paulo: DIP, 1978.
——. *Adultério, a mais infamante causa de divórcio*. São Paulo: L. Oren Editora, 1976.
LÔBO, Paulo Luiz Netto. *Código Civil comentado*, vol. XVI, Coord. AZEVEDO, Álvaro Villaça. São Paulo: Atlas, 2003.
——. "Do poder familiar". In *Direito de Família e o novo Código Civil*, Coord. DIAS, Maria Berenice e PEREIRA, Rodrigo da Cunha. 3ª ed. Belo Horizonte: Del Rey, 2003.
LOPES, João Batista. "Medidas liminares no Direito de Família". *In liminares*, coord. por Teresa Arruda Alvim Wambier. São Paulo: RT.
LUCON, Paulo Henrique dos Santos. *Eficácia das decisões e execução provisória*. São Paulo: RT, 2000.
LUZ, Valdemar P. da. *Comentários ao Código Civil, Direito de Família*. Editora OAB/SC: Florianópolis, 2004.
MACHADO, Martha de Toledo. *A proteção constitucional de crianças e adolescentes e os Direitos Humanos*. Manole: São Paulo, 2003.
MADALENO, Rolf. *Direito de Família, aspectos polêmicos*. Porto Alegre: Livraria do Advogado, 1998.
——. "A *disregard* nos alimentos". In *Repertório de doutrina sobre Direito de Família, aspectos constitucionais, civis e processuais*. WAMBIER, Teresa Arruda Alvim; LEITE, Eduardo de Oliveira (Coord.) São Paulo: RT, 1999.
——. "A infidelidade e o mito causal da separação". *Revista Brasileira de Direito de Família*. Porto Alegre: Síntese-IBDFAM, out-dez. 2001, p. 152.
——. "O calvário da execução de alimentos". *Revista Brasileira de Direito de Família*. Porto Alegre: Síntese-IBDFAM, vol. 1, 1999.
——. *Direito de Família, aspectos polêmicos*. Porto Alegre: Livraria do Advogado, 1998.
——. "Do regime de bens entre os cônjuges". In *Direito de Família e o novo Código Civil*. Coord. Maria Berenice Dias; Rodrigo da Cunha Pereira. Belo Horizonte: Del Rey, 2001.
——. "Obrigação, dever de assistência e alimentos transitórios". *Anais do IV Congresso Brasileiro de Direito de Família do IBDFAM*. Belo Horizonte: Del Rey, 2004.
——. "A coisa julgada na investigação de paternidade". *In Grandes temas da atualidade DNA como meio de prova da filiação, aspectos constitucionais, civis e penais*, Coord. LEITE, Eduardo de Oliveira. Rio de Janeiro: Forense, 2000.

——. *Novas perspectivas no Direito de Família*. Poro Alegre: Livraria do Advogado, 2000.
MANFRÉ, José Antonio Encinas. *Regime matrimonial de bens no novo Código Civil*. São Paulo: Juarez de Oliveira, 2003.
MARINONI, Luiz Guilherme. *Tutela antecipatória, julgamento antecipado e execução imediata da sentença*. 4ª ed. São Paulo: RT, 2000.
——. *Tutela inibitória (individual e coletiva)*. São Paulo: RT, 1998.
MARTINS, Sandro Gilbert. *A defesa do executado por meio de ações autônomas*. São Paulo: RT, 2002.
MATTIA, Fábio Maria de. "Direito de visita e limites à autoridade paterna". In: *Enciclopédia Saraiva de Direito*, v. 77, p. 431.
MENDONÇA, J. X. Carvalho de. *Tratado de Direito Comercial Brasileiro*. 5ª ed. São Paulo: Freitas Bastos, 1954.
MENDONÇA JUNIOR, Delosmar. *Princípios da ampla defesa e da efetividade no processo civil brasileiro*. São Paulo: Malheiros, 2001.
MIRABETE, Julio Fabbrini. *Manual de Direito Penal*. 9ª ed. 3º vol. São Paulo: Atlas, 1996.
MONTEIRO, Washington de Barros. *Curso de Direito Civil, Direito de Família*. 2º vol, São Paulo: Saraiva, 1971.
MOREIRA, Alberto Camiña. *Defesa sem embargos do executado, exceção de pré-executividade*. São Paulo: Saraiva, 1998.
MOREIRA, José Carlos Barbosa. "A tutela específica do credor nas obrigações negativas". In *Temas de direito processual (segunda série)*. 2 ed., São Paulo: Saraiva, 1988.
MUNIZ, Severino. *Ações cominatórias à luz do art. 287 do Código de Processo Civil*. São Paulo: Saraiva, 1983.
NIESS, Pedro Henrique Távora. *Condutas vedadas aos agentes públicos em campanhas eleitorais e reeleição*. São Paulo: Edipro, 1998.
——. *Direitos políticos condições de elegibilidade e inelegibilidades*. São Paulo: Saraiva, 1994.
NOGUEIRA, Jacqueline Filgueras. *A filiação que se constrói: O reconhecimento do afeto como valor jurídico*. São Paulo: Memória Jurídica Editor, 2001.
NOGUEIRA, Paulo Lúcio. *Lei de Alimentos comentada (doutrina e jurisprudência)*. 4ª ed. São Paulo: Saraiva, 1994.
OLIVEIRA, Basílio de. *Concubinato, novos rumos*. Rio de Janeiro: Freitas Bastos, 1997.
——. *Guarda, visitação e busca e apreensão de filho, doutrina, jurisprudência, prática, comentários ao Estatuto da Criança e do Adolescente*. Rio de Janeiro: Destaque, 1997.
——. *Alimentos: Revisão e exoneração, de acordo com a Constituição Federal de 1988*. Rio de Janeiro: BVZ, 1993.
OLIVEIRA, Carlos Alberto Álvaro de. *A tutela de urgência e o Direito de Família*. São Paulo: Saraiva, 1998.
——. "A tutela cautelar antecipatória e os alimentos *initio litis*". *Revista de Processo*, nº 49, São Paulo: RT.
OLIVEIRA, Euclides de. *União estável, do concubinato ao casamento*. 5ª ed. São Paulo: Método, 2003.
OLIVEIRA, Flávio Luís de. *A antecipação da tutela dos alimentos provisórios e provisionais cumulados à ação de investigação de paternidade*. São Paulo: Malheiros, 1999.
OLIVEIRA, Guilherme de. *Critério jurídico da paternidade*. Coimbra: Almedina, 1998.
OLIVEIRA, José Lamartine Corrêa de; MUNIZ, Francisco José Ferreira. *Direito de Família (direito matrimonial)*. Porto Alegre: Sergio Fabris, 1990.
OLIVEIRA, José Sebastião de. *Fundamentos constitucionais do Direito de Família*. São Paulo: RT, 2002.
OLIVEIRA. Schirlei Gonçalves de. "A presunção de paternidade e o direito de recusar-se ao exame pericial". *Revista Jurídica*, vol. 309. Porto Alegre: Editora Notadez, julho 2003.

OLIVEIRA NETO, Olavo de. *A defesa do executado e dos terceiros na execução forçada*. São Paulo: RT, 2000.

ORLANDO, José Rocha de Carvalho. *Alimentos e coisa julgada*. São Paulo: Editora Oliveira Mendes, 1998.

OTAEGUI, Julio C. "Inoponibilidad de la personalidad jurídica". *In Anomalias societarias*, Editora Advocatus, 1992.

PASSOS, J. J. Calmon de. *Comentários ao Código de Processo Civil*, v. 3. Rio de Janeiro: Forense 1977.

PAVON, Cirilo. *Tratado de la familia en el Derecho Civil Argentino*. Tomo I, Editorial Ideas, 1946.

PEREIRA, Caio Mário da Silva.*Reconhecimento de paternidade e seus efeitos*. 3ª ed. Rio de Janeiro: Forense, 1991.

PEREIRA, Rodrigo da Cunha. *Concubinato e união estável*. 6ª ed. Belo Horizonte: Del Rey, 2001.

—— (org.). *Direito de Família contemporâneo*. Belo Horizonte: Del Rey, 1997.

——. "Da união estável", *In Direito de Família e o novo Código Civil*. Coord. DIAS, Maria Berenice; PEREIRA, Rodrigo da Cunha. 3ª ed. Belo Horizonte: Del Rey-IBDFAM, 2003.

——. "A culpa no desenlace conjugal". *In Repertório de doutrina sobre Direito de Família, aspectos constitucionais, civis e processuais*. Coord. WAMBIER,Teresa Arruda Alvim e LEITE, Eduardo de Oliveira, vol. 4. São Paulo: RT, 1999.

PIRES, Jarbas Ferreira. *Das relações de parentesco*. 2ª ed. Rio de Janeiro: Forense: 1994.

PITTMAN, Frank. *Mentiras privadas*. Porto Alegre: Artes Médicas, 1994.

RASKIN, Salmo. *Investigação de paternidade, manual prático do DNA*. Curitiba: Juruá, 1998.

RIBEIRO, Fávila. *Direito Eleitoral*. 4ª ed. Rio de Janeiro: Forense, 1996.

RICHARD, Efraín Hugo. *Reformas al Codigo Civil - negocios de participacion, asociaciones y sociedades*. Tomo 9. Alfredo-Perrot, 1993.

——; MUIÑO, Orlando Manuel. *Derecho societario*. Buenos Aires: Astrea, 1998.

RIPERT Y BOULANGER. *Tratado de Derecho Civil, según el tratado de Planiol*. Editora La Ley, 1963.

RIZZARDO, Arnaldo. *Direito de Família*, vol. II. Rio de Janeiro: Aide, 1994,

——. *Direito de Família*, 2ª ed. Rio de Janeiro: Forense, 2004.

——. "Separação e divórcio". *In Direito de Família contemporâneo*, Coord. Rodrigo da Cunha Pereira. Belo Horizonte: Del Rey, 1997.

ROCHA, Marco Túlio de Carvalho. *A igualdade dos cônjuges no direito brasileiro*. Belo Horizonte: Del Rey, 2001.

RODRIGUES, Silvio. *Direito Civil, Direito de Família*, 28ª ed. São Paulo: Saraiva, 2004.

ROSA, Marcos Valls Feu. *Exceção de pré-executividade*. Porto Alegre: Sergio Fabris, 1996.

RÚA, Fernando De la. "Procesos lentos y reforma urgente". *In Proceso y justitia*. Buenos Aires: Lea, 1980.

SALLES, Karen Ribeiro Pacheco Nioac de. *Guarda compartilhada*. Rio de Janeiro: Lumen Juris, 2001.

SALVADOR, Antônio Raphael Silva. *Da ação monitória e da tutela jurisdicional antecipada*. 2ª ed. São Paulo: Malheiros, 1997.

SANTANA, Paulo. *Filhos do coração*. Zero Hora de 14/02/2003.

SANTOS, Antônio Jeová da Silva. *A tutela antecipada e execução específica*. Campinas: Copola, 1995.

SANTOS, Fernando Ferreira dos. *Princípio constitucional da dignidade da pessoa humana*. Fortaleza: Celso Bastos, 1999.

SESSAREGO, Carlos Fernández. *Abuso del derecho*. Buenos Aires: Astrea, 1992.

SHECAIRA, Sérgio Salomão. *Responsabilidade penal da pessoa jurídica*, 1998.

SHIMURA, Sérgio *apud* Araken de Assis. *Título executivo*. São Paulo: Saraiva, 1997.

SILVA, José Afonso da. *Curso de Direito Constitucional positivo*. 10ª ed. São Paulo: Malheiros, 1995.

SILVA, José Luiz Mônaco da. *Estatuto da criança e do adolescente, comentários*. São Paulo: RT, 1994.

SILVA, Regina Beatriz Tavares da. *Novo Código Civil comentado*. Coord. FIUZA, Ricardo, São Paulo: Saraiva, 2002.

——. "Regime da separação de bens convencional e obrigatória". *In Questões controvertidas no novo Código Civil*. Coord. Mário Luiz Delgado e Jones Figueiredo Alves. São Paulo: Método, 2004.

SIMAS FILHO, Fernando. *A prova na investigação de paternidade*. 8ª ed. Curitiba: Juruá, 2003.

——. "Investigação de paternidade: peculiaridades, panorama atual, futuro". *In Repensando o Direito de Família*. Anais do I Congresso Brasileiro de Direito de Família. Coord. Rodrigo da Cunha Pereira. Belo Horizonte: Del Rey, 1999,

SLAIBI, Nagib Filho. *Anotações à Constituição de 1988 - aspectos fundamentais*, 2ª ed., 1989.

SPENGLER, Fabiana Marion. *Alimentos, da ação à execução*. Porto Alegre: Livraria do Advogado, 2002.

——; SPENGLER NETO, Theobaldo. *Inovações em direito e processo de família*. Porto Alegre: Livraria do Advogado, 2004.

STOCO, Rui. *Abuso do direito e má-fé processual*. São Paulo: RT, 2002.

STRENGER, Guilherme Gonçalves. *Guarda de filhos*. São Paulo: LTr, 1998.

TALAMINI, Eduardo. *Tutela relativa aos deveres de fazer e de não fazer*. São Paulo: RT, 2001.

——. "Tutelas mandamental e executiva lato sensu e a antecipação de tutela ex vi do art. 461, § 3º, do CPC". *In Aspectos polêmicos da antecipação de tutela*. Coord. WAMBIER, Teresa Arruda Alvim. São Paulo: RT, 1997.

TELES, Ney Moura. *Novo Direito Eleitoral, teoria e prática*. Brasília: LGE Editora, 2002.

THEODORO JÚNIOR, Humberto. *As inovações no Código de Processo Civil*. 2ª ed. Rio de Janeiro: Forense, 1995.

——. *Comentários ao novo Código Civil*, v. III, t. II. Coord. Sálvio de Figueiredo Teixeira. Rio de Janeiro: Forense, 2003.

——. *O contrato e sua função social*. Rio de Janeiro: Forense, 2003.

TRACHTENBERG, Anete. *DNA colocado em dúvida*, reportagem do Jornal ABC Domingo, Canoas, RS.

——. "O poder e as limitações dos testes sangüíneos na determinação de paternidade – II". *In Grandes temas da atualidade DNA como meio de prova da filiação, aspectos constitucionais, civis e penais*. Coord. LEITE, Eduardo de Oliveira. Rio de Janeiro: Forense, 2000.

TUCCI, José Rogério Cruz e. *Tempo e processo*. São Paulo: RT, 1997.

VARELA, Antunes. *Direito da Família*. Livraria Petrony, 1987.

VEJA. Revista de 19 de julho de 2000, São Paulo: Editora Abril.

VELOSO, Zeno. "Regimes matrimoniais de bens", *In Direito de Família contemporâneo*, Coord. PEREIRA, Rodrigo da Cunha. Belo Horizonte: Del Rey, 1997.

——. "A dessacralização do DNA". *In "Família na Travessia do Milênio"*, Anais do II Congresso Brasileiro de Direito de Família, do IBDFAM, Del Rey: Belo Horizonte, 2000.

——. *Direito brasileiro da filiação e paternidade*. São Paulo: Malheiros, 1997.

——. *União estável*. Pará: Editora CEJUP, 1997.

VENOSA, Silvio de Salvo. *Direito Civil, Direito de Família*. 3ª ed. São Paulo: Atlas, 2003.

VIANA, Marco Aurelio S. *Alimentos, ação de investigação de paternidade e maternidade*. Belo Horizonte: Del Rey, 1998.

——. *Da união estável*. São Paulo: Saraiva, 1999.

——. *Dos alimentos*. Belo Horizonte: Del Rey, 1994.

VILLEGAS, Carlos Gilberto. *Derecho de las sociedades comerciales*. 7ª ed. Abeledo-Perrot, 1994.

VILLELA, João Baptista. "As novas relações de família", citado por PEREIRA, Rodrigo da Cunha. *In Direito de Família, uma abordagem psicanalítica*. 2ª ed. Belo Horizonte: Del Rey, 1999.

WAMBIER, Teresa Arruda Alvim. "A desconsideração da pessoa jurídica para fins de partilha e a prova dos rendimentos do cônjuge-varão, na ação de alimentos, pelo nível da vida levada por este". *In Direito de Família, aspectos constitucionais, civis e processuais*, 3º vol. Orgs. Teresa Arruda Alvim Wambier e Alexandre Alves Lazzarini. São Paulo: RT.

WELTER, Belmiro Pedro. *Alimentos no Código Civil*. Porto Alegre: Síntese, 2003.

WINTER, Jean Pierre. *Des liens innommables*, en Théry, I: *Recomposer une famille, des rôles et des sentiments*.

ZALDIVAR, Enrique. *Cuadernos de derecho societario, aspectos juridicos generales*. vol. I, Abeledo-Perrot, 1980.

ZAVASCKI, Teori Albino. *Comentários ao Código de Processo Civil*. vol. 8, São Paulo: RT, 2000.

———. "Antecipação da tutela e obrigações de fazer e de não fazer". *In Aspectos polêmicos da antecipação de tutela* (Coord.) WAMBIER, Teresa Arruda Alvim. São Paulo: RT, 1997.